미국

농사회(聾社會)의 변천사

John Vickrey Van Cleve · Barry A. Crouch 공저
장 진 석 역

교육과학사

이 세상에서 가장 존경하는 나의 부모님께,
사랑하는 아내와 딸 보인이와 아들 호중이에게,
이 땅에 있는 모든 농인들과 그들의 부모님께,
그리고 수어통역인께
이 책을 바칩니다.

목차 Contents

추천의 글 · 9
추천서 · 13
역자 서문 · 15
일러두기 · 19
서문 · 21
감사의 말씀 · 25

Chapter 1 예언자와 의사 · 29
1. 유대-기독교인들의 유산 · 30
2. 가톨릭의 전통 · 34
3. 의사들의 견해 · 38

Chapter 2 농인을 교육하기 · 45
1. MELCHOR DE YEBRA · 46
2. JUAN PABLO BONET · 48
3. 스페인의 영향 · 53
4. 수어의 힘 · 54
5. JOHN HARROWER와 JOHN EDGE · 57

Chapter 3 Braidwood학교와 Bolling가(家) · 61
1. BOLLING가(家): 농인 제1세대 · 61
2. BOLLING가(家): 농인 제2세대 · 65
3. BRAIDWOOD의 계획 · 67
4. COBBS학교 · 69
5. BOLLING과 BRAIDWOOD의 실패 · 71

Chapter 4 영구적인 농학교의 설립 · 73
1. 견실한 재정 · 75
2. THOMAS HOPKINS GALLAUDET · 78
3. LAURENT CLERC · 85

4. 미국 도착 · 90
5. 코네티컷양육원 · 94
6. 종교적 요소 · 97

Chapter 5 기숙제 학교의 경험 · 99
1. TILLINGHAST가(家) · 100
2. 학교가기 · 104
3. 공부하기 · 109
4. 어버이의 소원 · 112
5. 졸업 후 취업 · 113

Chapter 6 농인의 나라 · 117
1. JOHN J. FLOURNOY · 119
2. 거절 · 128
3. 영국의 경험 · 131

Chapter 7 대학 · 133
1. 대학의 기원 · 137
2. EDWARD MINER GALLAUDET · 143
3. 대학 · 148

Chapter 8 조직활동 · 155
1. 뉴잉글랜드Gallaudet농인협회 · 158
2. 주(州) 단위의 조직활동 · 161
3. 미국농인협회 · 165
4. 농인연맹 · 166

Chapter 9 문화적 연대 · 171
1. 문어(文語)의 중요성 · 172
2. 문화적인 길잡이 · 174
3. 가십 · 176
4. 논쟁 · 179

Chapter 10 수어에 대한 박해 · 183
1. 유럽학교들에서의 수어 · 184
2. 밀란회의 · 186
3. 수어에 대한 초기의 도전 · 191
4. ALEXANDER GRAHAM BELL · 193
5. 통학제 주간학교 · 199
6. 탈바꿈하는 교육기관들 · 203
7. 제도적 변화들 · 207

Chapter 11 수어를 살리기 위한 투쟁 · 215
1. 네브라스카농학교의 논쟁 · 226
2. 수어를 구해 번영시키기 · 231
3. 수어는 살아있다 · 235

Chapter 12 농인들의 결혼문제 · 237
1. 하나의 변종인간인 농인 · 241
2. 농인 간의 결혼에 대한 논쟁 · 246
3. 자료의 입수 · 250
4. HYPATIA BOYD REED의 사례 · 253

Chapter 13 농인들의 고용문제 · 257
1. 공직 취업을 위한 투쟁 · 258
2. 산업체의 농인 고용문제 · 262
3. 전쟁 · 268
4. 인쇄업자: 산업엘리트 · 269

Chapter 14 글을 맺으며 · 275
당장 농인총장을 임명하라 · 278

각주 · 283
참고문헌 · 307
찾아보기 · 321

추천의 글

오늘날 우리나라에는 약 35만 명의 농인(聾人)들이 살아가고 있다. 그들 모두는 청인들처럼 사람들의 말소리, 새소리, 바람소리, 노랫소리들을 자연스럽게 알아듣고 말할 수가 없으며 수어(手語)라는 농인의 언어로 의사소통을 하며 살아간다. 그러나 농인들은 대다수의 청인들이 음성언어로 의사소통을 하는 사회에서 살아가는 데 불편함은 있지만 각기 가지고 있는 재능을 통해 사회가 필요로 하는 유익한 일을 하며 살아가고자 하는 한결같은 소망이 있다. 이런 소망 때문에 농인들은 다른 장애인들과 더불어 인간으로서의 권익과 복지를 증진시키기 위해 끝없는 노력과 투쟁을 해 오고 있다. 그런 덕분에 오늘날 수어가 농인들의 언어로 인정받게 되었고, 국가의 중요한 행사와 TV뉴스 등에 수어통역(手語通譯)이 실시되고 있으며 자막방송을 통한 정보접근 등의 편익을 볼 수 있게 되었다. 뿐만 아니라 수어통역사 제도가 확립되어 전국에 145개의 수화통역센터가 개소되어 수어통역서비스를 지원하여 농인들이 교육, 취업, 이동, 통신 등 다양한 면에 걸쳐 의사소통을 지원받을 수 있는 제도적 기반이 마련되어 가고 있다.

그러나 우리 농인들의 삶을 면밀히 들여다보면 아직도 보이지 않는 곳곳에 구미 선진국에 비해 뒤쳐진 면이 많이 있다. 이런 상황에서 우리는 늘 정치, 경제, 사회적으로 세계를 이끌어 가는 미국, 일본, 유럽 등 선진국의 사례를 부러워하게 되고, 가능하면 우리 농인들이 그들의 오늘이 어떻게 해서 이루어져 왔는지 그 역사적 변화 · 변천 · 발달과정을 직접 배워와서 우리나라 농인들의 현재와 미래의 삶의 질을 높이기 위한 밑거름으로 삼았으면 하는 간절하고 진솔한 소망을 느끼게 된다. 이러한 시대적인 상황에서 한국농아인협회 이사(理事)이자 나사렛대학교 교수인 장진석 교수가 같은 농인으로서 필설로 다하기 어려운 인간적, 경제적 고통을 감내하면서 5년여 도미유학 끝에 농교육의 세계적 메카인 미국 워싱턴 소재 Gallaudet대학교에서 석사과정을 마치고 돌아와 성장하는 후학들에게 한국 수어, 미국 수어와 더불어 미국 농인들의 교육, 언어, 취업, 결혼, 단체활동 등의 변천과정인 '미국 농사회의 역사'를 가르침으로써 미국 농인들의 오늘의 권익과 복지가 거저 얻어진 것이 아니라 피나는 노력과 투쟁의 산물이라는 교훈을 일깨워 주고 있다.

장 교수는 이에 이어 바쁘고 힘든 생활 속에서도 귀국한 지 불과 1년여 만에 '미국 농사회의 역사'인 'A Place of Their Own' — Creating the Deaf Community in America를 한국어로 완역해 출판하게 되었다. 이는 장 교수 개인의 훌륭한 성취요 보람인 동시에 한국 농사회의 위상을 드높이는 우리 모두의 기쁨이라고 할 수 있다. 이로서 이 책은 나사렛대학교와 특수교육학과가 있는 여러 대학을 비롯한 전국 모든 대학교에서 '미국 농사회의 역사'라고 하는 특이한 소재를 공부하고 가르칠 수 있는 교재와 교양도서로서의 큰 역할을 할 수 있게 되었다. 또한 이 책은 한국농아인협회와 시도협회 및 지부, 수어통역사들은 물론, 한국청각장애인복지회, 한국청각장애인부모회, 한국장애인부모회 등을 통해 농인들과 그 부모 형제자매, 친구 등 수많은 사람들이 미국 농인들의 어제와 오늘에 대해 구체적인 지식과 정보를 얻게 해 줄 것이다.

이에 필자는 한국농아인협회 회장으로서 어렵고 귀중한 책을 짧은 기간 안에 혼신의 노력을 기울여 완역해 낸 장진석 교수의 노고와 학문적 성취에 깊은 감사와 존경의 뜻을 전하며, 이 책이 수많은 농인 관계자들과 성장하는 많은 청소년들에게 널리 알려지고 읽혀지기를 진심으로 기원하면서 이 책의 출간과 구독을 기쁜 마음으로 추천하는 바이다.

2007년 8월

한국농아인협회 회장 변승일

추 천 서

나는 이 책의 역자 장진석이 '농(聾)사회의 변천사(그들만의 장소: 미국 농사회의 창설)'를 그의 모국어인 한국어로 번역하고 교육과학사에서 출간하게 되었음을 매우 기쁘게 생각한다.

이 책은 근 20여 년 전에 그 초판이 발간된 이래 농역사(聾歷史)상 가장 각광받고 있는 베스트셀러이다. 오늘날 이 책은 농역사 및 농문화(聾文化)를 배우고 가르치는 가치 있는 교재로서 전 세계적으로 활용되고 있다.

이 책은 이미 일본어를 포함한 많은 여러 나라 언어로 번역되었다. 특히 역자는 이 책을 번역할 수 있는 자격이 있다고 생각한다. 그는 Gallaudet대학교 대학원에서 농학(聾學) 문학석사학위를 받았으며, 저자가 가르치던 동 대학원 '미국 농사회(聾社會)의 변천사'라는 과정에서 매우 우수한 학생이었다.

역자는 이 책을 번역하기 위해 영어, 농사회의 역사와 문화 및 한국어에 대한 그의 탁월한 능력을 발휘해 주었다. 나는 역자가 이 책을 번역하는 데 기울인 능력과 노력을 높이 평가하며, 많은 다른 나라에서처럼 한국에서도 많은 독자들이 이 책을 읽을 수 있게 되기를 바란다.

2007. 8.

Gallaudet대학교 연구실에서

John Vickrey Van Cleve

역자 서문

이 책은 미국 워싱턴 D.C.에 있는 국립 Gallaudet University에서 1986년 가을학기 교재로 쓰기 위해 동 대학 John Vickrey Van Cleve 교수와 Barry A. Crouch 교수가 농교육 관련 여러 사람들의 도움을 받아 만들어 낸 역작으로서 영어의 원명은 'A Place of Their Own' — Creating the Deaf Community in America — 이다.

그 내용은 미국인들이 그들의 농자녀들을 위해 어떻게 학교를 설립하여 교육해 왔으며, 농자녀들과의 의사소통 수단으로서의 언어로 수어(手語)와 영어 중 어떤 것을 선택해 가르쳐 왔으며, 성인이 되었을 때 결혼은 어떻게 시켰고 또 무슨 일을 하며 생계를 꾸려 나갔으며, 농인들은 그들의 사회 · 경제적인 권익과 복지증진을 위해 어떻게 단체를 조직해 투쟁해 왔는지 등에 대한 일종의 '농사회(聾社會)의 변천사'라고 할 수 있다. 그러므로 이 책은 미국 농인들의 오늘을 알기 위해서는 반드시 읽어야 할 피해갈 수 없는 기본적인 필독서라고 할 수 있다.

어쩌면 역자가 미국 유학을 떠나게 된 동기도 이런 것을 알기 위한 것이었다고 해도 틀린 말이 아니다. 따라서 역자는 유학시절 은사인 John Van Cleve 교수로부터 배운 것처럼 지금 대학에서 한국 수어와 미국 수어를 학생들에게 가르치면서 미국 농인들의 역사를 열심히 가르치고 있다. 그래서 이 책은 미국 농인들이 살아온 발자취를 공부하는 우리

학생들을 가르치는 교재로 활용하기 위한 목적으로 번역한 것이다. 그러므로 아무쪼록 이 책이 수어와 농교육(聾教育)을 공부하는 학생들이 열심히 탐독하는 교재로 활용되기를 바라며, 국내 농학(聾學)을 공부하는 여러 학자들과 농사회를 이끌어가는 지도자들도 일독하는 좋은 참고자료가 되었으면 하는 바램이다.

실은, 미국 유학을 했고 또 원 저자의 강의를 직접 듣기도 했으나 원서를 우리말로 완벽하게 번역한다는 것은 우리말도 서툴기 짝이 없는 농인인 역자에게는 사실상 매우 어렵고 힘든 과제요 작업이었다.

그러나 역자의 입장에서는 이 책이 하루 빨리 번역되어 세상에 알려졌으면 하는 욕심에서 이를 번역하기로 결심했다. 원 저자에게 이 책을 한국말로 번역하겠다는 연락을 했을 때 이를 쾌히 승낙해 주신 John Van Cleve 은사님의 배려에 깊은 감사를 드리며, 또한 부족한 역자를 교수로 채용해 교수활동과 학문의 길을 걸을 수 있도록 항상 따뜻한 배려와 격려를 베풀어주신 나사렛대학교 임승안 총장님과 김종인 대학원장님 그리고 한국농아인협회 변승일 회장님께 깊은 감사를 드린다. 그리고 역자가 해야 할 여러 가지 직무를 대신 맡아 해 주신 수화통역학과장인 윤병천 교수님과 동료 박정란 교수님과 안영회 교수님께도 따뜻한 정과 감사의 뜻을 전한다.

가정적으로는 역자가 오늘에 이르도록 영육 간의 모든 것을 다 바쳐 역자를 낳아 기르고 가르치고 보살펴 오시느라 이미 기력이 쇠잔해지고 연초엔 뜻밖의 견디기 힘든 큰 수술을 받으신 연로하신 어머님과 아버님의 깊고 큰 사랑과 은혜 앞에 머리 숙여 감사를 올린다. 또한 항상 바쁘다는 구실로 귀엽고 사랑스런 딸 보인이와 아들 호중이에게 따뜻한 아빠 노릇을 못해 와서 미안하기 그지 없으나 아빠의 이런 사정을 잘 참고 이해해 준 데 대해 고맙게 생각하고, 특히 나약한 몸으로 아이들 양육과 생활문제 일체를 혼자 맡아 이끌어 나가는 사랑하는 아내의 끝없는 희생과 인내, 그리고 그 헌신에 깊고 깊은 고마움을 전한다.

또한 이 책이 햇빛을 볼 수 있도록 출판을 맡아주신 교육과학사 김동규 사장님과 이만재 상무님, 이한용 부장님, 그리고 실무작업을 맡아 애써 주신 이정호 편집실장님과 실무진 분들의 배려와 노고에 깊은 감사를 드린다.

끝으로 불초 소인으로 하여금 작지만 매우 소중한 이 작업을 해 내도록 인도해 주신 하나님의 은총에 깊은 감사를 올린다.

2007년 8월

유난히 별이 아름답게 보이는 밤하늘 아래

천안 쌍용동 교수연구실에서 역자 씀

일러두기

이 책의 원명은 'A Place of Their Own' — Creating the Deaf Community in America이다. 이 원명대로 번역하면 '그들만의 장소: 미국 농사회(聾社會)의 창설'이 된다. 그래서 책명을 이대로 하게 되면 책 내용을 잘 모르는 사람들은 이 책이 무엇에 대한 책인지 잘 알 수가 없게 된다. 그러나 이 책의 내용은 미국에서 농아동의 교육을 어떻게 시켜 왔으며, 그들과의 의사소통을 위한 수어(手語)는 어떻게 발달해 왔으며, 농인들의 취업과 결혼은 어떻게 해 왔으며, 그리고 그들의 권익과 복지를 위한 단체는 어떻게 조직하여 활동해 왔는지에 대한 농사회의 변천과정으로 되어 있다. 따라서 이 책명은 '미국 농사회의 변천사'로 표현했다.

이 책에 나오는 용어 중 영어로는 다른데 우리말로는 같거나 비슷한 의미의 용어 등이 발견된다. 또 영어를 우리말로 번역했을 때 이렇게 할 수도 있고 저렇게 할 수도 있는 것들이 있다. 따라서 이런 용어 중 몇 가지를 다음과 같이 번역 · 정리했다.

1. the deaf(농인), deaf people(농인들), mute[아인(啞人)], deaf-mute(농아인) 등은 모두 '농인'으로 번역하였다.

2. deaf children은 농아동과 농자녀, deaf parent는 농

부모, deaf teacher는 농교사, deaf leader는 농지도자로 번역하였다.

3. deaf community는 농사회, deaf organization은 농조직, deaf school, deaf institution은 농학교, deaf culture는 농문화로 번역하였다.

4. sign, signal, manual signal, sign language는 특별한 것만 제외하고 모두 수어(手語)로 번역하였다.

5. 지역명과 인물명은 영어 그대로 두었다.

6. 농 학생, 농 교사, 농 학교, 청인 학생, 청인 교사, 청인 학교 등은 농학생, 농교사, 농학교, 청인학생, 청인교사 등으로 붙여서 표현하였다.

서문

이 연구는 교육적 필요에서 이루어졌다. 1985년, 우리는 Gallaudet대학교에서 1986년 가을학기에 최초로 가르칠 '미국 농사회(聾社會)의 역사'라고 하는 교육과정을 만들기 시작하였다. 그 당시 그러한 교육과정이 개발되고 있었다는 것은 돌이켜 보면 역설적이다. Gallaudet대학교는 설립된 지 일백 년이 넘었는데, 농학교(聾學校)가 최초로 문을 연 것은 150년이 넘었고, 미국 농사회가 정식으로 최초의 국가조직으로 창립된 것은 200년이 넘었다. 1960년대에는 미국의 다양한 소수민족, 인종 및 종교집단과 여성들의 역사를 기념하는 단과대학, 종합대학교와 심지어 중등학교에서 농교육(聾教育)과정의 설립을 보여주고 있었다. 그러나 Gallaudet대학교에서는 1980년대 후반까지도 자기네 학교 농학생(聾學生)들로 하여금 그들의 과거를 이해하도록 돕는 교육과정을 마련하지 못했다.

그 이유 중 하나는 어떤 형태로든 하나의 엄정한 교육과정이 만들어져야 한다는 데 대한 착실한 역사적 연구의 결핍이었다. '농(聾)의 유산(遺産)'의 저자인 Jack Gannon을 제외하고는 농인(聾人)들은 그들 자신의 역사를 엮어내지도 못하였을 뿐 아니라 청인학자(聽人學者)의 관심도 이끌어내지 못하였다. '농(聾)'은 너무나 오랫동안 병리학적 관점에서만 보여져 왔던 것이다.

이런 관점에서 농인들은 병자이거나 장애인이며 — 온

전한 인간이 갖추어야 할 기본적인 속성을 완전히 갖추지 못했으며; 따라서 학자들의 역할은 인간의 조건에 관하여 그 무엇인가 밝혀질 농인들의 과거를 이해하려는 것이 아니라, 농인들의 이렇게 통탄할 상태에 이르게 된 요인과 치료법을 찾아내는 것이다 ― 그러면 청각장애로 고통을 받는 사람들은 소멸되게 된다. 기본적인 감각장치가 결핍되어 있는 1,000명 중 하나나 2,000명 중 하나인 농인들에 관해서 ― 결국은 분명 학자들의 책임인데 ― 흥미롭고 중요한 것이 무엇일까?

또한 농인들에 관한 역사적 연구의 부재는 미국 역사상 농인들이 다른 소수인종과 함께 공유하고 있는 특성에 기인된 것이었다. 농인들은 대체로 청각장애로 인해 청인(聽人)들의 일반사회에서 부(富)에 접근할 통로로부터 차단되어 가난하게 살아 왔으며, 그들의 가난과 수적 열세로 인해 정치적 힘이나 중요성을 가진 위치를 결코 가져 본 경험이 없다. 이리하여 그들의 역사는 과거도 현재도 가치 있는 것이 아니다. 사회를 지배하는 사람들은 자기들의 과거를 기록하고 또한 사학자들의 관심을 이끌어 낸다. 따라서 우리 농인들이 해야 할 중요한 일은 사회 속에 통합되어 살다가 이 세상을 떠날 때는 아무런 발자취를 남기지 않는 것이 아니라 살아 온 경험에 대하여 우리가 할 수 있는 것을 드러내 보이는 것임을 깨닫게 되었다.

이를 위한 우리들이 초기에 기울였던 노력은 우리들 자신에 대하여 학생들에게 말해 주게 될 것들과 미국의 농인들이 200년 동안이나 지탱해 온 그들의 언어와 사회를 어떻게 만들어 냈는지에 대해 우리들 자신과 학생들에게 말해줄 서류를 발견해 내는 데에 집중되었다. 우리가 미국 농인들의 어두운 과거를 밝히는 데 도움이 되는 자료를 발견하였을 때 우리는 그것을 읽어야 할 최초의 원 자료로 한데 모았다. 교육을 받아 글을 아는 엘리트 농인들만이 기록물을 남겨 놓았기 때문에 우리는 그것이 만족할 만한 완전한 것이 아닐지라도 우리는 이것이 우리들의 교육과정의 기초적인 독서자료를 만들어 주고 또한 최소한도 보다 깊은 역사적 연구를 위한 단초를 마련해 주기를 희망하였다.

그러나 그것은 실패였다. 듀크대학교로부터 미국농학교 기록보관소에 이르기까지 미국 동해안 일대를 찾아 다니며 수집한 자료들은 서류 분석에 대해 전혀 교육받지 못한 대학생들에게는 너무나 단순하고 불투명한 것들이었다. 그들은 물론 농인들의 과거를 힐끔 뒤돌아 보기는 하였다. 그러나 농사회를 본질적으로 다른 개인들의 집단 이상의 그 무엇으로 묶어 주는 그들 사회의 윤곽, 여러 가지 사건들의 흐름, 인간특성 및 사상들은 학생들의 이에 대한 의식을 심어주지는 못하였다. 이 책의 내용은 바로 그러한 문제를 극복하고 미국 농인들이 어떻게 해서 미국 농사회를 만들게 되었는지 그 과정에 대한 밀착된 관점을 제공해 주려고 하는 우리들의 시도인 것이다.

이러한 미국 농사회의 창설과정은 유럽인들이 북미연안에 도착하기 오래전에 시작되었다. 이 책의 제1 장(章)은 계몽기(17~18세기 유럽 사상운동) 이전의 농(聾)을 이해하기 위한 기초자료를 제공해 주는 지적 흐름에 대한 간결한 개관을 담고 있다. 제2 장은 20세기 초의 역사를 담았고, 마지막 장은 농인들이 미국 역사 안에서 그들의 위치를 끊임없이 정비해 오는 과정에 대한 개관을 제공해 주고 있다.

그러나 이 교재의 대부분은 19세기에 관련되어 있다. 미국 농인들의 삶에 혁명이 일어난 것은 농인들이 그들 스스로를 개인들의 집합체 이상의 그 무엇으로 꾸며냈던 19세기 일백 년의 기간이었다. 그들은 그 때(19세기) 비로소 처음으로 조직된 집단의 힘으로 청인세계에 부딪혔으며 그들 스스로 만들은 특수한 상황으로 대처하는 전략을 개발하였다. 농인들의 지도자의 한 사람이었던 Olof Hanson은 19세기 말에 "농인들은 그들이 결코 배운 적이 없는 언어를 쓰는 청인들 속에서는 완전한 이방인일 수밖에 없다"라고 기록하고 있다.

Hanson의 이러한 지적에도 불구하고 이것은 하나의 실패담이 아니라 성공담인 것이다. 우리들의 가슴을 치는 일은 우리 농인들이 이룬 일이 도대체 무엇이 있느냐인 것이다. 가득차고 보람 있는 삶의 추구를 이끄는 통찰력과 현실주의는 비천한 농인의 일반적인 그림과 완전한 대조를 이루며, 다른 청인들과의 의사소통은 영원히 불가능한 외로운 사람으로 서게 한다. 어떤 미국 농인들은 사회적으로 고립되어 교류를 전혀 할 수 없게 된 사람도 있으나 대부분은 그렇지 않다. 확실히 그들의 역사속에서 발견할 수 있었던 농인 개개인들의 삶은 대중적 개념에는 맞지 않는다. 그래서 이 교재에서 바라는 우리들의 목표는 이 역사적인 현실을 청인과 농인들에 의해서 똑같이 이해되고 검토될 수 있는 열린 세상으로 이끌어 내지 않으면 안 된다는 것이다.

감사의 말씀

많은 사람들이 이 작업을 완성하는 데 공헌하였다. 특히 기록보관인들이 중요한 역할을 해주었다. Gallaudet대학교의 전 · 현직 기록보관자인 Donna Wells와 David de Lorenzo는 각각 전문지식인으로서 우리들에게 도움을 많이 주었다. 미국 농사회의 일원인 동시에 Gallaudet대학교 기록보관소의 직원인 Michael Olson은 Gallaudet대학교가 소장하고 있는 광범위한 자료 중 구하기 어려운 희귀한 서적, 정기간행물, 미간행 원고 등에서 농(聾) 관련 자료들이 어디에 있고 어떤 내용들인가를 확인해 주는 일을 적극적으로 도왔다. Gallaudet대학교 기록보관소의 사진 관리 담당자(박물관장, 학예연구관)인 Corrine Hilton은 우리들이 집필한 이 교과서에 실리는 적절한 사진 자료들을 찾아내 주었다. 이 교과서에 있는 모든 사진은 그녀의 기술과 노력 덕분으로 그 빛을 보게 된 것이다. 우리는 또한 William R. Perkins 도서관과 Duke 대학교 기록보관소 직원들, 마사즈 빈야드 섬의 Dukes 카운티 역사학회, 메사추세츠역사학회, 코네티컷 하트포드에 있는 코네티컷역사학회와 주립도서관, 예일대학교의 Beinecke 희귀본 도서관과 Sterling 기념도서관, 워싱턴 디씨의 Volta 연구소, 버지니아주 리치몬드에 있는 주립도서관 및 Valentine 박물관, 미국 국회도서관 기록물 분과 등의 직원들에게 감사를 드린다. 코네티컷주 하트포드에 있는 미국농학교의 상임이사인

Winfield McChord는 기록보관인은 아니었으나 그가 지휘하는 탁월하고 존엄한 기관의 공문서 기록물을 열성적으로 우리들에게 개방해 주었다.

이와 같은 기록보관인들의 도움뿐만이 아니라 우리가 쓴 원고의 초고를 읽어준 몇몇 지식인들의 조언과 때로는 가치 있는 비판이 유익한 도움이 되었다. Northeastern대학교의 Harlan Lane과 Gallaudet대학교의 John S. Schuchman과 Kathleen Shaver Arnos는 특히 최종 원고의 정밀성과 이해력을 증진시키는 데 유익하고 식견 있는 충고를 해주었다.

Gallaudet대학교의 운영위원회와 교수위원회 또한 도움을 주었다. 대통령이 수여한 두 가지의 상금은 자료 수집을 위한 여비를 충당하는 데 결정적인 도움이 되었다. 1987년 가을, 저자 중 한 사람에게 베풀어준 안식년 휴가는 이 교재가 시기에 맞추어 출간될 수 있게 하는 데 필수적인 역할을 하였다.

그 밖에도 많은 사람들이 여러 가지 면에서 지원과 격려를 해 주었다. 이러한 사람들 중에서도 특히 Larry Madaras에게 저자들은 깊은 감사를 드리고 싶다. 이름을 열거하기에는 그 수가 너무 많은 우리 Gallaudet대학교 학생들도 이러한 작업의 필요성을 보여주고 이 일이 완성되도록 우리들을 격려해 주는 데 중요한 역할을 해 주었다. 우리는 또한 미국 농역사의 해설서인 '농의 유산'이라고 하는 선구자적인 연구로 미국의 소수 농인에 대한 미래의 연구의 가치를 시현해 보여 준 Jack Gannon에게 특별한 은혜를 입고 있다. Gannon의 작업과 '농의 역사'인 '마음이 (말)소리를 들을 때'라고 하는 Lane의 기념비적인 작품은 미국 농인의 과거에 대한 어떤 철저한 점검을 위해 피해갈 수 없는 절대 필요한 출발점이었다.

마지막으로 우리는 Gallaudet대학교 출판부의 Elaine Costello와 Ivey Pittle에게 감사를 드린다. 그들은 정리되지 않은 산만한 원고에서부터 완성품에 이르기까지 이 책이 굉장히 짧은 기간 내에 생산될 수 있도록 전 과정을 지켜보면서 출간작업을 촉진시켜 주었다.

JVVC
BAC

CHAPTER 1

예언자와 의사

1779년 Pierre Desloges라고 하는 어느 프랑스 농인은 농인 개인들이 정규적으로 상호작용을 하고, 일반적으로 수어(手語)로 의사소통을 하면서 서로서로 배우는 사회인 활기찬 프랑스 파리식의 농사회를 간략히 설명하였다.[1] 아마도 이 농사회는 농인들 상호 간의 필요에 의해서 자연적으로 발달해 왔을 것이다. 거대한 세계적인 도시 파리는 수많은 농인들이 그들의 지역사회를 이루어 살아갈 수 있도록 공동장소에 거주지를 마련해 줄 수 있었다. 아직까지도 파리는 농인들을 위해서는 유일무이한 지역인 것 같다. 18세기 후반에서 19세기 초까지 그 어디에도 농사회가 존재했다고 하는 증거는 없다.

확실히 농사회는 미국에도 존재하지 않았다. 유일하게 알려진 농인 집합처(거주지)는 마사즈 빈야드(Martha's Vineyard)섬인데, 거기에는 농인과 청인(聽人)들이 함께 살고 있었기 때문에 농인들은 함께 사는 청인들과 분리된 그들만의 사회를 형성하지 않았다. 청인과 농인들은 양쪽 다 같이 수어를 사용했으며, 농인 개개인들은 보통 청인들을 배우자로 선택하였다.[2] 따라서 일반적으로 농인들은 함께 살아 갔으며 18세기 후반에서 19세기 초의 특수한 역사적 발달에 부응한, 특히 도시의 성장과 오직 농학생(聾學生)들을 위해 국가가 지원하는 기숙제 학교의 설립과 같은 독특한 문화적인 단위인 지역사회가 창립된 것으로 보인다. 그러나 아주 오래 전에 미국 농인들은 그들 특유의 사회를 형성하기 시작했으며, 농과 농인들은 서양사상과 문학의 주제였다. 머나 먼 과거에 농(聾)인들은 종종 의학과 종교교재에 대부분 나타나고 있다. 예를 들면 신약성경과 구약성경은 다같이 농인들에 대한 중대한 자료를 담고 있다.

1. 유대-기독교인들의 유산

농(聾)에 대한 성경적 관점은 일관된 것이 아니다. 구약성경과 신약성경은 농인들에 대한 관점을 극단적으로 달리하고 있다. 농인들에 대한 구약성경의 전체적인 태도는 낙천적 감성적 긍정적이며—농인들은 저주의 대상도, 인간대열에서의 제거의 대상도 아니며, 그들은 신의 뜻에 의해서 인간사회에 존재하게 되는 존엄하게 대접받아야 한다는 것이다. 따라서 출애굽기 4장에 모세가 자기는 말을 잘하지 못한다고 불평을 할 때 하나님과 모세 간에는 다음과 같은 대화가 이루어지고 있다.

> 10 모세가 여호와께 고하되, 주여 나는 본래 말에 능치 못한 자라 주께서 주의 종에게 명하신 후에도 그러하니 나는 입이 뻣뻣하고 혀가 둔한 자나이다.[3)]
>
> 11 여호와께서 그에게 이르시되 누가 사람의 입을 지었느뇨

누가 벙어리나 귀머거리나 눈 밝은 자나 소경이 되게 하였느뇨
나 여호와가 아니뇨?

12 이제 가라 내가 네 입과 함께 있어서 할 말을 가르치리라.[3)]

이 이야기는 어떤 사람은 하나님이 그들을 그렇게 만들었기 때문에 농인이 됐다(즉, 농인은 하나님의 뜻에 의해 만들어졌다)는 것을 분명하게 말해 준다. 따라서 사람들은 아인(啞人), 농인, 맹인 혹은 모세처럼 천천히 말하는 경우든 그들의 조건이 어떻든 간에 그것은 모두 하나님의 뜻으로 이루어진 것이므로 그들의 그러한 처지에 대해 불평해서는 안 된다는 것을 암시해 주고 있다. 하나님께서는 모세에게 그의 언어능력의 한계에 대해 걱정하지 말고 주어진 일터로 돌아가라고 말씀하셨다. 그러면 그것은 말로 다른 사람들에게 통역될 것이다. 그리고 하나님은 그들과 함께 있으며, 그들이 알고 있는 결핍을 극복할 수 있도록 도와주실 것이다.

장애인들을 한 인간으로 존중해야 한다는 구약성경의 입장은 레위기에서도 계속된다. 거기 레위기 19장 14절에서 하나님께서는 모세에게 여러 가지 법을 말씀해 주신다. 그 법들 중에는 다음과 같은 것이 있다. "너는 농인(귀먹은 자를)을 저주하지 말며 소경 앞에 장애물을 놓지 말고 네 하나님을 경외하라 나는 여호와이니라"라는 말씀이 있다.

농(聾)으로부터 자유로운 삶의 약속과 인간이 수행하는 일에 있어서의 모든 제약은 이사야서인 구약성경에 나와 있다. 29장 18절에는 "농인(귀머거리가)이 책의 말을 들을날이 올 것이며"라는 말이 있다. 35절에는 이스라엘 사람들의 즐거운 미래가 있을 것이라는 예언이 있다. 이사야는 지체장애인(절름발이)은 마치 사슴처럼

펄쩍펄쩍 뛰어다니고 농인(벙어리)은 노래를 부르고, 사막에는 냇물이 흐르고 맹인(장님)은 앞을 보게 되고 "농인의 귀는 소리를 듣게 될 것이다"라고 예언하고 있다. 그러나 이러한 낙천적인 분위기는 성경에 대한 기독교인들의 말씀 속에는 더 이상 계속되지 않는다.

신약성경에는 농인들을 관대하게 대하는 계율도 없고 그 언젠가는 모든 것이 장애로부터 해방될 것이라는 약속도 없다. 그 대신 마태복음 11장과 마가복음 7장에는 농은 기적을 만들어 내고 인간을 위해 불가능한 일을 가능하게 하는 예수님의 능력을 보여 주는 수단으로 사용된다. 마가복음에서는 언어장애를 가진 농인이 예수님 앞에 불려 왔다고 말하고 있다.

> 33 예수께서 그 사람을 따로 데리고 무리를 떠나사 손가락을 그의 양 귀에 넣고 침뱉아 그의 혀에 손을 대시며;
>
> 34 하늘을 우러러 탄식하시며 그에게 이르시되 에바다 하시니 이는 열리라는 뜻이라.
>
> 35 그의 귀가 열리고 혀의 맺힌 것이 곧 풀려 말이 분명하더라.
>
> 36 예수께서 저희에게 경계하사 아무에게라도 이르지 말라 하시되 경계하실수록 저희가 더욱 널리 전파하니;
>
> 37 사람들이 심히 놀라 가로되 그가 다 잘 하였도다 귀머거리도 듣게 하고 벙어리도 말하게 한다 하니라.

여기 신약성경에서는 농인들이 물체로 분류되거나 혹은 잘해야 예수의 기적적인 힘으로 치료가 되는 병자로 묘사된다. 농인 개개인은 한 인간으로서의 존엄성을 잃고 있다. 마가복음은 농인에 대한 어떤 관심이나 감성도 보여 주지 않으며, 다만 예수님은 초자연적인 힘을 과시하기 위하여 그의 신분을 이용할 뿐이다. 농인들은 하나님의 뜻에 의해 만들어진 우주창조물의 일부분이며 하나님은 그들을 거대한 목적을 위하여 창조한 것이다라고 하는 가능성은 전혀 없다.

실제 신약성경의 어떤 구절은 농인들을 위한 문제를 제기하였다. 출애굽기의 구약성경은 농인들은 신의 창조물의 일부분이며 따라서 그들은 인간으로 존중받을 가치가 있다는 것을 이스라엘 사람들에게 환기시켜 주고 있다. 그러나 마가복음과 누가복음은 그와 정반대의 입장을 취하였다. 그들은 농(聾)을 귀신이 씌워진 것으로 묘사하였다. 마가복음 9장은 이에 관한 특별한 부분이다. 마가복음은 한 개인은 그의 농아들을 예수님께 데려 왔다는 것을 말해주고 있다. 그 소년은 이를 악물고 입에 거품을 내뿜고 괴로워 하며 듣지 못하고 말 못하는 귀신이 들려 있었다. 그래서 예수님은 "너의 그 말 못하고 듣지 못하는 귀신아, 이 소년의 몸에서 나와서 다시는 그에게로 들어가지 말라"라고 그에게 말씀하시면서 그 고약한 듣지 못하고 말 못하는 귀신을 꾸짖으셨다. 이렇게 함으로써 그 소년은 분명히 치료가 되었으나, 오늘날 농인들은 어쩌면 귀신들린 사람으로 비쳐질 수 있다. 이것은 하나님께서 어떤 사람들을 특별히 농인으로 만들었다고 하는 구약성경의 관점으로부터 엄청난 변화인 것이다.

그러나 신약성경에서 농인들에게 가장 손상을 입히는 것은 "그러므로 믿음은 들음에서 나며 들음은 그리스도의 말씀으로 말미암았느니라"라고 하는 (10장 17절) 에 있는 로마 사람들에게 한 베드로의 간단한 글 속에 있다. 베드로의 이 말이 무엇을 뜻하든 간에 성경을 글자 그대로 해석한 사람들은 그것을 농인들의 신앙의 가능성을 부정하는 것으로 믿었다. 신앙이 없기 때문에 그들(농인)은 기독교 신자가 될 수도 없고 구원을 받을 수도 없다는 것이다.

2. 가톨릭의 전통

농인들은 기독교 신자가 될 수 없다고 하는 견해가 수 세기 동안 가톨릭교회 안에서 지배적이었다. 그리고 그것은 종종 종교개혁 전의 가톨릭—그리고 결과적으로 기독교—교리를 정의하는 데 가장 큰 책임이 있었던 사람 중의 하나인 성 어거스틴(354-430)때문이었다. 어거스틴에 대한 여러 논평자들은 농인들은 하나님의 말씀을 들을 수 없기 때문에 종교적 구원의 가능성에서 배제된다는 것이 그의 신념이었다고들 말하였다. 그러나 농인에 대한 어거스틴의 태도는 사실은 조금 달랐다.

어거스틴은 농인에 대해 여러 곳에서 그의 견해를 밝혔는데, 특히 그 중 두 가지가 중요하였다. 첫째, 로마인들에 대한 성 바울의 서간문에서 어거스틴은 청각의 결핍은 사람이 신앙을 얻고자 하는 것을 어렵게 한다는 뜻이지 듣지 못하는 사람에게는 신앙이 불가능하다는 것을 뜻하는 것이 아니라는 의미로 농(聾)은 "믿음에 장애물이다"라는 글을 썼다. 어거스틴 시대에는 농인을 교육할 방법이 없었으며 또한 농인에게 기독교의 믿음을 전달해 줄 통역인이 없었다 라고 하는 뜻을 전하려는 것이 어거스틴의 말의 논리적인 결론인 것 같다.[5)]

어거스틴의 농인에 대한 보다 낙천적인 평가와 농사회가 존재할 수 있었다는 그의 통찰력과 예언으로 주목할 만한 것은 영혼의 위대함에 관하여(De quantitate animae liber unus) 18장의 대화 속에 있다. 이 농(聾)에 대한 논의에서 어거스틴은 농인들은 배울 수 있고, 그리하여 믿음과 구원을 받을 수 있다는 것을 그는 믿는다는 사실을 지적하고 있다. 어거스틴으로부터 비롯된 이 논쟁은 또한 현대 4세기 초에 이미 수어(어거스틴은 "몸짓", "수어", 그리고 "제스처"를 예로 들면서)가 일부 농인들에 의해 사용되었으며 또한 그렇게 해서 사람들의 생각과 믿음이 다른 사람에게 전달될 수 있다는 믿음 때문에 터져 나오고 있는 것이다. 사람의 생각이나 믿음을 영혼에 전달하기 위한 가능성에 있어서 수어는 구어와 같다고 어거스틴은 진정 우리에게 암시해 주고 있다. 다음에 인용된 대화 속에서 어거스틴은 어떤 사람이 말로 하든 수어로 하든 "이 두 가지가 다 이치에 맞으면 되는 것이지 문제될 것이 무엇이 있는가"라고 묻고 있다.

Evodius 어린 아이는 말을 못하지만 성장하면 말하는 능력을 얻게 된다고 하는 사실을 우리는 생각하지 않으면 안 된다는 생각이 저는 듭니다.

Augustine 그것은 쉬운 문제이다. 왜냐하면 누구나 그가 태어나고 성장한 사람들 속에서 쓰이는 말을 하는 것이 틀림없다고 믿기 때문이다.

Evodius 누구나 그것을 알고 있습니다.

Augustine 그러면 사람이 말하지 않는 곳에서 태어나 성장하며, (말 대신) 오히려 머리(고개)를 끄덕인다든가 팔 다리를 움직여서 그들이 표현하고 싶은 생각을 다른 사람에게 전달한다고 상상해 보라. 그는 그와 비슷하게 할 것이고 또한 아무도 말하는 사람이 없으면 그도 또한 말을 하지 않을 것이라고 생각하지 않는가?

Evodius 그 경우는 불가능한 일이기 때문에 저에게 그것에 대해서는 묻지 마십시오. 왜냐하면 그런 사람들 속에서 태어나야 할 사람을 상상해 내야 하는데, 도대체 그런 사람이 누굽니까?

Augustine 그러면 너는 외모가 잘 생기고 행실이 예절바르면서도 다른 사람의 말을 알아듣지 못할 뿐만 아니라 자기가 하고 싶은 말을 육체적인 움직임을 제외하고는 표현할 수 없는 젊은이를 밀라노에서 본 적이 없느냐? 왜냐하면 이 사람은 대단히 잘 알려져 있는 사람이다. 그리고 나는 말을 하는 어떤 촌사람을 직접 알고 있는데 그는 말하는 부인이 있고 넷 또는 그보다 더 많은 아들과 딸이 있는데, 사실 그들은 모두 농인이었다. 그들은 말을 할 수 없기 때문에 농인으로 알려져 있었으며, 또한 그들은 눈으로만 알 수 있는 수어만을 이해했기 때문에 농인으로 알려져 있었다.

Evodius 첫 번째 사람은 잘 알겠고 다른 사람들은 잘 모르겠으나 그들에 대한 말씀이 무엇을 뜻하는지 알겠습니다. 그러나 이렇게 말씀하시는 의도가 무엇입니까?

Augustine 너는 그런 사람들 속에서 사람이 태어나는 것을 상상할 수 없다고 말하였다.

Evodius 제 말씀이 바로 그것입니다. 왜냐하면 제가 잘못 알고 있지 않다면 선생님이 예를 든 사람들은 말하는 사람들 속에서 태어났다는 것을 선생님께서 인정하시는 것입니다.

Augustine 그걸 난 부정하지는 않는다. 그러나 우리가 지금 그런 사람들이 존재한다는 것에 동의하기 때문에 나는 네가 이 물음에 대해 심사숙고하기를 바란다. 만약 이런 류(類)의 남자와 여자가 결혼해서 함께 산다면, 그리고 어떤 이유로 어떤 고립된 장소로 옮겨진다면, 그리고 그들은 거기에서 살아갈 수 있다면, 그리고 만약 농인이 아닌 아들을 낳아 길러야 한다면, 그 아들은 그의 부모와 어떻게 말하게 될까?

Evodius 그의 부모가 아들에게 한 수어에 제스처로 응답하지 않을 것이라는 것을 선생님은 어떻게 생각하십니까? 그러나 이 어린 아이는 이런 제스처도 할 수가 없었습니다. 그러므로 저의 추측은 소리에 머물게 됩니다. 왜냐하면 그가 성장했을 때(의사소통의 수단으로) 말을 하든 제스처를 하든 간에 이들 두 가지 방법이 다 같이 영혼을 움직인다면 무엇이 문제되겠습니까?[6)]

서양의 종교적 전통에서는 농인에 대한 태도에 있어서 서로 다른 입장, 심지어는 서로 충돌하는 입장을 취한다. 구약성경에서 유대인의 유산은 농인들도 일반 청인들과 같이 하나님의 아이들이라고 주장하면서 농인들에 대한 관용의 중요성을 강조하였다. 그러나 신약성경에서는 두 가지 놀라운 가능성을 제시하였는데: 하나는 농(聾)은 귀신에 의해 비롯된 것이며, 다른 하나는 농인들은 기독교도가 될 수 없다 라고 하는 것이다. 가톨릭 작가들은 어거스틴을 인용하면서 농인들은 수어를 통해서 배울 수 있다고 하는 어거스틴의 긍정적이고 낙천적인 말을 역설적으로 무시하면서, 종종 농인들은 기독교도가 될 수 없다고 하는 후자의 입장을 공식교리로 받아들였다. 그래서 농인들과 농(聾)을 이해하기를 바라는 사람은 전(前) 개신교회로부터 배울 것이 별로 없었으며, 나아가 당대의 의사들로부터는 더욱 배울 것이 없었다.

3. 의사들의 견해

고대와 중세의 서구사회에 있어서 의사들에게는, 아마도 어쩌면 오늘날의 의사들에게도, 농사회에 대한 관념은 우스꽝스러운 것이었다. 그들에게 농(聾)은 하나의 병이었으며 환자인 농인들로 하여금 건강한 삶을 살아갈 수 없도록 제한하는 육체적인 조건이었다. 이것은 치료가 필요했으며, 의사들은 종종 그들이 믿는 치료법이 성공할 것이라고 설명했다. 이런 치료법 중의 하나는 농인의 귀 옆에서 큰 소리를 내는 방법이었다. 이 방법은 분명히 실패했음에도 불구하고 이 방법은 반복해서 시도되었으며 의학교재에도 기술되어 있다.

6세기에 비잔틴의 한 의사였던 Alexander는 그 당시 농(聾)에 대한 치료법을 논의하는 가운데 소리에 의한 치료법에 대해 말하였다. 그는 세상에 알려져 있는 어떠한 방법을 사용한다고 하더라도 성공할 수 있을 것이라는 확신이 없었다. 그럼에도 불구하고 여하튼 의사들은 아무 일도 이루어지지 않는 상태로 내버려 두어서는 안 된다며, 다음과 같이 권고하였다.

> 많은 의사들이 오직 가능한 모든 내과적인 방법만을 처방해 왔을 뿐만 아니라 [환자가 피를 흘리게 하기 위해 혈관을 절단하는] 혈관을 절단한 다음 나팔을 꺼내서 귀 안에 그 끝을 장착시켜 소리를 내게 하였다. 또 다른 사람들은 큰 종을 울렸으며 또 다른 사람들은 그들이 스스로 고안해 만든 기구를 사용하기도 했다. 왜냐하면 만약 심한 경우 대부분의 치료가 별 효과가 없는 것 같으면 이에 대해 아무래도 심각히 생각해 보지 않으면 안 되며, 또한

> 아무 일도 이루어지지 않도록 돕는 일을 지체해서는 안 되기 때문이다: 즉, 기대와 다른 일이 꽤 자주 일어날 수 있기 때문이다.[7)]

어떤 사람의 귓속에 트럼펫을 불게 하는 것은 아마도 고통을 느끼게 하고, 또한 그 농인이 아직 가지고 있는 청력을 손상시킬지도 모른다. 그럼에도 불구하고 이러한 시도는 스페인의 의사들이 귀를 째서 피가 나는 귓속에 아주 많은 소리를 집어 넣는다는 보고가 있었던 최소한 17세기까지 계속되었다.

귀는 잡음을 너무 심하게 느꼈을 뿐만 아니라 다양한 종류의 물질까지도 귓속에 들어왔다. 의사들은 종종 농인의 귓구멍 속으로 여러 가지 액체를 퍼붓거나 주사를 놓도록 권장하였다. 중세의 교재에는 기름, 꿀, 식초, 토끼나 돼지의 담즙, 마늘쥬스, 사람의 젖, 연기를 쏘인 염소 오줌, 피가 섞인 뱀장어 기름 등이 귓구멍을 뚫어주는 하제재로 사용되었다고 기록되어 있다. 이러한 조제물에 대한 이론적 근거는 이것들이 아마도 외부의 소리와 함께 두뇌나 내이의 청각장치로 연결되는 통로를 열 것이라는 데 있었다. 이러한 설명은 비록 확실한 것은 아니었을지라도 어떤 보편적 감성적 의견을 내포하고 있다.[8)]

그와는 대조적으로 1557년 베니스의 의학교재 중에 농(聾)의 원인을 밝히려고 시도한 다음과 같은 내용은 농에 대한 생각이 얼마나 복잡하게 뒤섞여 있었느냐 하는 점을 보여 주고 있다.

> Nikolaus는… 의사가 고칠 희망이 없다고 포기할 만치 심한 열병에 걸렸을 때 그의 나이 겨우 5살이었다. 그러나 그의 대모(代母)는 쓸 수 있는 모든 약을 다 쓰느라고 애를 썼었는데, 그 중

어떤 다른 약보다 그의 머릿속에는 창자를 빼낸 어린 개(강아지)의 생고기가 좋을 것이라는 생각이 떠 올랐다. 어쩌면 이것 때문이었는지 그렇지 않으면 다른 어떤 행운 때문이었는지는 잘 알 수 없었으나 그 소년은 8일만에 열병이 나았으나 그 병 끝에 더 심한 병에 걸려 결과적으로 그는 팔과 다리, 특히 왼쪽의 팔 다리가 마비되었다. 더욱이 그 소년은 병을 앓기 전에는 말을 하고 들을 수 있었는데 병을 앓고 난 후에 청력을 잃게 되어 사람들이 농아로 생각할 수도 있었다. 그 열병은 7월 15일에 시작되었다. 그래서 그 병은 우리가 말한 바와 같이 8일 간 계속되었다. 그러나 팔 다리의 마비는 이듬해 4월까지 겨울 내내 계속 남아 있다가 결국 5월에 마비 증세는 완전히 치료가 되었으나 말을 듣고 할 수는 없게 되었다.

그러나 소년은 유머를 잃었고 머릿속도 맑지 못하고 쓸데없는 잡념으로 가득 찼었으며, 열병과 그의 머리 위에 있는 어린 개의 생고기의 따뜻한 온기때문에 이것이 그의 두개골 속으로 스며들어 갔고, 이 두꺼운 점액이 뇌 속에 방출됨으로써 허약해 진 몸속에 있는 뇌관의 장애원인이 되었다는 사실을 우리는 인정하지 않으면 안 되었다. 이러한 장애가 일어나고 생의 활력이 근육을 움직이는 추진력을 가진 뇌신경을 통과하는 데서부터 방해를 받게 된 이후 팔 다리의 마비와 움직임이 느려지는 현상이 일어나게 되었다. 단순히 몸을 움직여 주는 두뇌가 차갑고 축축한 점액에 의해 활동의 장애를 받을 뿐만 아니라 청각기능과 언어능력 조절에 장애를 받음으로써 그 소년은 난청이 왔을 뿐만 아니라 완전히 농아가 되게 되었다.[9)]

이러한 이야기는 16세기 후반까지는 작자불명이었는데, 1591년 독일 의사인 Solomon Alberti가 '농(聾)과 말 못하는 것'이라는 농(聾)에 대한 특별한 종류의 책을 최초로 발간하였다. Alberti는 듣는 것과 말하는 것은 서로 별개의 기능이라는 것을 명백하게 밝힌 최초의 의사가 되었다. 그는 말과 청각을 지배하는 신경은 뇌의 서로 다른 장소에 들어가 있으며 서로 연결되어 있지 않다고 하는 인체의 해부학적 연구를 바탕으로 한 주장을 하였다. 더욱 중요한 것은 Alberti는 농인들은 비록 말을 하지 못하지만 생각할 수 있는 이성과 가능성을 가지고 있다고 기록하였다. 그는 글을 읽을 수 있는 농인을 알고 있다고 하였으며 또한 입술의 움직임을 보고 말을 이해할 수 있는 농인을 만난 적이 있다고 주장하였다.[10]

Alberti는 농에 대해 갑작스럽게 흥미를 느끼게 되었다. 농(聾)과 아(啞)에 대한 그의 논설이 출현하던 같은 해에 Philip Camerarius라는 또 다른 독일인 변호사는 의사소통을 하기 위하여 제스처, 읽기와 쓰기, 독화법을 사용한 교육받은 두 농인에 대한 이야기를 다음과 같이 기록하였다.

> 우리 도시에는 특별한 재능으로 분류되는 존경받고 점잖은 가문에서 태어난 한 남자와 한 여자가 살고 있습니다. 자연(하나님)은 오빠와 누이 둘을 다 농인으로 만들었습니다. 그러나 그들은 둘 다 글을 유창하게 읽고 훌륭한 필체로 글을 쓰고 소매상인의 계산서를 만드는 방법을 알고 있었습니다. 그 남자는 그가 해야 하는 것을 표현하는 방법을 제스처에서 모았으며, 만약 펜이 유용하지 않으면 그는 손과 함께 제스처로 그의 생각을 표현합니다: 그는 또한 우리 보통 청인들에게 인기 있고 산술을 잘 하는 사

> 람들만이 할 수 있는 모든 종류의 주사위게임에 뛰어납니다. 바느질(자수) 및 수예에 있어서 그 여자는 다른 여자들보다 능숙합니다. 하나님(자연)이 그들에게 보상으로 내려 주신 놀라운 재능 중에서 가장 놀라운 것은 종종 입술의 움직임을 보고 무슨 말을 하는지 이해하는 것입니다. 그들은 자주 교회에 가는데 남들이 말하는 것을 주의 깊게 지켜 봄으로써 일반 청인들이 귀로 말을 듣는 것처럼 눈으로 보고서 사람 말을 이해하는 것 같습니다. 그들은 그들이 원하면 남의 도움 없이도 설교나 기도하는 것을 글로 쓸 수 있고, 일반 다른 청인들처럼 축제일의 성구를 암송할 수 있습니다. 예배 도중 그리스도라는 이름이 교회에서 들리자 그들은 모자를 들고 다른 사람들 앞에서 무릎을 꿇고 절을 하였습니다.[11)]

16세기 후반에 Alberti의 출현과 Camerarius의 이야기는 단순한 우연의 일치가 아니었다. 배우는 데 있어서의 새로운 흥미는 그것이 수어로 전달될 수 있든지 그렇지 않으면 입술의 움직임으로 전달될 수 있든지, 또한 그것이 말을 요구하는 것이든 아니든 간에 농인들에게 주의를 기울이고 언어의 특성에 대해 질문을 하는 몇몇 학자들을 이끌어 가고 있었다. 이러한 현안문제들은 예를 들면 침묵을 서약한 Augustine과 수도사들이 전에 이미 제기했었는데, 그럼에도 불구하고 의사소통을 위해 필요하게 되어 수어와 지문자로 의사소통을 하였다. 그러나 그것은 17세기와 특히 18세기에는 새로이 필요한 것이 되었다.

즉, 읽고 쓰는 능력이 새로운 중요성을 얻게 된 시대였다. 인쇄된 책들이 보편화되고 있었다. 사람들과 물건들이 유럽, 영국, 미국에서 이리저리 옮겨 다녔다. 글을 읽고 쓸 수 없는 사람은 점진적으로 불이익을 받게 되었는데, 특히 급속히 성장하는 도시에 있어서는 더 그랬다. 농인들은 인류역사를 통하여 대부분의 사람들이 살아 온 문맹의 농촌생활이 보다 쉽고 비교적 편리할 것이다. 그러나 새로운 문명세계에 있어서 그들은 특별교육을 받지 않으면 심각한 어려움에 놓이게 될 것이다. 그래서 17세기와 함께 농에 대한 의학적 신학적 사고(思考)가 농인 교육에 관한 학문의 길을 제공해 주었다는 사실은 놀라운 일이 아니다.

CHAPTER 2 농인을 교육하기

마침내 학교에서는 농인들을 한데 끌어모아 그들 자신의 문화적인 공동체를 발전시켜 나가는 분위기를 만들어 주었다. 19세기까지는 기숙사를 갖춘 학교가 농교육에 있어서 지배적인 형태였다. 이들 학교에서는 가급적 많은 농인들을 수용하기 위해 전력을 기울였으며 농인들 상호 간의 정규적인 접촉을 통하여 단순한 육체적인 측면을 초월한 다양한 경험을 나눌 수 있게 하였다. 이러한 교육과정은 프랑스에서 시작하여 사방에서 일어났으며 특히 미국에서 활발하게 이루어지게 되었다. 그러나 농아동(聾兒童)들에 대한 최초의 교육방법은 여러 아이들을 한데 모아 가르치는 집단적인 방법으로 이루어진 것이 아니라 가정에서 개인교사를 고용하여 개별교육을 실시하는 형태로 이루어졌다.

농교육에 대한 최초의 기록은 스페인에서 나왔다. 16세기 후반으로부터 17세기 초에 이베리아국가는 과거 그 어느 시대보다 또한 미래의 그 어느 시대보다 정치·경제적으로 강대국이었으며 그 국민들의 지적 발달은 대단하였다. 최근 스페인 사람들은 그들 무슬림 정복자들을 정복하여 가톨릭 군주의 지배체제로 나라를 통

일하여 서반구의 부유한 아즈텍 사람들과 잉카제국을 지배하는 스페인 통치체제를 만들었다. 그들은 미국으로부터 엄청난 금은보화를 끌어들여 상인들과 귀족들로 하여금 풍요롭고 여유 있는 삶을 살아갈 수 있게 하였다. 이러한 환경 속에서 농인자녀를 둔 돈 많은 스페인 사람들은 공부한 선생을 고용하여 아이들을 가르치게 하였는데 이것이 결국 농교육의 시작이라고 할 수 있다.

1. MELCHOR DE YEBRA

농인들과 의사소통방법에 대한 기록물을 제공한 최초의 스페인 사람은 16세기의 수도사인 Fray Melchor de Yebra였다. Melchor de Yebra는 가톨릭교도들이 침묵의 맹세를 할 때 사용한 지문자(指文字)와 비슷한 스페인 지문자로 나타내는 표준화된 수형(手形)의 그림을 책자로 펴냈다. 그는 하는 일이 죽어가는 사람의 임종을 돕는 일을 하는 사람들에게는 수형에 대한 지식이 유익할 것이라고 말하였다. 그는 성직자들은 언어능력을 잃었지만 아직 의식은 깨어 있으며 죽기 전에 생전의 죄과를 하나님께 고해성사하고 싶은 사람들의 고백을 지문자를 사용하여 끌어낼 수 있었다고 쓰고 있다. Melchor de Yebra는 임종직전에 너무 아파 말을 할 수는 없지만 지문자로 하고 싶은 말을 표현하는 사람들의 실례를 알고 있다고 주장하였다. 그러나 가난한 사람은 그의 지문자를 이해하는 사람을 찾지 못해 자기의 소망을 사람들에게 알리고 싶어 하면서도 알리지 못하고 괴로워하면서 죽어갔다.

이와 유사한 의사소통상의 장벽은 반드시 이와 같은 죽음의 문턱에서만이 아니라 죄과를 후회하는 가톨릭 농인 신자들에게는 어느 때나 일어나는 일이다. 따라서 Melchor de Yebra는 그가 사용하는 지문자 역시 고해를 듣는 신부들이 듣지 못하는 고해자들에게 말을 할 수 있게 하고, 또한 듣지 못하는 고해자들이 수어로 자신들의 속뜻을 다른 사람들에게 이해시키는 방법을 알고 있을 때 그들에게 응답해 주는 데 도움이 될 것이라고 기록하고 있다. 지문자는 농인들은 다른 사람들과 이야기하기 위해서 의무적으로 사용되어 왔기 때문에 지문자를 배운 다른 농인들을 위로하기 위해서는 지문자가 사용될 수 있으므로 농인들의 종교적인 목적을 위해서 지문자가 일반적으로 더 유용할 수 있을 것이라고 수도사는 결론을 내렸다.[1)]

Melchor de Yebra의 지문자에 대한 논의는 두 가지 이유에서 교육적이다. 첫째, 지문자에 의한 의사소통은 16세기 스페인에 있어서는 보편적이 아니었거나 혹은 적어도 세상에 알려지지 않았었다고 그는 암시하였다. 그는 이미 지문자를 배운 농인에 대한 글을 쓴 것이다. 지문자는 아마도 다음 몇몇 농인들의 의사소통 방법으로 통합된 것으로 추정된다. 분명 농인들의 지문자에 의한 의사소통 방법이 어떻게 교우들로부터 농인들에게로 전수되었는지에 대한 역사적인 기록은 분명치 않으나, 그러한 지문자에 의한 의사소통 방법은 농소년들이 수도원에 가서 교육받을 때와 수도사들이 부잣집에 와서 그들의 농자녀들을 가르쳤을 때 생겨났을 것이다. 그 어느 경우든 간에 그것은 지문자는 특수한 종교적 목적을 위해 생성되었으며 그 후 그것은 농인들의 기본적인 의사소통의 실질적인 기능으로 채택되었다는 것을 지적해 주고 있다. 두 번째로 중요한 점은 Melchor de Yebra가 출판해 낸 지문자는 20세기에 미국 농인들에 의해 사용되고 있는 것과 거의 동일하며, 따라서 오늘날 미국과 프랑스에서 사용되고 있는 수형의 근원(根源, 어원)이 틀림없다고 생각된다. 그것은 미국 수어를 아는 모든 사람들에게는 잘 알려져 있는 일일 것이다. Fray Melchor de Yebra가 만들었던 본래의 지문자는 하나도 남아 있는 것이 없다. 그러나 그의 작품은 Juan Pablo Bonet이라고 하는 다른 스페인 사람의 노력을 통해서 잘 알려져 있다.

2. JUAN PABLO BONET

Juan Pablo Bonet는 농자녀를 가진 스페인의 부잣집을 위해 일한 사람인데, 그는 1620년 Melchor de Yebra의 지문자 도표를 개정하여 내 놓았다. '알파벳문자의 간소화와 농아들에게 말을 가르치는 방법'이라는 제목의 이 책은 그 원본이 남아있을 것으로 알려져 있는 책자로서는 가장 오래된 최초의 농교육책자이다.[2)] Pablo Bonet는 이 책에서 수어에 대해서는 언급하지 않고 있는데, 그것은 그의 목적이 구어(口語)를 가르치려는 데 있었기 때문이었다. 그러나 그는 Melchor de Yebra의 지문자 사용에 대해서 언급하고 있다. Pablo Bonet는 지문자를 농아동이 스페인 말을 하고 읽고 쓸 수 있도록 가르치는 수단으로 보았다. 이 책의 목적은 농아동들(그 때 교육받던 농아동들은 모두 남자 아이들 뿐이었는데)이 청인사회(聽人社會)에 성공적으로 통합될 수 있도록 하기 위해 농아동에게 말을 가르치는 방법론을 보여 주려는 데 있었다. 이러한 목표는 농아동이 자기 주변의 청인들과 같이 말을 배울 수 있는 유익한 방법으로 함께 상호작용하도록 통제를 받을 때에만 달성될 수 있었다. 그래서 Pablo Bonet은 "농아가 있는 집에서는 글을 읽을 수 있는 사람은 누구든지 이 지

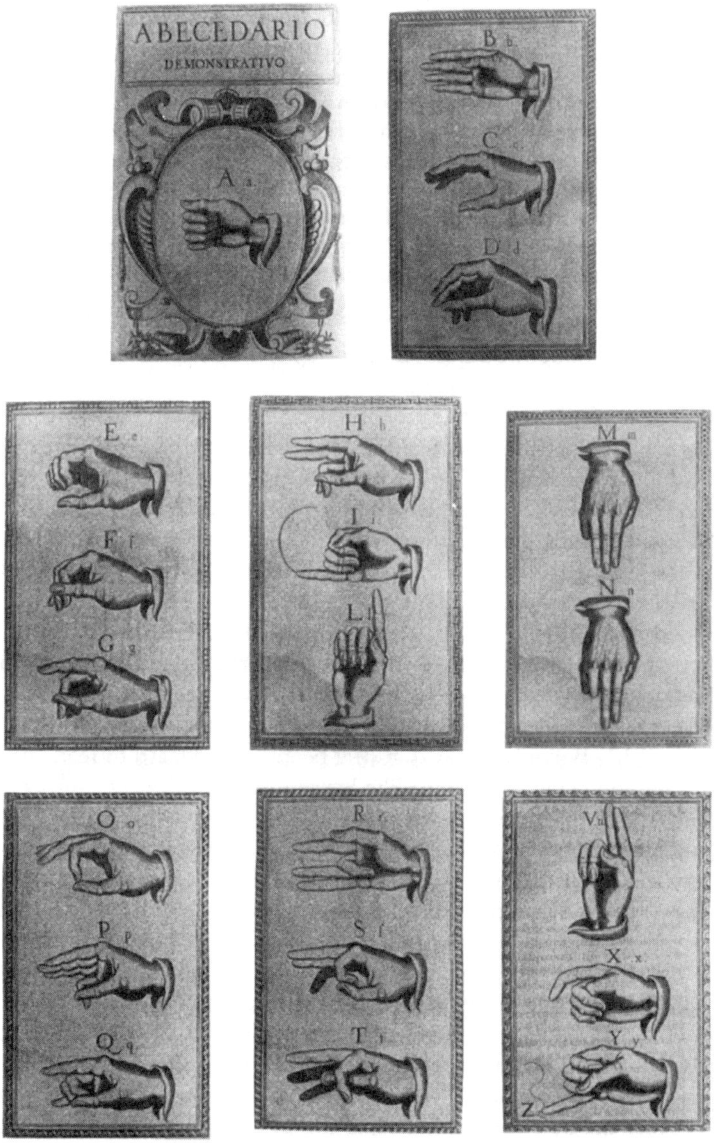

Fray Melchor de Yebra 지문자 도표

문자를 농인과 대화하기 위해 알아야 한다. 그러나 청인의 물음에 대답하는 농인은 비록 발음에 잘못이 있더라도 구술로 대답해야 한다"라고 기록하고 있다.[3)]

그로부터 250년 후에 Alexandra Graham Bell은 그의 George Sanders라는 농학생과 같이 시도했던 교육학적인 방법을 거의 그대로 정확하게 묘사하는 이 놀라운 말 속에서 Pablo Bonet는 그에게 가장 익숙한 개인적인 경험을 기술하기 위해서는 농아동이 구어를 사용하도록 강제적으로 교육하는 것이 중요하다는 것을 설명하려고 애를 썼다. "농인이 지적이고 능력 있는 사람이 되기 위해서는 낮에 그가 무엇을 했는지에 대해 매일 저녁 질문을 받는 것이 농인을 교육하는 데 있어서 중요한 부분이 될 것이며; 또한 비록 농인이 그러한 질문에 처음에는 정확히 대답하지 못하겠지만 그러한 질문을 수없이 반복해 받아야 한다"고 그는 글을 썼다. Pablo Bonet는 다음과 같이 말을 이어 나갔다.

> 그[농아동]는 사물과 동작의 이름을 알기 때문에 질문을 받으면 그 질문이 그로 하여금 우리에게 대답하라는 데 목적이 있음을 틀림없이 깨달을 것이다; 그러므로 이러한 이유 때문에 그가 무엇을 하고 있을 때 "너 뭐하고 있지?"라는 청인들이 쓰는 말로 한 모든 질문을 받아야 한다; 그리고 만약 농아동이 뭐라고 대답해야 할지를 모르면 선생님은 "나는 책(글)을 읽고 쓰고 놀고 있어요" 등등으로 대답하도록 가르쳐야 한다. 또한 이와 유사하게 농아동은 아무 것도 하고 있지 않을 때는 그가 무엇을 하고 있다는 대답을 해야 할 의무가 반드시 있는 것이 아니라는 것을 그는 이해할 수 있을 것이다.[4)]

만약 농아동이 단순히 매일매일 겪는 일상생활에 관련된 말만 배운다면, Pablo Bonet는 만족하지 않았을 것이다. 왜냐하면 그는 글을 읽고 쓸 줄 아는 폭넓게 교육받은 농아동을 길러내는 것을 기대하고 있었기 때문이었다. 이러한 목적을 달성하기 위해서는 교사는 천천히 가르쳐야 한다고 그는 다음과 같이 주장하고 있다. 즉, "농인이 우리가 이미 가르쳐 준 것을 습득했을 때는 어려운 주제에 대한 것이 아닌 쉽고 평범한 것에 대한 책 읽기를 시작해야 하며, 책을 읽고 나면 그가 읽는 것에 관해 질문을 해야 하고, 만약 그가 질문에 답할 수 없으면 교사는 그가 알 수 있도록 설명해 주어야 한다."[5] 그러나 교사는 농아동의 행동에 대해 방심하지 않고 잘 살펴보는 주의력과 융통성이 있어야 한다. 그리고 농학생이 그의 읽기나 지문자나 혹은 글을 써서 그에게 보여 준 질문에 대한 대답에 있어서 어떤 발전이 있을 때는 농아동을 가르치는 책이나 대화의 수준을 그 학생의 능력을 판단할 수 있는 교사의 재량에 의해 바꿀 수가 있다고 Pablo Bonet는 주장하고 있다.[6]

Pablo Bonet는 농인들은 읽고 쓰고 말하는 것을 배울 수 있으며 또한 일반적으로 청인들처럼 행동할 수 있다고 믿고 있으나, 가정교사가 농아동에게 독순술(讀脣術)을 가르칠 수 있다고는 믿지 않았다. 그는 이 점을 가장 강조하는 입장이며, 이 점과 다른 많은 문제들에 있어서 남다른 식견을 갖고 있었다. 농인은 말하는 입모양(독순)을 보고 무슨 말인지를 이해하기 때문에 여러 유형의 사람들이 같은 소리를 발음하는 방법에 있어서 차이가 있기 때문에 불확실한 것을 가르치려고 시도할 필요가 없다고 그는 주장한다. 더 나아가서 농인은 특별한 말을 듣기 위해 연합해서 움직이는 혀, 입 그리고 얼굴 등의 모든 동작을 보기 때문에 농인에게 "말하는 모든 사람은" "입을 넓게 벌려" 농인들처럼 해야 한다. 그러나 "이것은 농인들이 그러한 방법을 모방할 수 있기 때문에 얼굴을 찡그리며 말하는 습관에 빠지기 쉽고, 또한 사람들이 그에게 말할 때 사용된 같은 입 모양으로 말하려고 할 것이기 때문에 좋은 방법이 아닐 것이다." 어떤 농인들은 말을 읽을 수는 있다. 그러나 이 기술은 그러한 언어적 표현에 대한 "광장한 주의력이 집중된 데 따른 것이지... 그것이 교사의 지도기술에 따른 것이 아니었다."[7] 그렇지만 농인들이

> 이러한 능력에 도달하게 될 때 그것은 어떤 주장이나 대화를 지탱하기에 충분할 만치 확실성을 갖춘 것이 아니라 일상에서 쓰는 평범한 어구에 대한 것일 뿐이며, 그것은 그들이 말을 만드는 움직임을 보지 않고도 그 의미를 파악하는 데 자주 사용하는 것들이며; 여기서 또한 그의 이성은 말하는 사람의 동작, 그가 말하고 있는 사람과 주제, 그리고 그 논제의 시점과 근거를 파악하도록 돕고 연출해 내는 것이다.[8]

Pablo Bonet의 농인에 관한 마지막 말은 정확하고 인간적이었으며 그가 살던 시대 발전과는 거리가 멀었다. "알파벳 문자의 간소화"라는 책에서 그는 말하고 이성적으로 판단하는 문제에 관한 한 농인들은 실제로 그렇게 못 듣고 말 못하는 것이 아니라 단순한 농(聾)이며, 따라서 어떤 언어나 또는 과학도 배우는 것이 가능하다는 것을 기록하고 보여주고 있다.[9] 이러한 견해를 폭넓게 수용한다면 농인들을 위한 공식교육은 그렇게 멀리 뒤처지지 않을 수 있을 것이다.

3. 스페인의 영향

17세기 중반까지 몇몇 귀족들의 농자녀 교육에 있어서의 스페인의 성공에 대한 보고는 유럽 전역으로 퍼져 나갔다. 교육을 받아 말을 하는 농인에 대한 이 신기한 현상에 대한 정보를 세상에 퍼뜨린 사람 중 하나는 Kenelm Digby경이었다. 영국인 Digby은 1623년 영국왕의 후계자인 Wales의 왕자와 함께 스페인을 방문하였다. 스페인의 수도 마드리드에 있는 동안 Digby는 Don Luis de Velasco라는 농인 귀족을 만났다. Don Luis의 농인을 가르치는 기술은 분명 Digby를 압도하였다. 그래서 이 순진한 여행자는 Don Luis의 이 성취를 놀라운 일로 보고하였고 이후 말하는 교사는 누구나 모두 분명 이를 부러워 하게 되었다.

"Don Luis는 농인으로 태어난 농인이기 때문에 만약 귀 옆에서 총을 쏜다 하더라도 그는 그 소리를 들을 수 없었을 것이다"라고 Digby는 글을 썼다. 그럼에도 불구하고 성직자는 그가 "누구든지 간에 각별하게" 말하는 법을 가르쳤다. 그러나 이것이 전부가 아니었다. 흠 잡을 데 없이 말을 할 수 있을 뿐만 아니라 이에 더하여 Don Luis는 또한 남들이 하는 말을 "아주 완벽하게 독순술을 통해 이해함으로써 그는 하루생활 전체에서 이루어진 대화에서 단 한마디의 말도 빠뜨리지 않고 이해하였다."[10] Don Luis는 말하는 사람을 지켜봄으로써 억양 하나까지도 이해할 수 있었으며 자기 자신의 목소리로 그 억양을 재생할 수도 있었다고 Digby는 보고하였다. Don Luis는 이렇게 놀라운 업적을 성취해 낼 수 있었을 뿐 아니라 그는 또한 "상당히 먼 거리의 큰 방에서" 말하는 사람과 떨어져 있으면서도 입술로 속삭이는 말의 뜻을 이해하고 대화를 따라할 수

있었다고 Digby는 결론짓고 있다.[11)]

Digby의 주장은 현대에 사는 관심 있는 사람들의 마음에 믿음을 느낄 만치 설득력 있게 전달되고 있으나 실은 17세기의 유럽은 농인과 그들의 의사소통과정을 면밀히 들여다 보기 시작하고 있었다는 사실을 남겨 주고 있다.

4. 수어의 힘

의사소통에 있어서의 사람들의 새로운 관심을 끌게 된 것은 Anthony Deusing의 '농인의 이야기'라는 책 속에서 뚜렷해졌다. 본래 1656년 네덜란드의 Groningen에서 발간되었고, 그 후 1670년에 영국에서 George Sibscota에 의해 영어로 번역되어 출판된 Deusing의 이 책은 대단히 복잡하고 직관적으로 이해하고 표현한다는 점을 보여 주었으며, 또한 농인들은 이러한 수어로 의사소통이 가능하다는 데 대한 일반의 이해가 어쩌면 이미 300년 전에 이루어졌다는 사실을 보여 주고 있다. 사람들이 귀로 말소리를 듣고 마음의 눈으로 사물을 보는 것처럼 농인들은 수어로 듣고(reading) 수어로 말하는(writing) 것으로 생각된다고 Deusing은 기록하였다. Deusing은 "말 못하는 사람들 자신"은 "다른 사람들의 마음의 감정"을 상상하는 데 "말 대신 수어"를 사용한다고 믿었다. Deusing은 생각을 전달하는 데 있어서 수어의 역할에 어떤 한계가 있다고 느끼지 않았다. "아마 그의 독자들에게 잘 알려진 사람으로서 분명 우리들 중의 그 누군가의 사례를 떠올리면서 Deusing은 "본래" 농인이었던 사람들은 그들이 늘 잘 알고 있던 친한 사람들에게 그들

의 마음을 쉽고 분명하게 알리기 위해 "제스처와 여러 가지 신체적 인 동작"을 사용한다고 말하였다.[12]

Deusign이 농인들의 의사소통 상황을 분명하게 이해하고 있을 것이라는 가능성은 수어에 대한 그의 견해와 농인들이 수어를 사용하는 것을 보면 분명해 진다. 말하는 장소에서 수어를 사용하는 농인들은 "본래 농(聾)과 아(啞)"인 즉, 농인으로 태어났거나 혹은 말을 할 수 있기 전에 그렇게 되어서 그들 인생의 시작 단계에서부터 농인이었다고 추정되는 그런 사람들이라고 그는 말하였다. Deusing은 이러한 개개인들은 제스처와 평범한 관찰법을 사용한다고 말한다. 그러나 제스처는 "여러 가지 몸 동작에 의해" 보완된다고 그는 덧붙인다.[13] 미국 수어에 대한 현대적 연구는 이 점을 확인해 준다. 즉, 수어는 손, 팔, 제스처의 동작으로 한정되는 것이 아니라 의사표현의 효과적인 수단으로 신체의 다른 부분들의 움직임도 또한 필요로 하고 있다.[14]

Deusing은 농인들에 의해 사용되는 수어가 완전한 언어라고 하는 견해를 밝히는 것을 보면 수어에 대한 그의 입장은 명백하다. 농인들은 수어로 그들의 생각을 효과적으로 주고 받는다. 그러나 그것은 농인들이 종종 잘 아는 사람들 중에서만 있는 일이라고 그는 기록하고 있다.[15] 요컨대, 다른 일반 언어와 같이 수어는 제스처가 의사소통 수단으로서의 상징적인 의미가 있다는 것이 농인집단 속에서 공감대를 이루게 될 때 수어는 효과적인 의사소통 방법이 되는 것이다.

Deusing은 후에 수어의 형태와 의미의 조화에 대한 논의를 하면서 이 점을 강조하였다. 그는 그가 "사물의 의미"라고 부르는 독특한 수어는 말일 따름이지 그 이상의 어떤 특별한 것이 아니라는 것을 깨달았다. 그는 비록 대부분의 수어가 그들이 상징하는 사물의 어떤 "외형적인" 특성을 상징적으로 만들어 보이지만 수어는 "공부하고 연습해서" 익숙해져야 한다고 말한다. 그는 다소 양면적이기는 하나 수어는 "나라마다 서로 다른" 구어와 결코 똑같은 것도 아니지만 그렇다고 "절대적으로 서로 다른 것"도 아니라는 합리적인 표현으로 이 주제에 대한 그의 논의의 결론을 맺는다.[16)]

Deusing의 농인들의 의사소통에 관한 사려 깊고 지각 있는 접근법은 역시 그의 독순술을 다루는 방법에서 명백히 나타난다. "농인들은 제스처, 독순, 청인들의 말하는 방법같은 것으로 많은 것을 생각해 내며, 때때로 그러한 외형적인 것에 의해 말의 뜻 중 많은 것을 이해한다"고 기록하고 있다. 이를 설명하기 위해서 Deusing은 농인으로 태어났으나 공공설교장에 참석하며 "그의 눈을 목사 눈에 맞추어 목사의 말씀을 응시하는" 네덜란드의 Groningen에 있는 사람에 대한 이야기를 해 주고 있다. 이것은 그 사람의 "부인 또는 하인이나 통역인에 의해 쉽게 이루어질 수 있었다. 그런데 그는 언제나 그런 사람과 함께 있었으며, 그런 사람들은 무엇이나 수어로 재빠르게 설교를 해 준다"고 Deusing은 기록하고 있다.[17)]

이 마지막 논평은 굉장한 의미를 나타내고 있다. 그것은 수어를 정규적으로 사용하는 Deusign이 잘 아는 한 농인 남자가 있다는 것을 말하는 것이다. 보다 더 주목할만한 일은 이 말은 이 농인은 가난하지도 않고 고독하지도 않다는 것을 말해 주고 있다. 그는 청인 부인과 하인이 있으며 교회 예배에 참석하고 그가 봉사하러 가는 곳은 어디에나 그의 부인이나 혹은 하인을 "통역인"으로 데리고 갈 수가 있었다. 그래서 Deusing은 17세기 중엽에는 농인들은 청인들과 상호작용하기 위해 통역인 사용을 생각하는 것으로 알려져 있었으며, 아마 그것은 별로 주목할 만한 일이 아니었다는 데 대한 증거를 마련해 놓고 있다. 왜냐하면 Deusing은 Groningen에 있는 이 개인에 관한 그의 설명을 옹호하려고 노력하지 않기 때문이었다. 분명, Deusing은 부유층 농인이 그의 하인과 부인을 그를 위한 통역인으로 사용하는 생각은 그의 독자들의 보편적인 경험범위 내에서 쉽게 수용한 것으로 생각했다.

Deusing의 '농인의 이야기'와 Digby의 '스페인 농인이야기'는 George Sibscota에 의해 영어로 재출판되었으며, 이것은 John Bulwer의 Philocophus 또는 농인의 친구(1648), 그리고 1669년 Digby 자신의 작품 속에 포함되어 농인들은 교육될 수 있다는 가정과 농(聾)이라는 주제 위에서 유럽문학 발달에 공헌하였다. 이러한 idea는 18세기 후반에 이르러 결실을 보았는데, 그 때는 개인적인 이익 추구를 목적으로 하는 사립농학교가 서유럽 몇몇 나라와 프랑스에 존재하고 있었는데, 이는 가난한 부모 밑에서 태어난 농아동들을 위한 무상교육을 솔선하여 추진한 Abbe Charles Michel de I'Épée의 노력을 통해서 이루어졌다. 그러나 미국에서의 사정은 달랐다.

5. JOHN HARROWER와 JOHN EDGE

1800년 이후까지 미국에는 농아동을 위한 학교가 없었다. 그래서 농아동의 부모들은 농자녀의 교육을 위해 다른 수단을 찾아야만 했다. 예를 들면 1770년대에 Thomas Bolling과 그의 부인 Elizabeth Gay는 농자녀 셋을 모두 다 스코틀랜드에 있는 사립 구화학교인 Braidwood학교에 보냈다.[18] 농아들을 둔 보스톤의 부자 Francis Green은 1780년 Bolling가(家)의 예를 따라 그의 아들을 Braidwood학교에 입학시켰다.[19] 그러나 이것은 수많은 농아동들의 교육을 위한 실질적인 해결책이 아니었다. 왜냐하면 유럽에서 교육시킨다는 것은 교육비가 비싸게 들 뿐 아니라 불편하기 때문이었다. 역사적인 기록으로는 정보 부족에 따라 대부분의 미국의 농아동 부모들은 자녀들에게 어떤 형태든 간에 공식교육을 받게 할 노력을 하지 않았으며, 단 Samuel Edge만은 그러하지 않았다라고 기록되어 있다.

Samuel Edge는 저명인사도 아니고 부자도 아니었다. 그래서 그의 농아들 John을 교육시키기 위한 그의 시도는 대수롭지 않은 것이었다. 그러나 그들은 미국 식민지에서 농아동에 대한 공식교육을 최초로 시도한 사례로 알려져 있다. 그들은 18세기 미국에 있어서, 최소한도 남부 농촌지역에 있어서의 농아동 교육은 자연발생적인 것이었다고 지적한다. 왜냐하면 John Edge를 가르치기 위해 고용된 사람은 어쨌든 뚜렷한 자격조건을 갖추고 있지 않았기 때문이다.

Edge의 교사는 Shetland섬 출신인 스코틀랜드 상인 John Harrower였다. Harrower는 1773년 12월 직업을 구하기 위해 집을 떠나서 런던으로 갔다. 거기에서 그는 불행히도 직장을 구하지 못했다.[20] 잠자리도, 친구도, 취직 전망도 없이 춥고 배고팠던 그는 1월 하순 이런 사실을 일기장에 충실히 기록하였다. 그는 1774년 1월 26일 수요일 "나는 버지니아로 가서 숙식 및 세탁과 5파운드의 돈을 벌기 위해 교사로서 하루종일 전일제 근무를 5년 동안 하도록 되어 있었다"고 기록하였다.[21] 다시 말하면 Harrower는 런던에서 미국까지 교통편의를 제공해 주는 조건으로 4년 간 일하기로 한 기한부 고용하인이 되었다. 거기에서 그의 노동계약은 선장에 의해서 최고입찰자에게 팔리게 될 것이다.

1774년 5월 버지니아주 Fredericksburg 근처 Rappahannock 강에서 Daingerfield 대령이 Harrower의 계약을 사들여 Daingerfield 대농원 Belvidera에서 계약직 교사로 그를 채용하였다.[22] Harrower는 기본적으로 Daingerfield의 아이들을 가르치도록 되어 있었지만 농장주인은 Daingerfield가 주는 적은 보수에 보탬이 되는 부수입 수단으로 그 지역에 있는 다른 아이들을 가르치도록 허락해 주었다. 그가 그 때 가르쳤던 아이들 중 하나가 Harrower의 일기장에 기록되어 있는 John Edge였다.

> 21일 화요일, 이 날 농장주인인 Samuel Edge가 와서 못 듣고 말 못하는 자기 아들을 학교에 데려가 달라고 간청하여 나는 그를 데려 가겠다고 동의해 주었다.
>
> 23일 목요일, 이 날 위의 Samuel Edge라는 사람의 아들 John Edge가 학교에 입학했다. 그는 14세 된 소년이며 듣지 못하고 말도 못하는 아이다.[23]

Harrower가 John Edge를 교육하기 위해 노력했던 방법에 관해 남아 있는 유일한 정보는 1774년 12월 Harrower가 자기 부인에게 쓴 다음 인용문 속에 있다. 그런데 그의 부인은 아직 스코틀랜드에 살고 있었다.

> 나는 아직 단 10명의 학생들을 가르치고 있다. 그 중 하나는

말을 듣지도 못하고 하지도 못하는 농아이며 그의 아버지는 그를 맡아 가르치는 대가로 매 3개월당 10실링을 준다. 그(농아동)는 지금 5개월 동안 함께 생활하고 있으며, 나는 그를 관대하게 잘 지도해 왔고 또 그를 잘 이해하고 있다. 그래서 그는 자기가 원하는 것은 거의 대부분 쓸 수 있고 손으로 나타내는 수어의 의미는 무엇이나 다 이해할 수 있고 단순한 표현은 조금씩 덧붙여 표현할 수도 있다. 그는 열네 살쯤 되었다.[24)]

이 편지 속에 있는 이야기에서 Harrower는 글씨를 써서 필담으로 분명하게 의사소통을 함으로써 John Edge와 학습의 진전을 이루었다는 사실을 알 수 있다. 그 후 일기에는 그가 학생으로서의 Edge와 오래지 않은 불과 6개월 동안만 함께 지냈다는 내용이 있다. 이 농아동을 가르치는 대가로 Harrower는 청인아동들을 가르치는 대가의 두 배인 매 3개월당 10실링씩의 임금을 받았다. 그러나 결국 Harrower는 그의 노력의 대가로 아무 것도 번 것이 없었다. Harrower와 처음으로 인연을 맺은 농장주인인 Edge의 아버지는 후에 다른 농장의 감독자 또는 지배인으로 변신하였는데, 그의 이러한 운명의 변화 때문에 아마 Harrower는 일전 한 푼 임금을 받지 못했을 것이다. 결국 John Edge도 어떻게 되었는지 알 수가 없었다.[25)]

CHAPTER 3 Braidwood학교와 Bolling가(家)

농교육(聾敎育)을 위한 목적으로 특별히 학교를 설립한 것으로 알려진 최초의 미국인들은 버지니아의 Bolling가(家) 사람들이었다. 그들이 세운 이 학교는 비록 성공하지는 못했지만 그들의 노력은 인상적이었으며, 미국학교에서 수어보다는 오히려 구어교육의 전통을 세웠다. 그리고 그들은 흔히 미국 교육과 개혁의 요람으로 생각되는 New England에서보다 오히려 버지니아에서 이를 성취시켰다. Bolling씨 집안사람들은 가문에 선천성 농(聾)이 지속적으로 생겨나기 때문에 농교육에 관심이 많았다.

1. BOLLING가(家): 농인 제1세대

미국에 도착한 최초의 Bolling가(家)의 Robert는 17세기 중반에 미국에 와서 곧 식민지 버지니아에서 많은 땅과 재산을 획득하였다.[1)] Robert Bolling네 자손 중 최초의 농인은 Thomas Bolling과 그의 첫째 조카 Elizabeth Gay가 결혼함으로써 생겨났다.[2)] 사촌 간의 결혼은 식민지 시대에서는 흔히 있는 일이었으며, 특히 집안의 재산을 완전히 보존하여 자손들에게 물려주고 싶은 돈 많은 부호 농장주들은 그러하였다. 농(聾)의 일반적인 유전적 특성에 따라, Thomas Bolling과 Elizabeth Gay Bolling은 John(1761-1783), Mary(1765-1826) 그리고 Thomas 2세(1766-1836) 등 농자녀 셋을 낳았다. 그 자녀 셋은 모두 결혼하지 않았으며 교육을 받았다.

그들은 18세기 농아동들에게 가장 유명한 영어학교인 스코틀랜드 Edinburgh에 있는 Braidwood학교에서 교육을 받았다. John Bolling이 1771년 열 살 때 맨 처음으로 그 학교에 갔는데 그가 고향집의 어머니에게 보낸 편지 두 통이 아직 남아 있다. 1771년 11월 26일자로 되어 있는 첫 편지를 보면 Braidwood학교가 좋은 학교라는 것이 나타나 있다. 어머니에게 한 John의 편지에는 "저는 아주 건강하고 행복해요", "왜냐하면 말을 할 수 있고 책을 읽을 수 있기 때문이에요"라고 되어 있었다. 4년 후에 쓴 두 번째 편지에는 자기의 농인 남동생과 여동생이 곧 거기 와서 함께 공부하고 싶다며, 저는 두 동생들을 위해 할 수 있는 모든 일을 친절하게 도울 수 있어요. 저는 오래도록 두 동생들 보기를 기대해 왔고 빨리 오면 매우 기쁠 거예요"라는 말로 글을 맺고 있었다. John은 또한 "집에 돌아가서 가족들과 함께 즐겁고 행복하게 지낼 것을 종종 생각해요"라면서 버지니아로 돌아가고 싶다는 생각을 말하기도 하였다.[3] 그 편지가 Braidwood학교 교사가 쓴 것이 아니고 John이 직접 쓴 것이라는 것을 확인시키기 위해서 그들은 그가 진정 훌륭하고 정확한 영어로 글 쓰는 법을 배웠다는 사실을 보여 주고 있다.

아마 John이 Baridwood학교에서 성공했기 때문에 그의 부모는 1775년 Polly(Mary라고 불렀던) Thomas 2세도 역시 스코틀랜드

John Bolling은
Thomas와 Elizabeth Bolling의
세 농자녀들 중 장남이었다.
그는 1771년부터 1783년까지 스코틀랜드에 있는
Braidwood학교를 다녔으며,
미국으로 돌아오자 곧 사망하였다.

로 보내기로 결정하였는데, 거기서 그들은 역사적으로 다른 환경 아래에서 보다 더 오래 있었다. 1776년에 시작하여 1783년까지 계속된 미국혁명은 영국과 영국의 지배에 반항하는 식민지 국가 간의 해양여행을 불안하게 만들었다. 그래서 Bolling의 농자녀 셋은 모두 다 1783년까지 Braidwood학교에 머물러 있었다. 그러나 그들의 귀국은 1783년 10월 Thomas Braidwood에게 보낸 Thomas Bolling의 편지 속에 기술된 바와 같은 비극을 동반하였다.

"내 아들들은",

모두 7월 7일 날 버지니아 Hampton에 무사히 도착하였다. 10주가 지난 후 나는 거기서 그들을 만나 굉장히 무서운 경험을 한 후 7월 14일 그들을 집으로 데리고 왔다. 그들은 모두 집에 돌아오자마자 병에 걸렸으며, 결국 우리는 불행히도 불쌍한 아들 John을 잃고 말았다. 그는 8월 29일 Billious 열병에 걸려 전에 겪어보지 못한 인내로 병마와 싸우다가 10월 11일 세상을 떠나고 말았다.[4]

그의 부모와 가족을 떠나 12년 만에 귀국한지 불과 석 달 만에 일어난 농인 장남(John)의 죽음은 Bolling가(家)의 커다란 충격이 되었음은 틀림없다.

Bolling가(家)에서는 돈 한푼 들이지 않고 John을 스코틀랜드에서 장기간 교육시킬 수 있었다. Thomas Braidwood에게 보낸 Thomas Bolling의 편지 속에서 그는 John의 죽음에 대해 자세히 밝히고 있는데, 거기에는 Bolling가(家)의 재정문제에 관한 이야기가 포함되어 있었다. 그런데 그 내용을 보면 그들은 그들의 아이들의 비싼 교육비를 Braidwood에게 보내 줄 능력도 의지도 없었다. "나의 아이들 교육을 위한 비용에 관해서는 당신 자신이 책임져 주기 바랍니다"라고 Bolling은 쓰고 있다. 독립전쟁에 따르는 손실 때문에, 특히 영국의 Cornwallis경의 조치에 따르는 손실 때문에 교육비를 속히 보내 주지 못했다고 Bolling은 설명하였다. 당시 영국의 Cornwallis경은 버지니아를 통과하여 행진하면서 실로 많은 것을 파괴하였다. Bolling의 설명처럼 Cornwallis 군대는 "2년 동안 만들어 온 담배 전부와 다량의 옥수수가 보관되어 있는 굉장히 큰 담배집을 불태워 버렸고, 또한 너무나 많은 다른 물건들을 파괴했는데 이를 일일이 말하면 듣기에 지루할 정도였다."[5)]

Bolling가(家)가 Braidwood에게 자녀 교육비를 보낼 능력도 의지도 없는 상황은 19세기까지도 계속되었는데, 그 때 Bolling가(家)에서는 또 새로운 농자손들을 낳아 교육을 하지 않으면 안 되는 처지였다.

Pocohantas와 John Rolfe의 자손
Thomas Bolling은 18세기에 농자녀 셋을 두었는데
스코틀랜드 Braidwood학교로 보내 교육시켰다.

2. BOLLING가(家): 농인 제2세대

Bolling가(家)의 다음 세대 농자녀들은 1797년생 William Albert와 1808년생 Mary였다. 이들은 둘 다 William Bolling과 ― Thomas Bolling의 청인 아들인 ― 그(Thomas Bolling)의 첫 조카딸인 Mary Randolph의 자녀들이었다. William Bolling은 자기 아버지와 달리 그의 농자녀들의 해외유학을 바라지 않았다. 그가 농자녀들을 해외로 유학 보내기 싫어하는 이유는 분명치 않았다. 그(William Bolling)는 William Albert는 "친구들과 늘 어울려 생활해 왔었는데" 친구 하나 없이 아이 혼자 해외에 보내는 것이 두렵고, 또한 William Albert는 마음이 온순하고 정이 깊어 아버지와 떨어지기 싫어했다고 그의 편지 속에서 밝히고 있다.[6] 이것이 비록 사실이라고 하더라도 Braidwood학교에 갚아야 할 빚이 아직 남아 있는데 비해 Bolling네 가계(家計)는 점점 어려워 지고 있었고, 또한 미국인들이 그들의 자녀교육을 포함한 여러 가지 면에서 영국으로부터 독립하고 싶은 욕망 등의 다른 이유들도 있었을 것이다. Bolling네 가족의 동기가 무엇이든 간에 그들은 1812년까지 그들의 아들과 비록 말은 없었으나 아마 그들의 딸에 대한 교육을 어떻게 시킬 것인가에 대한 문제를 결정짓지 못하였다. 그래서 그들은 1812년 어떤 사람이 미국에 와서 농학교를 세운다는 소식을 듣고 기뻐하였다.

그 사람은 다름 아닌 Braidwood학교 설립자의 손자인 John Braidwood였는데 그는 1812년 2월 미국에 와서 즉시 농학교를 설립하겠다는 뜻을 밝혔다. Braidwood는 유럽 대륙밖에까지 널리 알려진 농교육의 최고 저명인사였을 뿐만 아니라 1810년부터 1812년까지 영국에서 가족학교를 이끌었던 훌륭한 자질을 갖춘 사람으로 알려져 있었다. 그는 야망은 있었으나 마침 역병(疫病)에 걸려서 개인적인 문제로 영국을 떠나 미국으로 이민을 와서, 그의 가족들이 영국제도(英國諸島)에서 그들의 운명을 결정했듯이 그의 전문성을 농교육에 바침으로써 미국에서 그의 운명을 결정지을 계획이었다.

대서양 연안에 도착한 후 곧 Braidwood는 코네티컷의 Mason fitch Cogswell 박사와 버지니아의 William Bolling 등 두 명의 농아의 아버지를 접촉하게 되었다. 유명한 내과의사인 Cogswell은 Alice라는 농아 딸이 있었는데 자기 딸과 농아동들을 위한 학교를 뉴잉글랜드에 세우고 싶어 하였다. 이 목적을 위해서 그와 농자녀 5명을 둔 코네티컷의 한 변호사는 이미 그들의 학교가 자립할 수 있을 때까지 보조금을 지원해 주도록 주정부에 신청을 했으며, 그러나 그들은 함께 일할 농교육을 잘 아는 사람을 채용할 필요가 있었다.[7] 그래서 Cogswell은 Braidwood가 미국에 도착했다는 기사를 읽고 그에게 편지를 보내 이 학교 교사가 되어 줄 수 있는지를 상의하기 위해 만날 것을 제안하였다.[8)] 자기 자신이 학교를 설립하길 원했던 Braidwood는 당연히 Cogswell의 제안을 거절하였다. 왜냐하면 그들 간에는 이 문제에 관한 한 다른 방향의 대화가 더 이상 진전될 기미가 보이지 않았기 때문이었다. 만약 Braidwood가 Cogswell의 제안을 받아들였으면 미국의 농교육은 결국 지금과는 다른 방향으로 발전해 왔을 것이다.

Braidwood는 역시 Bolling의 만나자는 제안을 거절하였다. Bolling은 1812년 3월 17일 Braidwood에게 편지를 써서 "자기에게는 대단히 중요한 문제에 대하여 편지로 하기 보다는 서로 깊이 있는 의견을 나누기 위해" Bolling네 농장으로 여행을 오라고 초대하였다. 특히 Bolling가(家)는 Braidwood가 "영구적인 농학교 설립에 필요한 제반조치를 강구하기 전에 이를 위해 여러 가지 면에서 자기 능력껏 책임지고 도와 줄 것이므로 자기 집에 임시로 함께 살면서 자기 아이 William Albert의 가정교사가 되어 줄 것"을 제안하였다.[9)] 그러나 이 제안은 야망에 찬 Braidwood에 의해 일축되고 말았다. Braidwood는 농촌지역인 버지니아에서 교사가 되는 데 흥미가 없었다.

3. BRAIDWOOD의 계획

Braidwood는 1812년 미국 최대 국제도시인 필라델피아에다 학교를 설립할 생각을 마음속으로 갖고 있었다. 거기서 그(Braidwood)는 Bolling에게 한 편지에서처럼 "영국에 있는 자기네 학교와 비슷한 세미나"를 설립하고자 하는 그의 꿈이 실현되기를 바라고 있었다. 필라델피아는 뉴잉글랜드나 버지니아보다 미국 남부의 학생들을 끌어들이기에 완벽한 중심지로서의 장점을 갖고 있었다. Braidwood는 장차 Bolling과 며칠 간 함께 시간을 보내겠다는 약속을 하였고 또한 자기가 세울 학교가 개교되면 Bolling의 농아들을 보내기에 편리할 것이라는 희망을 나타내면서 편지의 끝을 맺었다.[10] 그러나 그 학교는 결코 개교되지 못하였다.

1812년 5월 Braidwood는 그의 계획을 바꾸어 필라델피아보다 차라리 메릴랜드주 Baltimore에다 그의 학교를 세우기로 결심하였다. 그래서 그는 그의 "농아 및 언어치료학원"에 학생 유치를 위한 광고를 하였다. Braidwood는 버지니아주 Richmond에서 신문광고로 그의 학원은 "받을 수 있는 교육을 받지 못함으로써 감각적으로 사물을 인지하는 것 이외에는 세상사에 대하여 아무것도 모르는 이 불행한 우리들의 동포들을 사회로 복귀시키기 위해 설계되었다"고 설명하였다. Braidwood는 학생들에게 "말과 글을 분명하게 가르치고 글을 쓰고 말의 기본원리를 확실하게 가르침으로써 이 불행한 사람들을 사회로 복귀시키겠다"고 주장하였다. 이것이 전부가 아니었다. 학생들은 또한 "산수, 지리", "교육과 과학의 모든 것"을 배우게 된다. 참으로 농학생들은 "그들 인생에 있어서 어떤 상황에 처하더라도 헤쳐 나갈 수 있는 자질을 갖추는 데 필요한 모든 교육을 받게 될 것이다".[11] Braidwood의 계획은 실로 엄청난 것이었으며, 그러한 것들은 총체적으로 그의 능력 이상의 것들이었다.

1812년 가을까지도 그는 어느 곳에도 학교를 세우지 못하였다. 그 대신 그는 빚 때문에 뉴욕시 감옥에 있었는데 아마 그가 죽을 때까지 그를 괴롭혔던 술, 도박, 고뇌 등이 그 원인이었을 것이다. 감옥에 있는 동안 그는 그의 농학교 설립 계획을 잠정적으로 포기하고 Bolling의 도움을 요청하였는데, 그(Bolling)는 자기 아들 교육 문제를 그 어느 때보다 더 바라고 있었기 때문에 Braidwood의 요청을 받아 들였다.

4. COBBS학교

감옥에서 보석으로 풀려난 1812년 연말부터 Braidwood는 1815년까지 버지니아에 있는 Cobbs라고 하는 Bolling네 농장에서 그들의 가족과 함께 살면서 그들의 농자녀들의 가정교사 노릇을 하였다. 그러나 그는 농학교 설립에 대한 그의 야망을 완전히 포기하지 않았으며, 1815년 3월 마침내 Bolling네 저택에서 학교를 개교하였다.[12] 거기에는 William Albert Bolling, George Lee Turberville, John Hancock, John M. Scott 그리고 Marcus Flournoy 등 최소한 5명의 학생이 있었다.[13] William Albert의 농인 숙부인 Thomas Bolling 2세도 또한 학교가 개학 중인 1년 반의 대부분의 기간 동안 Cobbs 농장에서 함께 거주하고 있었다.

그 학교는 비록 오래 존속하지는 못했지만 만약 미국 제3대 대통령인 토마스 제퍼슨이 농교육에 호의적이었더라면 보다 영원한 발판을 만들 수 있었을 것이다. 분명 Jefferson 대통령은 자기 누이동생 Martha Jefferson이 최초의 세 농인인 Bolling네의 숙부인 John Bolling과 결혼을 했는데도 불구하고 분명 농교육에 호의적이 아니었다.[14] 1816년 1월 Jefferson은 Braidwood학교를 Cobbs에서 버지니아주 Charlottesville로 옮겨 버지니아대학교와 연합할 수 있는지 그 가능성을 타진하고 있었다. Jefferson은 — 만민평등을 주창했던 사람 — 이에 대해 부정적인 반응을 보였다:

> 나는 Braidwood학교가 우리 대학의 일원이 되는 것을 좋아할 수 없다. 두 기관의 목적은 기본적으로 다르다. 하나는 과학이고 다른 하나는 단순한 자비이다. 그것은 보트를 공짜로 끌고 가는 것과 같으며 그것이 중심이 되는 기관(대학)의 움직임에 방해가 되면 됐지 도움은 될 수 없다.[15)]

불쌍한 Braidwood가 그의 종전 모습대로 Cobbs에서 사라지던 1816년 가을, Cobbs 학교는 버지니아대학교의 일부가 되는 대신 폐교되어 미국에서의 최초의 농학교로서의 종말을 보게 되었다.

Braidwood는 미국 농교육연보에서 완전히 사라진 것이 아니었다. 왜냐하면 Bolling이 그를 다시 빈곤으로부터 구제하여 1817년 그를 버지니아로 데려 왔기 때문이다. 이때에 매우 사려 깊은 Bolling이 Braidwood를 버지니아주 Richmond 근처에 있는 Manchester에서 학교를 운영하고 있던 John Kirkpatrick라고 하는 목사에게 데리고 갔다. Braidwood, Bolling 그리고 Kirkpatrick 간에 맺은 협약에는 Braidwood는 Kirkpatrick과 협조하여 Manchester에 농학교를 설립하여 Kirkpatrick에게 농학생들을 가르치는 데 필요한 방법을 가르쳐 준다고 되어 있었다.[16)] 그러나 1818년 중반 Kirkpatrick 목사는 Braidwood의 습성에 지쳐서 그를 내 쫓고 버지니아에 미국인 농학교 설립을 위한 제2의 소모적인 노력의 종지부를 찍고 말았다.

5. BOLLING과 BRAIDWOOD의 실패

농아동 몇 명을 위한 초보적인 교육의 준비와는 달리 Braidwood와 Bolling은 결과적으로 아무 것도 이룬 것 없이 에피소드로 끝내고 말았다. 그러나 그럼에도 불구하고 그것은 그 무엇인가가 있을 수 있다는 것을 보여 주고 있다. Braidwood는 스코틀랜드의 Edinburgh와 영국 런던에 있는 그의 가족들 중 학교를 설립했던 사람들이 했던 것과 같은 유형의 사립학원을 설립하는 데에 두 번씩이나 대단히 근접해 왔다. 이 학교들은 부잣집 농자녀들을 맡아 가르치기에는 한계가 있었으며, 농교육에 있어서 구어 중심 교육에 그 기반을 두고 있었는데, 코네티컷주 Hartford에 있는 미국 최초의 성공적인 농아원인 미국농아교육원(후에 미국농학교로 개명됨)과는 근본적으로 달랐다.

그러나 미국 농교육기관 설립에 대한 Braidwood와 Bolling의 실패는 그것을 완성하는 데 필요한 과제와 조건이 근본적으로 어렵다는 것을 보여 주고 있다. Bolling은 Cogswell(그리고 후에 Thomas Hopkins Gallaudet과 Laurent Clerc)이 미국학교를 개교하기 전에 그렇게 주의 깊게 이루어 낸 것과 같은 지역사회의 지원과 관련된 영향력 있는 시민들과의 유대와 같은 것을 결코 만들어 내지 못했다. Cogswell이 세운 학교는 학교가 죽고 사는 것에 개인적인 이해관계가 있는 농자녀를 가진 사람들 중 돈 많은 부자들의 강력한 재정지원으로 그의 생존을 시작하게 된 것이다. 학교가 개교된 후 재빨리 Cogswell, Gallaudet 그리고 Clerc는 그들의 이 신규사업을 위한 정치적 지원을 보장받기 위한 활동을 하였다. 이에 비해 Bolling이 그와 비슷한 어떤 일을 시도했다는 증거는 아무 것도 없다.

결국 Bolling은 학교를 이끌어 갈 교장을 잘못 선택하였다. Braidwood는 개인적인 어려움으로 고통을 받았을 뿐만 아니라 그의 재산을 만들고 그의 습성대로 돈을 많이 벌기 위한 욕심 이상의 그 아무 것도 하지 않았다. Cogswell이 그의 학교를 설립하기 위해 선택한 Thomas Hopkins Gallaudet은 전혀 다른 유형의 사람이었다. 그는 Jefferson과는 다르게 농인을 가르치는 과제는 단순한 자비라고 믿지 않았다. 더욱이 그는 탐욕에 의해 움직이는 것이 아니라 깊은 종교적인 신념과 인류의 개선에 대한 개인적인 믿음에 따라 행동하였다. 그의 전임자 프랑스인 I'Épée와 같이 Gallaudet은 미국농학교가 그가 믿는 하나님의 보다 큰 영광을 위해 봉사하는 것을 보장하기 위해서라면 필요한 것은 그 무엇이든 간에, 개인적인 희생이야 그 무엇이든 간에 하고자 하였다.

CHAPTER 4

영구적인 농학교의 설립

미국 최초의 영구적인 농학교는 1817년 4월 15일 코네티컷주 Hartford에서 그 문을 열었다. 그것은 '농아인 교육을 위한 코네티컷 양육원' 이라고 명명하였다. 오늘날 그것은 미국 농학교로 알려져 있으며 또한 정확하게 말하자면 주정부의 지원을 받는 현대 기숙제 학교의 원조로 보고 있다.[1)]

19세기 초에는 농교육을 책임지는 교육형태라고는 아무 것도 갖추어진 것이 없었다. 왜냐하면 미국학교가 성공을 거두기 전까지는 학교다운 모습을 제대로 갖춘 학교가 아니었기 때문이다. 그러나 1820년대에는 어떤 종류의 학교이든 간에 농학교가 미국에 존재했을 것이라는 것은 분명한 것 같다. 미국의 인구는 급속히 증가하고 있었다. 많은 사람들이 경제성장과 안정된 민주정부를 위해서는 교육받은 시민이 필요하다고 믿었기 때문에 학교가 대중화되고 있었다. 더욱이 이 시기는 개혁의 시대였고, 종교적 부흥과 사회적 혼란의 시기였다. 이때는 또한 미국 국가주의 시대였다. 비록 전례는 있었지만 농아동들을 유럽으로 유학 보낸다는 생각은 스스로 자신의 위상을 내 세우려고 노력하고 있는 젊은 신생국가에서

어쩌면 비애국적인 것일지 모르는 일이거나 혹은 필요 없는 일이라고 생각되었다.[2)]

미국농학교는 미국 남북전쟁 이후 오래도록 미국에 지배적으로 남아 있는 하나의 농교육의 형태를 만들어 냈다. 첫째, 일반대중들 자녀 중에는 농아동의 발생률이 저조해서 학교는 학급을 구성할 만한 학생들을 충원하기 위해서 넓은 지역의 아이들을 끌어 모아야 할 필요가 있었으며, 따라서 학생들은 Hartford에서 수십 마일 혹은 수백 마일 떨어져 있는 집에서 매일 학교에 다닐 수가 없었기 때문에 기숙사 제도를 도입하지 않을 수 없었다. 학생들은 그들의 가족으로부터 분리되어 청인사회로부터 고립된 장소인 한 곳에 모여 살며 공부를 했다. 요컨대 이 기숙제 학교는 부모의 대리인이 되었으며; 거기서 배운 언어와 행동은 그들을 낳아 준 가정에서 배운 이전의 경험보다 더 많은 영향을 미쳤다. 학교 울타리 안에서 나이 많은 농아동들은 젊은 신생 농아동들에게 미국 내의 독특한 하위문화로서 미국 농인들에게 각인되는 문화적인 특성을 전수하려고 하였다.

미국학교의 두 번째 주요사항은 그의 재정문제였다. 비록 Cogswell이 그의 학교를 개교하기 전에 정부 지원을 받는 데 실패했지만 미국학교는 창립된지 얼마 안되어 코네티컷주 정부와 연방정부로부터 재정 지원을 받았다.[3)] 이것은 미국학교와 그 후손들로 하여금 농인들을 위해 자비로운 공헌을 하는 데 고민하지 않고 비싼 학비 걱정을 하지 않고 학교를 운영할 수 있도록 해 주었다.

미국학교의 세 번째, 네 번째 주요사항은 상호관계였는데; 개교하면서부터 학교에서 일반적인 의사소통 방법은 일반 음성언어나 독순술이 아닌 수어였으며, 농교사들이 현저하게 눈에 띄었다.[4)] 이 미국학교에 근무하는 모든 다른 교사들을 가르치기 위해 처음으로 고용된 사람은 농인 자신이었으며, 학교는 그들이 졸업 후에 교사가 될 가장 우수한 학생들을 적극적으로 모집하였다.

1. 견실한 재정

미국학교를 설립하고 그들의 선조들이 해 온 길을 무너뜨리지 않도록 보장하는 책임을 세 사람이 나누어 지고 있다. 그들은 두 살 때 뇌막염으로 농인이 된 Alice라는 딸 때문에 좌절을 겪었으나 완고하고 지각 있는 부모인 Cogswell, 굉장한 웅변가이자 열광적인 목사인 Gallaudet, 파리에 있는 왕립농아원에서 온 재기에 넘치고 야심찬 젊은 농교사인 Laurent Clerc였다.[5] 이러한 세 사람이 공교롭게도 같은 시대에 태어나서 활동했다.

Cogswell은 남부지역에 있는 그의 동료 William Bolling과 다르게 자기의 농아동을 교육시키기 위한 학교를 개교시키기 위해서는 정치적, 재정적 지원망을 개발하는 것이 중요하다는 것을 일찍이 깨달았다. 저명한 뉴잉글랜드 사람으로서 Cogswell은 주내(州內)의 농아동의 수를 조사하기 위해서 코네티컷 지역사회의 인구조사를 실시하도록 성직자들을 설득하기 위하여 자기 자신과 다른 농아동들과 관련이 있는 부모들의 영향력을 행사하였다. 1812년과 1815년 사이에 실시된 인구조사에서 코네티컷에는 84명의 농인이 있다는 것이 확인되었다.[6] 인구조사는 또한 Cogswell이 다른 농아동 부모들과 접촉하여 그들로부터 가치가 있는 정보를 수집하였다.

Cogswell이 미국 농교육의 기초를 닦기 위해 함께 일했던 농아동 부모 중 한 사람은 Sylvester Gilbert라는 변호사였다. Gilbert

예일대 졸업생으로서
코네티컷주 Hartford 내과의사인
Mason Fitch Cogswell은
미국농학교를 설립하여
자기 딸 Alice가 미국에서 교육받을 수 있었다.

는 농자녀가 다섯 명이나 있었다. 그래서 Cogswell은 그가 농학교의 필요성을 선전하고 코네티컷주 입법부로 하여금 학교지원금을 승인해 주도록 의원들을 납득시키는 데 도움이 될 수 있을 것이라고 믿었다. 1812년 Gilbert는 이 목적을 달성하기 위해 Cogswell과 함께 일하기로 동의하였다. 그는 코네티컷주 내의 모든 신문에 그들의 농학교 설립계획에 대한 주민들의 관심을 이끌어 내기 위한 목적의 광고를 내기로 하였다. 이 광고는 그들의 학교설립계획의 "촉진제"의 역할을 할 것이라면서 Gilbert는 이 일을 계속해 나갔다.[7] 5년 후 Gilbert의 농인 딸 Mary는 미국농학교의 최초의 입학생 21명 중 하나였다.[8]

Gilbert는 초창기부터 Cogswell과 함께 일하며 여러 가지 방법으로 학교사업을 지원하였다. 그러나 Cogswell은 또한 그가 할 수 있었던 것과 같이 많은 유복한 농인부모들로부터 재정적인 지원을 얻어 냈다. 이러한 농아동 부모들 중에는 메사추세츠주 Salem의 Eliphalet Kimball이 있었다.

Kimball은 Cogswell과 Gilbert처럼 농인 딸이 하나 있었다.

Kimball이 농교육의 이상에 대해 공감하고 있다는 것을 깨닫고, Cogswell은 Gallaudet이 Kimball에게 접근하여 농교육을 지원할 의사가 있는지를 확인해 달라고 요청하였다. Gallaudet은 1813년 Kimball에게 편지를 썼는데, 특히 Hartford에 학교를 설립하기 전에 누군가를 유럽에 보내 농교육 방법을 배워 오게 할 현금을 기부해 줄 것을 요청하였다. Kimball은 즉각 응답해 왔다. 1814년 Cogswell에게 보낸 편지에서 Kimball은 Gallaudet의 계획은 "그간 자기가 현명하고 가치 있다고 말해 온 자기 자신과 몇몇 친구들에게 호소력 있게 심금에 와 닿는다"고 하였다. 그러나 그는 다음과 같은 말을 덧붙였다.

> 유럽에 사람을 보낼 비용을 부담해 줄 사람들이 앞으로 어떤 방법으로 호의를 베풀어 주든지 간에, 혹은 이미 낸 돈이 그들이 다른 사람들과 공동으로 접촉할 수 있는 학교의 설립을 위한 단순한 기부금이라고 생각하든 간에 나는 그것을 알고 싶습니다. 나는 (현재로서는 그 금액을 쉽게 나눌 수 없기 때문에 100달러에서 200달러가 될) 내가 모아 보내는 돈 만큼(Kimball의 실적 만큼) 아마도 영향력을 미치게 될 것이며, 나의 요청에 따라 기부금을 헌납해 준 사람들에게 감사의 뜻을 표시하게 될 것이며 또한 그때 가서 기부금 명세서를 밝히고자 합니다.[9)]

Cogswell은 이와 같은 기부금 처리방법을 확실히 싫어하지 않았으며 아마도 그것이 어떤 자기 본위의 자선행위를 통해 성공적으로 돈이 걷히게 하는 최선의 방법이라는 것을 깨닫고 있었다. 미국 학교를 설립하기 위하여 100달러 또는 그 이상의 헌금을 한 사람은 누구나 그 학원의 이사가 되었다. 그 첫 이사진 중의 한 사람으로 Eliphalet Kimball이 있었다.

Gilbert, Kimball 그리고 다른 돈 많은 뉴잉글랜드 사람들은 Cogswell의 사업에서 중요한 인물이었다. 그들은 돈을 헌납하고 사려 깊은 정치적 지원을 해 주었고, 그(Cogswell)의 사랑하는 딸을 교육시킬 제도적 환경을 조성하는 데 요구되는 여러 해에 걸친 계획을 포기하지 않고 추진해 나갈 수 있도록 Cogswell을 도왔다. 그러나 환경이 갖추게 될 최종적인 모습 면에서 가장 중요한 역할을 할 수 있는 청인은 Gallaudet이었다.

2. THOMAS HOPKINS GALLAUDET

여덟 명의 형제자매 중 장남인 Thomas Hopkins Gallaudet은 그의 인생이 그의 도덕적 의무와 끝없이 지속되는 지병으로 이루어진 종교적인 복음주의를 열렬히 전도하는 기독교도였다. 그는 눈부시게 성공한 학생으로서 그의 성인기를 시작했다. 그는 1805년 17세 때 예일대학교를 1등으로 졸업했다. 2년 후 예일대학교에서 문학석사 학위를 받았고, 1812년에 Andover신학대학교를 입학하여 1814년에 졸업하면서 조합교회 목사로 임명받았다.

그러나 그는 그의 지병으로 전임목사직을 지탱할 수 없었으며, 그래서 그는 코네티컷주 Hartford에 있는 집에서 그의 가족과 함께 살았는데, 거기에서 우연히 만난 이웃사람이 바로 그 유명한 외과의사 Cogswell이었다.[10)]

Cogswell의 딸 Alice는 Gallaudet에 관심이 깊었는데 아마 이

병약한 조합교회 목사 Thomas Hopkins Gallaudet은 미국농학교 – 최초의 영구적인 농학교 – 를 설립하는 데 가장 큰 책임을 진 세 사람 중의 한 사람이었다.

는 Gallaudet의 기독교적 동정심을 불러 일으키기 위한 것이었을 것이다. 그리고 Gallaudet은 Alice에게 글 읽기를 가르치려고 노력하였다. 여기서 그(Gallaudet)는 Alice에게 "모자(hat)"라는 단어의 철자와 몇몇 다른 언어들을 가르치는 데 성공하였다. 그는 미국농학교를 위한 후원과 관심을 이끌어 내기 위하여 Cogswell과 함께 일하기 시작했다. 1815년까지 그(Gallaudet)와 Cogswell은 농교육 기술을 배워오기 위해 유럽에 사람을 보낼 수 있는 충분한 돈을 모았는데, 그것은 Gallaudet이 듣지 못하는 Alice를 가르치면서 쏟은 노력에도 불구하고 어찌할 수 없는 좌절과 교수방법 상의 부적절함과 의지의 나약함 등을 느꼈기 때문이다. Cogswell의 주장에 대해 Gallaudet은 그의 병약한 건강과 자기 능력에 대한 심한 회의에도 불구하고 농교육 방법을 배우기 위한 유럽 여행길을 스스로 직접 떠나기로 하였다. 그리하여 1815년 여름에 그(Gallaudet)는 영국행 배를 탔다.[11)]

Gallaudet의 당초의 계획은 영국의 섬으로 가려는 것이었다. 그는 그 곳 학교에서 잠시 동안 농교육을 위한 공부를 한 다음 새로운 지식을 갖고 코네티컷으로 돌아가기를 희망했다. 그러나 Gallaudet

은 영국에서 Braidwood가(家)에 의해 지배되는 체제의 경직성과 좌절에 부닥치게 되고 농인을 가르치는 것이 돈벌이, 사립학교, 기업이 되어야 한다는 명제에 승복하게 되었다. 결국 Braidwood가(家)는 Gallaudet을 영국의 그들 학교의 견습생으로 받아들이기로 했는데, 그것도 Gallaudet이 몇 해 동안 그들과 함께 있어야 하고 농교육 기술의 비밀을 지켜 다른 사람들에게 나누어주지 않겠다는 약속을 했을 때에 한해서 동의한 것이었다. 이러한 조건은 Gallaudet으로서는 받아들일 수 없는 것이었다.[12] 이 미국인 개혁자는 본질적으로 박애정신에 의해 움직이게 되었던 것이며, 따라서 사람들을 짓밟은 희생의 대가로 만들어진 이익이나 비밀 같은 것은 몹시 싫어했다. 따라서 그는 Braidwood가 구상했던 그런 계획에는 흥미가 없었다. 더욱이 그는 몇 년씩이나 영국에 남아 있을 욕심이 없었다. 그러나 그(Gallaudet)는 런던에 머물러 있는 동안 Braidwood 가족이 만들어 놓은 적응하기 어려운 진퇴양난의 장벽에서 벗어날 수 있는 길을 발견했다.

1815년 7월 파리에 있는 왕립파리농아원장 l'Épée의 후계자 Abbe Sicard는 왕립파리농아원에서 우수한 성적으로 졸업한 Jean Massieu와 Laurent Clerc라는 두 학생과 Armand Goddard라는 어린 농소년과 함께 런던에 있었다.[13] Gallaudet은 그로서는 아주 좋은 기회를 발견한 것이다. Cogswell이 구해서 그에게 준 Sicard의 출판물을 통해 Sicard와 파리를 알고 나서 Gallaudet은 파리 사람들에게 자기가 누구라는 것을 소개하였으며, 파리 사람들에게 "대단히 정중하게 예우를 받았다"고 Cogswell에게 한 편지에서 밝혔다.[14] Sicard는 Sicard와 그의 학생들이 런던에서 가지고 있던 Sicard 전람회 입장권 하나를 Gallaudet에게 주었다. Gallaudet이 그들에

Roch Ambroise Sicard는 왕립파리농아원장 Abbe de l' Épée의 직위를 승계받았다. 1815년 그는 Thomas Hopkins Gallaudet을 만나 왕립파리농아원에서 공부하도록 초청하였다.

게 말한 것처럼 Sicard는 "강의"에서 농교육에 대한 그의 이론을 밝히고 청중들을 초청하여 프랑스 농교육 방법의 성공에 대해서 그들 스스로 Massieu와 Clerc에게 질문하게 하였다. Massieu와 Clerc가 흑판에 전달하는 답변 속에 나타난 지능과 지혜는 Gallaudet의 마음을 압도하였다.

예를 들면, Clerc는 "교육이란 무엇인가?"라는 질문에 "교육이란 보살펴 주는 것이다"라는 응답을 해 주었는데, "그것은 곧 젊은 이들의 마음을 도야시키기 위해 그들의 마음을 고양시켜 주고, 그들이 이 세상사를 잘 다루어 나가는 방법을 가르쳐 주는데 필요한 과학과 예술에 대한 지식을 제공해 주기 위해 이루어지는 것이다"라고 그의 노트에 기록하고 있다. 요컨대, Gallaudet은 Massieu와 Clerc가 "놀랍고도 빠르고 재치 있게 대답한다"는 사실을 Cogswell에게 보고하였다. 따라서 농교육이 무엇인지에 대한 모형이 바로 여기에 있으며, 그것은 왕립파리농아원을 방문하도록 한 Sicard의 관대한 초청에 의해서 Gallaudet에게 접근할 수 있게 된 것이며, 거기에서 Gallaudet은 "최대한의 배려와 편리"를 제공받게 되었다.[15)]

왕립파리농아원 졸업생이며 그 학교교사였던 Jean Massieu는 1815년 런던에서 Thomas Hopkins Gallaudet을 만났다. 그의 지식과 성취는 Gallaudet에게 프랑스의 농교육 제도의 이로운 점을 확신시키는 데 도움을 주었다.

그런데 Gallaudet은 Braidwood에게 바랐던 지원을 받아내는 데 실패한 다음, 1816년 파리로 가서 왕립파리농아원에서 공부를 하기 시작하였는데, 이에 대해 그는 Alice에게 보낸 편지에서 간단한 말로 다음과 같이 표현하였다.

> 이 곳 농학교는 대단히 큰 석조건물이다. 학교건물 앞에는 큰 마당이 있고 건물 뒤에는 아름다운 정원이 있다. 여기에는 약 90명의 남녀 학생들이 있다. 나는 가장 낮은 학급을 몇 차례 보았다. 그 학급에는 남학생이 15명이 있다. 교장선생님은 로마인(즉, 로마가톨릭) 성직자인데... 교실에는 많은 흑판이 있고, 그 위에 학생들이 백묵으로 글씨를 쓴다. 나는 이 흑판에 글씨를 쓰고 소년들과 이야기를 했다. 그들은 내 말을 매우 잘 이해하였다. 한 아이는 나와 같은 나라에서 왔다고 말했다. 그러나 그것은 잘못 알고 있는 것이었다. 그는 서인도제도(西印度諸島)인 Guadeulope에서 왔다. 다른 한 아이는 미국 Georgia에서 왔다고 했다.

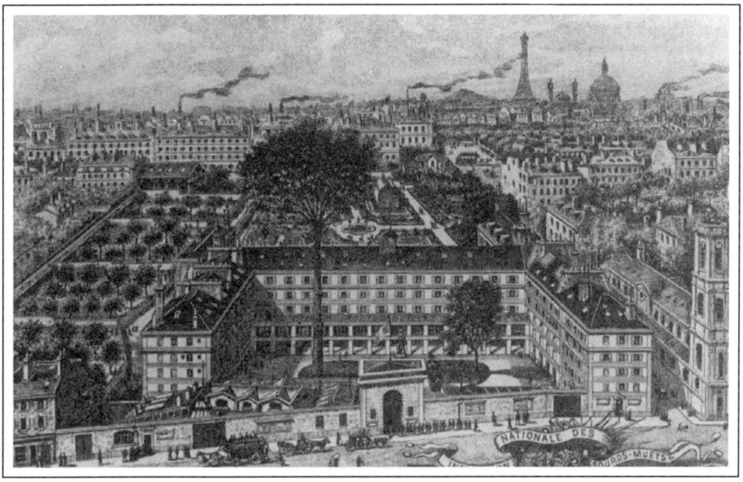

왕립파리농아원. Laurent Clerc는 여기에서 교육받았고, Thomas Hopkins Gallaudet은 1816년 봄에 여기에서 프랑스의 교수법을 공부하였다.

이 학교에서 마지막으로 공부한 사람은 아마 Marcus Flournoy인데, 그는 또한 버지니아에 있는 Cobbs학교에도 다녔다. 그는 어렵지 않게 파리 유학을 보낼 수 있는 노예를 부리는 조지아주의 부호 출신이었다. 여하간에 Alice에게 보낸 Gallaudet의 편지는 그가 빠르게 향수를 느꼈으며, 그의 격렬한 신교도 의식(意識)은 가톨릭 시(市)의 여러 가지 방법에 의해 완전히 뒤집혀 지고 말았다. 그는 이 편협하고 비뚤어진 관점으로 그의 편지를 끝맺고 있다.

나는 파리보다 차라리 Hartford에 사는 것이 더 좋았을텐데, 파리에서 매우 나쁘게 지켜지는 안식일을 보게 되면 너는 매우 슬퍼질 것이다. 대부분의 상점은 문을 열고 사람들은 물건을 사고 판다. 그리고 극장도 열려 있고 교회 가는 사람은 몇 안 되며 특히 오후에는 더 그러하다. 우리가 그런 사람들을 위해 얼마나 슬퍼해야 하며 코네티컷에서는 그렇지 않은 것에 대해 하나님께 얼마나 많은 감사를 드려야 하나![16]

1816년 Gallaudet은 위기를 맞이하였다. 그는 향수에 빠져 있었으며, 영국에서 떠나 파리의 가톨릭교인 속에 사는 것에 실증을 느꼈다. 그리고 그는 돈이 없었다. 그는 곧 미국으로 떠날 Mary Augusta라는 배의 선장인 미국인 친구를 우연히 만났는데, 그는 Gallaudet에게 자기와 같이 집으로 돌아 가자고 했다. 또한 파리에 살고 있는 또 다른 친구도 Gallaudet에게 집으로 돌아 가도록 격려를 해 주었는데, 왜냐하면 그 친구 역시 Mary Augusta를 타고 귀국할 계획이었다. Gallaudet은 그의 친구들과 어울릴 것을 몹시 바라고 있었으나, Sicard에게 한 편지에서처럼 그는 그가 의도했던 "농아들을 가르치는 교사로 채용되기에 충분한 자격을 갖추었는지"에 대해 걱정을 하고 있었다. 그는 그의 유학비를 마련해 준 사람들에 대한 그의 의무를 만족시킬 수 없는 상태로는 귀국할 수가 없었다. 만약 이대로 귀국하게 되면 나의 유학을 도와 준 그들에게 잘못을 저지르는 것이며, Gallaudet이 믿었던 그의 사명을 끝내게 될 것이다. 그러나 Laurent Clerc는 이 어려운 진퇴양난의 기로에 선 Gallaudet에게 살아나갈 길을 마련해 주었는데, 이 길을 따라 하는 과정에서 미국의 농인의 역사는 영원히 바뀌게 되었다.[17]

3. LAURENT CLERC

Clerc는 1816년 5월에 35세된 왕립파리농아원 교사였다. 그는 18년 전 학생으로서 그 곳에 도착하였으며 그 동안 그는 재기발랄한 사람이라는 것을 보여 주었다. Clerc는 그의 전 은사인 Massieu와 함께 Sicard가 왕립파리농아원의 노력을 지원하기 위하여(후에 미국의 농아원들이 성공적으로 모방한 아이디어) 그의 전람회에서 보여 준 성공적으로 교육받은 농인 중의 한 사람이었다.[18] Gallaudet은 런던에서 Clerc를 처음 알게 되었는데 그 후 파리에 있는 동안 그를 더욱 깊이 사귀게 되었다. Gallaudet과 Clerc가 함께 일하도록 결정하는 것을 이끈 일련의 요인들이 무엇인지는 대체로 분명하지 않으나, Gallaudet과 Clerc가 쓴 남아 있는 한 서류에 의하면 1816년 5월(Gallaudet의 말) "자진해서" Gallaudet과 함께 미국으로 가기를 지원한 것은 그 프랑스 농인(Clerc)이었다.[19]

이것은 Gallaudet이 진퇴양난의 곤경에서 완전히 헤어날 수 있게 한 해결의 열쇠였던 것 같다. 즉, 그것은 프랑스에 남아 있어 봐야 아무 필요가 없는 Clerc에게 기회를 제공해 준 것이다. 회상해 보면 Gallaudet이 얻게 될 이점은 분명한 것 같다: 그는 비록 미국에 가서 농교육을 할 만한 지도력을 확보하지는 않았지만 즉시 파리를 떠날 수가 있었다. Clerc도 농학생들을 가르치는 데 숙련되지는 못했으나, 농인이 어떻게 교육받고, 부지런해 지고, 사회적으로 훈련되어야 하는지 그 본보기가 될 만한 덕성을 갖추고 있었다. 그래서 Gallaudet과 Clerc는 일단 미국으로 돌아 왔으며, Clerc는 학교 설립 기금을 모으고, 농교육을 준비함으로써 생기게 될 국가의 혜택이 얼마나 큰 것인지에 대해 회의적인 정부 당국을 설득시키려는 노력

Laurent Clerc는
Thomas Hopkins Gallaudet과
Mason Fitch Cogswell과 같이
미국농학교를 설립하고
미국농교육 제도를 만든 프랑스 농인이었다.

을 계속하고 있는 Gallaudet과 Cogswell에게 특히 유익할 것이다.

그러나 Gallaudet에게도 역시 위험이 따르고 있었다. 비록 Clerc가 사실상 그의 성인기 동안 그의 집이었던 농아원에서는 분명 숙련된 교사였으나 코네티컷주 Hartford에 있는 학교의 다른, 구조화되어 있지 않는 새로운 환경에서도 똑같이 성공할 것이라는 보장은 없었다. 그가 아는 파리의 문화는 지방 도시인 뉴잉글랜드의 그것과는 전혀 달랐다. 그는 몇 주일 항해하는 동안 미국에 있는 그의 친구들, 교사들, 가족들 그리고 동료들과 떨어지게 될 것이다. Clerc의 영어 또한 신통치 않았다.[20] 비록 그가 파리를 떠나기 전 영어를 조금 할 줄 알지만 결코 유창한 것은 아니었다. 그는 청인 미국인과 필담으로 의사소통을 할 수 있을 만치 영어를 잘 배울 수 있을런지 의심스러웠다. 그리고 그는 필담으로 의사소통을 하지 않으면 안될 것이다. Clerc는 말을 하지 않았다. 분명 그는 말을 배우기 전인 한 살 때 농인이 되었으며 학생시절 말하기를 완전히 포기하였다.[21] 또한 Gallaudet도 Cogswell과 미국학교를 설립하기 위해 조직된 위원회에서 Clerc의 월급 줄 돈을 인정해 줄지 알 수가 없었다.

이 문제는 분명 Gallaudet이 자기 혼자 새 학교의 교감이 되기로 약속 받았을 때는 전혀 거론되지 않았기 때문이다. 마지막으로 Clerc는 가톨릭 나라에서 가톨릭 성직자에 의해 운영되는 가톨릭 학교에서 교육받은 가톨릭 가정 출신인 가톨릭 교도였다. 이것이 경건하고 그리고 완고한 Hartford의 신교도들에게 어떤 형태로 남게 될까?

Clerc는 멀리 떨어져 있는 뉴잉글랜드에서 Gallaudet의 파트너가 되기로 한 그의 결심을 하는 데 따르는 이와 같은 어려움과 불확실성에 대해서는 거의 깨닫지 못하고 있었다. 그럼에도 불구하고 그는 왕립농학원의 제한된 범위에 좌절을 느낀, 야심차고 신뢰로운 젊은 사람이었다. 그래서 그는 불확실한 모험 속에서 그러나 신중하게 Gallaudet을 따라 가기를 제안함으로써 미국행을 대담하게 진행시켰다.

1816년 6월 13일 그와 Gallaudet이 체결한 길고도 상세한 계약은 Clerc의 인식과 신중함을 입증하고 있다. Clerc의 의무와 Gallaudet의 의무는 Clerc가 착취당하지 않을 것임을 보증하기 위하여 주의 깊게 묘사되었다. 그는 첫 3년 동안은 평일에는 6시간, 토요일에는 3시간씩 가르칠 것에 동의하였다. 일요일과 공휴일에는 "완전히 자유"이며, 매년 6주 간의 휴가를 갖는다.[22] 그가 가르칠 교과목은 다음과 같다.

> Clerc 선생은 그의 학생들에게 문법, 언어, 산술, 지구, 지리, 역사; 성경에 있는 구약성경, 예수 그리스도의 생애를 포함한 신약성경, 사도행전, 바울, 요한, 베드로, 유다전서 등을 가르치기 위해 노력하게 될 것이다.[23]

Clerc는 이상과 같은 교수활동 이외에 런던에서 Sicard의 시범을 도왔듯이 Gallaudet이 하는 공적 강의에 "동참하여 보조해" 주어야 한다. 마지막으로 Clerc의 의무는 Hartford 학교의 성공을 위태롭게 하는 활동을 3년 간 해서는 안 된다. 즉, Clerc는 "잠재적인 경쟁자를 돕거나" "어떤 다른 설립자를 위해 봉사하거나 Gallaudet이 지시한 것" 이외의 어떤 교수활동이나 공적 강의를 해서는 안 된다.[24)]

Gallaudet의 의무도 이와 같이 비슷하게 상세하다. 그는 Clerc에게 그의 봉사의 대가로 연봉 2,500프랑을 주며, "숙식과 세탁, 육로와 수로의 그의 필요에 의한 교통비를 포함한 파리에서 Hartford까지의 여행비를 지불하며"; Hartford에서 학교 근처에 아파트를 주고; Gallaudet의 집에서 식사를 제공하며; Clerc의 "세탁, 난방, 전등, 시중들기" 등을 제공한다. 그의 3년 간의 의무에 대한 계약이 끝나면 Clerc는 프랑스로 자유롭게 돌아 갈 수 있고, 만약 그가 그렇게 하면 Gallaudet은 그의 봉급 이외의 여비로 1,500프랑을 지불해야 한다. Gallaudet은 또한 Clerc가 3년 간의 계약기간이 끝나기 전에 프랑스로 돌아가지 않으면 안 되는 "[Clerc] 스스로 통제할 수 없는 상황이 되면" 이만한 돈을 Clerc에게 지불해야 한다.[25)] Clerc는 Gallaudet이 계약서에서 약속한 공약사항을 이행하는 데 필요한 돈 마련이 불가능해 질지 모르는 일과 자기가 믿는 가톨릭 교리가 학생들을 가르칠 때 문제를 일으킬지 모르는 이 두 가지 난제로부터 자기 스스로를 보호하기 위해 이 계약서를 폭넓게 활용했다. Gallaudet은 돈 많은 사람이 아니었다. 만약 그가 Cogswell과 코네티컷학교 이사진들이 계약서 상에 명기된 방식으로 약속된 돈을 Clerc에게 줄 것이라고 믿을 수 없게 되면, Clerc는 그의 월급을 받는 데 있어서 대단히 큰 어려움을 겪게 될 것이다. 그러나 그 계약서에는 Gallaudet의 두 친구가 Clerc가 받게 될 돈을 보증하는 약정이 포함되어 있었다. 프랑스인 은행가 Jean Conrad Hottinguer와 미국상인 Sampson Vryling Stoddard Wilder는 "그들이 각자 합동해서 Gallaudet이 계약서에서 약속한 Clerc에게 주기로 한 금액을 주겠다고 자진해서 보증을 섰음"을 선언하였다. Gallaudet이 계약서에 서술된 Clrec의 월급을 줄 수 없을 경우에는 Hottinguer와 Wilder는 "미리 계약된 정해진 금액을 [Hartford]에 있는 Clerc의 새로운 거처에서 주기로 그들 스스로 합동해서 서약을 하였다."[26)]

Clerc는 심각한 편견을 가진 Hartford의 신교도들 가운데에서 그의 종교적 독립성을 보장받고 싶어 했으며 이러한 관계가 적절히 반영된 계약을 보장받고 싶어했다. Clerc는 비록 계약서 상에 명기된 "종교과목을 가르치도록 되어 있지만 그가 공언한 로마 가톨릭교와 그가 죽고 살기를 바라는 신앙에 반대되는 그 무엇을 가르치도록 요구받고 있는 것은 아니었다." 그는 신교도의 신앙을 가르쳐서도 안되며 Clerc가 (그가 비록 감독주의교파 사람이 되었을지라도) "신교파로 전향할 것이라는 기대가 있어서는 안 된다. Gallaudet은 Clerc의 가톨릭교주의에 따르지 않는 것을 가르치는 종교교육에 대한 모든 것을 책임질 것"이라는 것을 계약 상에 명시하였다.[27)]

Gallaudet은 자기가 미국으로 돌아가야 하는 절박한 필요성에 대한 답변과 미국 농아동들을 그냥 방치해 둘 수 없는 무지함을 해결해 줄 수 있는 방책을 Clerc에게서 발견하였다. 그(Gallaudet)는 Cogswell이 Laurent Clerc라는 이름을 재빨리 알아차리기 전에 독단적으로 Clerc와 계약을 종결지었다. Gallaudet과 Clerc가 계약서에 사인을 한지 4일이 되는 날 그들은 이미 미국행 Mary Augusta호에 승선하고 있으면서 Gallaudet은 Cogswell에게 편지를 써서 그가 한 일을 말해 주었다. Cogswell에게 한 그의 편지는 "내일 나는 당신이 어쩌면 어떤 지면에 소개된 그의 이름을 들었거나 본적이 있는 S.V.S Wilder씨와... Clerc씨와 함께 Mary Augusta호를 타고 선장 Hall과 함께 이곳에서 떠나게 될 것입니다"라고 시작하였다. Gallaudet은 "네, 친애하는 저의 친구 Providence는 저로 하여금 Abbe Sicard의 제자로서 가장 성공적으로 공부하여 귀국할 수 있도록 가장 친절하게 저를 돌보아 주었으며, 또한 그의 보기 드문 재능 못지 않게 성실하고 온화한 성격을 가진 사람입니다"라고 하는 말을 이어갔다.[28)]

4. 미국 도착

한 달 반에 걸친 항해 끝에 Gallaudet과 Clerc는 뉴욕에 도착하였는데, 거기서 이 거대한 깊은 바닷길을 무사히 건너 올 수 있도록 도와 준 하나님의 은총이 그 얼마나 큰 것인지에 대해 Gallaudet은 열광적으로 말하였다. 그러나 바다에서 Clerc와 Gallaudet은 서로 가르치면서 시간은 잘 흘러 갔다. Gallaudet은 Clerc가 왕립파리농학원에서 사용했던 수어체계와 지문자를 배우면서 Clerc와 함께 배 속에 억류되어 있는 혜택을 단단히 보게 되었다. 반면 Clerc에게 당면한 피할 수 없는 엄청난 과제는 영어실력을 늘리는 것이었다. 그는 Gallaudet이 교정해 주는대로 영어를 끊임없이 읽고 말 연습을 열심히 했다. Gallaudet은 그의 동료 Clerc의 능력에 경탄을 하게 되었다.: "[Clerc]는 몇 개월만 지나면 우리말(영어) 구어의 구사능력이 완전하게 될 것이라는 데 나는 조금도 의심할 여지가 없다." Clerc의 불굴의 의지와 수행은 Gallaudet으로부터 이에 상응한 칭찬을 이끌어 냈다. "그(Clerc)는 단 하루도 아프지 않았으며,

언제나 책을 보고 있거나 글을 쓰는 배 안에서 가장 부지런한 사람이었다"라고 Gallaudet은 쓰고 있다. Gallaudet이 영국제도에서 겪었던 좌절은 이제 지나간 과거사 중의 하나였다. "나는 런던과 에든버러에서 겪은 나의 실망 속에서 기쁨을 느끼고 있습니다"라고 그는 쓰고 있다. "하나님은 그의 무한한 지혜와 은총 속에서 그들에게 명하시기를 — 우리들의 수행에 최고의 왕관을 씌워 주는 성공에 따르는 모든 영광이 그에게 있게 하라"고 Gallaudet은 쓰고 있다.[29)]

Cogswell에게 보낸 그 자신의 편지와 함께 그와 같은 성공이 얼마나 믿을만한 것인지를 증명하기 위하여 Gallaudet은 프랑스 농인인 Clerc가 영어로 쓴 짧은 쪽지를 보냈다. 그것(쪽지)은 현존하는 Clerc가 최초에 쓴 영어의 견본이며, 그는 결코 듣지 못하는 말을 구사하는 비범한 문장가가 될 것이라는 기대감을 주고 있다. 그러나 그것은 문법적으로 완전하지 않으나 Gallaudet이 교정해 주지 않은 Clerc가 실제로 쓴 것임을 말해 주는 것 같다.

> 저는 Cogswell 박사님과 또한 귀엽고도 재미있는 Alice에 대해 종종 말해 준 저의 좋은 친구 Gallaudet씨와 같이 방금 뉴욕에 도착했습니다. 저는 두 분을 다 만나 뵙기를 고대하고 있으며, 곧 만나서 행복해 지기를 바랍니다. 저의 최대의 존경의 뜻을 보내며.[30)]

Cogswell이 Clerc의 짧은 인사 편지를 받은 데 대한 기쁨과 놀라움은 Cogswell이 예상했던 기대를 생각하면 가장 잘 이해가 된다. Cogswell은 Clerc를 만날 때까지 농인을 대해 본 경험이라고는 역사적인 기록이 말해 주듯이 그의 딸밖에 없었으며 또한 그의 딸은 영어는 전혀 모르는 처지였다. 세련된 시각적 의사소통(예: 수어를 사용하지 않는) 방법이 없는 환경에서 성장하였기 때문에 그(Alice)는 글씨를 써서 의사를 표현하는 방법을 익히지 못했다. 1816년 12월에 Gallaudet에게 쓴 그의 편지는 그의 영어실력이 빈약하다는 것을 말해 주고 있다. 편지는 이해할 수는 있으나 겨우 말이 된다. 그 편지는 "친애하는 Thomas"라고 시작하며 이렇게 이어진다.

> 나는 뉴욕에 있는 당신이 Hartford에 있는 우리집에 곧 오게 되어 매우 기쁩니다. 나는 당신과 Clerc씨를 보게 되겠지요. 나는 당신과 그를 대단히 보고 싶습니다. 나는 당신과 그를 잘 기억하고 있으며, Hartford에 있는 우리집에 온다는 것을 얼마나 많이 말했는지 모릅니다. 당신은 저에게 편지를 해서 잘 압니다. 저도 1주일 후면 당신이 여기 우리집에 온다는 것을 알고 그렇게 하기를 바라고 있습니다. Hudson씨는 매우 나쁘고 사나운 개가 있는데 그 개는 모든 여자, 남자, 소녀, 소년에게 뛰어 덤비며, 나에게는 뛰어 덤비지 않지만 나는 그 개가 대단히 무섭습니다. 제 여동생 Mary도 있는데 그 애도 그 개가 매우 무섭다고 나에게 말했어요. 내 남동생 Mason은 개에게 손을 물려서 조금 아프지만 그는 개가 무섭지는 않다고 저에게 말했어요.[31)]

Cogswell씨의 딸 Alice는 정식 교육을 받지 못한 11살 밖에 되지 않은 어린 소녀임에도 불구하고 그의 이러한 노력을 Clerc의 그것과 비교하면서 Cogswell은 Clerc를 미국으로 데려 와서 왕립파리농아원의 농교육 모형을 이 곳 코네티컷농학교에서 시범을 보이도록 한 Gallaudet의 결정으로 행복해 했음이 틀림없다.

그렇게 하기 위해 Gallaudet과 Clerc는 그들이 계획하고 있는 농학교의 설립을 위한 기금모금 및 공적 지원을 얻기 위한 활동을 적극적으로 착수했다. 그들은 뉴잉글랜드를 두루 돌아 다니면서 강의를 했다. Clerc는 그가 런던에서 했던 것처럼 그가 배운 것과 그의 지식을 청중들에게 시범해 보여 주었으며, Gallaudet은 소리를 들음으로써 하나님의 길을 배울 수 있는 특권을 빼앗긴 저 무지한 농인들을 위한 교육을 지원하는 것은 기독교도들로서 그들의 책임이라는 것을 청중들에게 확신시키기 위해 그의 실질적인 수사적 기술을 사용하였다.[32] 그러나 곧 뉴욕주에서는 문제가 생겼다.

미국농교육 계획은 1810년대에 코네티컷 혹은 코네티컷과 버지니아 지역에 한정되지 않았다. 그것은 뉴욕에서도 농교육기관 설립을 위해 적극적으로 노력하고 있었기 때문이었다.[33] 1817년 1월 미국농학교가 거의 개교할 준비가 다 되었을 때 Gallaudet과 Clerc는 혹시 있을지 모르는 적수에 의한 뉴욕에서의 농학교의 설립을 방해하기 위해서 뉴욕으로 갔다. 처음에 그들은 의원들을 설득하기 위한 그들의 로비활동이 성공할 것이라고 낙관하였으나 Clerc가 Cogswell에게 한 편지가 웅변으로 말해 주듯이 1월 14일 위원회는 뉴욕에 농학교를 설립하기로 가결하였다.

> 오! 훌륭한 나의 친구여, 우리 인간의 제안을 하나님이 이루게 해 주십니다. 오늘 오후 회의에서 이곳(뉴욕)에 또 하나의 농학교를 세우기로 결정하였습니다. 저는 이것을 기대해 왔었습니다. [뉴욕시에] 교육이 가능한 47명으로 헤아려지는 농인의 숫자는 그러한 결정을 하게 된 중요한 요인 중의 하나였습니다.

위원회는 뉴욕농학교 설립을 위한 관계법령을 만들고 "뉴욕주 입법부(의회)와 뉴욕시 자치단체에게 재정지원을 요청하는 탄원서를 작성하기로 했다"고 Clrec는 말을 이어갔다.[34] 여기에서 그들은 성공하였다. 코네티컷양육원이 실제로 개원을 하던 같은 날인 1817년 4월 15일 뉴욕주에서 뉴욕농학교 설립헌장을 승인하였다. 1818년 5월 뉴욕농학교는 공립양로원에서 최초의 농학생들을 입학시켰다.[35]

5. 코네티컷양육원

코네티컷양육원은 후일 '미국농학교' 라고 개명되기 전에는 공식적으로 '농아인 교육을 위한 코네티컷양육원' 이라고 불렀는데, 뉴욕 농학교보다 1년 넘게 먼저 설립되어 미국 농교육의 전통을 착실히 만들어 나가고 있었다. Cogswell, Gallaudet, Clerc와 영향력 있는 미국인들이 사적으로 5,000달러 가량의 학교설립기금을 마련하였다. 더욱 중요한 것은 1816년 5월 코네티컷주 의회에서 미국농학교에 학교법인 헌장을 승인하였으며, 하나의 선례를 만드는 조치로서 주(州)정부는 보호시설(양육원)에 정부재정에서 5,000달러를 승인해 주었으며, 이로서 미국 장애인 교육을 위한 공적 지원의 선례를 만들게 되었다.[36]

이러한 정부의 선물을 최초로 받아 낸 사람들 중에는 미국 농사회 역사에 중요한 비중을 차지하는 그 이름이 잘 알려져 있는 명사들이 몇 명 있다. 이 새로 설립된 미국농학교에 제일 먼저 등록한 학생은 물론 Alice Cogswell이었고; 여섯 번째로 등록한 학생은 태어나면서부터 농인이었고 등록 당시 51살이었던 John Brewster 2

세였는데, Brewstar는 Mason Cogswell의 아버지인 James Cogswell 목사에게 알려졌었으며, 그는 훌륭한 성취를 이룬 많은 농인화가 중 첫째였다. 그는 미국농학교에 3년 간 있었다.[37] 농학교 설립기금을 마련하는 데 있어서 Cogswell을 도왔고 뉴잉글랜드 농교육기관의 필요성에 대한 홍보물을 발간한 저명한 변호사의 딸 Mary Gilbert는 이 학교에 12번째 입학생이었다. 각자 15번째와 17번째로 입학한 학생은 코네티컷주 Guilford의 Sophia Fowler와 뉴욕주 Whitesborough의 Eliza C. Boardman이었다.[38] 전자(Sophia Fowler)는 Gallaudet과 결혼했고, 후자(Eliza C. Boardman)는 Laurent Clerc의 부인이 되었다. Sophia Fowler Gallaudet은 Gallaudet대학교의 설립자인 Edward Miner Gallaudet의 어머니였다. 그도 역시 결국 나중에 Gallaudet대학교가 된 콜럼비아농학교의 최초의 기숙사감을 했었다.

Gallaudet과 Clerc가 이끄는 미국농학교는 학생들과 의사소통하는 데 있어서 철저하게 손으로 하였다. 이 학교의 세 번째 연보에서 농인들 자신이 개발한 수어를 학교에서 깊이 존중하고 있음을 나타내는 문제를 상당히 길게 논의하였다.[39] 영어나 구어의 우수성을 나타내는 말은 전혀 없었다. 오히려 그와 반대로 의사소통의 네 가지 방식이 학교에서 채택되었으며, 가장 중요한 것은 "자연수어"였다고 보고되고 있었다.

> 발견된 모든 의사소통방법 중 농인을 가르치기 위한 모든 노력이 헛되고 효과가 없는 것이 아닌 첫 번째의 [의사소통 방법]은 농인들이 그들의 친구들과의 모든 상호관계에서 근본적으로 사용되고, 그들의 필요성에 따라 개별적으로 적용되는, 그래서 비록

미국농학교의 열일곱 번째 입학생인 Eliza Boardman은 그의 선생인 Laurent Clerc의 부인이 되었다.

전에 서로 전혀 낯 모르는 사람들끼리라도 그들이 만나는 순간 일반적인 모든 주제에 대한 대화의 매체로서 기능을 하는, 그리고 여러 가지 광범위한 사례에서 이미 사용이 되었고 그들의 마음과 정서에 보이지 않는 작용을 나타내는 자연수어인 것이다.[40)]

이 자연수어와 다른 의사소통 방법은 그 조직적인 수어가 파리에 있는 Épée에 의해 개발된 후 모형이 만들어진 표준화된 수어였는데, (그리고 어쩌면 오늘날 영어식 수어와 비슷한) 영어에서 쓰기처럼 그 형태를 수단으로 한 지문자는 Pablo Bonet에 의해 최초로 출판되었고 그 다음 Clerc에 의해 미국으로 전해졌다. 말과 독순술은 가르치지 않았다. 실제로 그 보고서는 말을 가르치는 것은 농학생들의 지적 발달에 도움이 되지 않으며, 더욱이 거의 아무런 기능도 하지 못하기 때문에 가치가 없다고 비판하였다. 그 보고서에서는 "말을 똑똑히 잘 발음하는 것은 농아교육에 있어서 비교적 쓸데없는 지엽적인 부분에 불과하다고 주장하였다. 그것이 학생들 마음에 전달되는 근원적인 지식의 자원이 되는 경우는 전혀 없다"는 것이다.[41] 말을 가르치려고 애쓰다가 시간만 낭비하지 말고 농학교의 교장과 교사들은 위에 언급한 네 가지 의사소통 방법으로 "그들 학생들의 마음에 중요한 지적 종교적 지식을 전하도록 노력하라"고 이 보고서는 강조하고 있다.[42]

6. 종교적 요소

영원하고 성공적인 미국농학교 설립이 성공할 수 있도록 많은 요인들이 공헌하였다. Cogswell의 정치적인 기술과 영향력이 중요하였다. 파리를 떠나 미국 농교육을 위해 헌신한 Clerc의 능력과 의지 또한 결정적으로 중요하였다. 아무리 그렇다고 하더라도 또 다른 결정적인 요인은 Gallaudet이 사람들로 하여금 학교설립을 위한 재정적인 지원을 할 수 있도록 확신시킨 종교적인 열정이었다. 19세기 초에 Gallaudet과 다른 개혁자들을 격려한 사회개혁과 종교적 신앙 간의 연결고리는 미국농학교의 기록에서 보여 주고 있는 것처럼 과대평가될 수 없다.

학교의 최초의 보고서는 농인들을 구제하기 위해서는 농인들을 교육시키는 것이 중요하다는 것을 강조하였다. 농인들의 영혼은 "지적 암흑으로부터 구제되고", 농인 개인들은 "예수님 안에 있는 것처럼 진실의 지식에로 인도될 것이다"라고 이 보고서는 주장하고 있다. 이것이 성취되어 미국 농인들은 결국 주님의 구원 속에서 발견될 것이다.[43]

CHAPTER 5

기숙제 학교의 경험

기숙제 학교는 미국농학교의 기초를 만들어 주었다. 농인들에 대한 지적이면서도 직업적인 교육은 공통된 언어를 사용하고 비슷한 생활경험을 나눈 교육받은 성인 농인교육의 핵심적 기능을 하였다. 기숙제 학교 졸업생 중 많은 사람들이 스스로 학교 교사가 되어 모범을 보이며 문화적인 교양을 제공해 주면서 농청소년들이 상호작용하는 하나의 중요한 집단을 구축하였다. 1843년까지 6개 주(州)에서 코네티컷의 예를 따라 주정부가 지원하거나 직접 운영하는 기숙제 농학교를 설립하였는 데; 1818년 뉴욕, 1820년 펜실베이니아, 1823년 켄터키, 1827년 오하이오, 1838년 버지니아, 1843년 인디애나가 바로 그것이다. 코네티컷의 미국농학교에서 교육받은 사람들은 이와 같은 초창기의 모든 농학교 교육이 성공하는 데 있어서 도구적 역할을 하였다. Hartford의 학교처럼 각 농학교의 의사소통 방법으로 한결같이 수어를 사용했으며, Hartford의 경우처럼 농학생들의 부모들은 6개 주정부가 농학생 교육을 지원하도록 설득하는 데 중요한 역할을 하였다.[1)]

세금으로 운영하는 특수교육 기관들은 농자녀를 둔 가정으로 하여금 Cogswell가(家)와 Bolling가(家)가 당면한 것과 같은 무서운 난관으로부터 벗어나게 하였다. 이제 농자녀들 교육에 드는 무서운 교육비 부담으로부터 당당해 진 부모들은 그들의 자식들이 이 대서양 연안에서 비교적 저렴한 교육비로 숙련된 교육을 받는 것을 보장받을 수 있게 되었다. 주 정부가 지원하는 기숙제 학교가 있는 주에 사는 농아동들은 보통 무상교육을 받을 수 있었는데; 이런 학교가 없는 주에 사는 농아동들은 사립학교나 가정교사에게 배워야 하는 교육비 때문에 기숙제 학교가 있는 다른 주의 학교에 다닐 수 있었다. 노스캐롤라이나의 Jane과 Samuel Tillinghast가 1833년 태어난 그들의 아들 Thomas가 농인이라는 것을 알았을 때 당면한 상황이 바로 이에 해당한다.

1. TILLINGHAST가(家)

노스캐롤라이나의 Tillinghast가(家)는 버지니아의 Bolling가(家)만큼 부자도 아니고 코네티컷의 Cogswell가(家)처럼 유명한 사람도 아니나 Thomas와 1841년에 태어난 그의 농인 동생 David의 장래에 관하여 깊은 관심을 가지고 있었다. Thomas가 농(聾)이라는 사실을 처음 알게 되었을 때 대부분의 사람들이 그랬던 것처럼 그들의 부모들도 즉시 의학적인 치료를 하려고 하였다. Jane Tillinghast의 동생 J. H. Norwood가 뉴욕을 방문했을 때 그는 이 중요한 의학적 치료를 받아야만 했는데, 뉴욕은 의학이 농촌지역인 노스캐롤라이나보다 아마 더 발달되어 있었다.

Norwood가 뉴욕에서 두 의사로부터 진찰을 받은 결과는 회복될 가망이 없다는 것이었다. 어렸을 때 농인이 된 사람들의 난청은 치료될 수도 있으나 Thomas처럼 선천성 농은 치료될 희망이 거의 없다는 것을 받아 들여야만 했다. 내과의사인 Webster 박사는 수술을 통해서 난청 치료에 성공한 사례가 몇 번 있었다고 주장했다. 한번은 고막을 접합하는 수술이었고, 또 한번은 입과 중이(中耳) 간의 통로를 열어 주는 수술이었다. 첫번째 고막접합수술은 완전한 바보짓이었고 Thomas가 불필요한 고통을 받게 하는 원인이 되고 말았다. 두번째 수술은 아마도 이관(耳管, 구씨관)이 제 기능을 하기 위한 것이었는데, 이 또한 Thomas에게 아무런 도움을 주지 못한 것이 거의 확실하였다.[2] 다행히 Norwood는 이러한 걱정에서 벗어나 어디에서나 그의 조카의 도움을 받을 수 있는 좋은 감각을 가지고 있었다. Norwood는 뉴욕농학교에 가서 50번가(街)에 거처를 정하고 Harvey P. Peet 교장선생과 상담하였다.[3]

Peet는 19세기 농교육계의 거물이었다. 그는 1822년 미국농학교에서 교직을 시작하여 1831년까지 근무하였는데; 그 후 그는 뉴욕농학교의 교장과 교육감이 되었다. 그는 35년 간 교장직을 수행했으며, 1866년 그의 아들 Isaac Lewis Peet에게 교장직을 승계시켜 주었다. 원로교장 Peet의 장기근속기간 동안 뉴욕농학교는 한 때 취약하고 가난하게 운영된 기관이었는데, 미국에서 가장 좋은 학교 중 하나인 훌륭하고 발전하는 교육기관이 되었다. Peet는 농교육 발전에 능동적인 역할을 하도록 그의 교직원들을 격려하였다.

그는 솔선수범을 통해 사람들을 이끌어 가면서 농교육과정을 만들어 출판해서 J. H. Norwood와 같은 농자녀 교육에 대해 걱정하는 부모나 친척들의 요구에 대응해 주고 있었다.[4]

Harvey P. Peet는
1831년부터 1866년까지 뉴욕농학교의 교장직을
역임하였으며, 미국 농아동 교육의 지도자였다.

Peet는 Norwood와 충분히 이야기하고 학부모와 교사들을 위해 그가 쓴 세 가지의 팜플렛을 그에게 주었다. Norwood는 농아동 교육이라는 "주제에 대해 말해 주는... 모든 정보"가 담겨 있는 팜플렛 내용들을 믿었다. 이 팜플렛들은 농아동들이 14~15세가 될 때까지는 특수학교에 보내는 것이 "절대적으로 필요하다"는 것을 말해 주고 있었다. 그러나 농아동들은 8세에서 10세에 취학시킬 수 있다면 보다 효과적이었다. 유년기의 가정환경 또한 중요했다.

Issac Lewis Peet는
그의 아버지 Harvey P. Peet의
뉴욕농학교 교장직을 승계하였다.
1880년 그는 밀란(Milan) 회의에 출석한
5명의 미국인 중의 한 사람이었다.(10장 참조)

부모들은 아이들에게 글쓰기를 가르쳐야 했으며, 또한 그들의 농자녀들과 자연스러운 제스처로 의사소통하는 법을 배워야 했으며 그러한 과정을 걸쳐서 수어와 지문자로 의사소통하는 것에 동의하게 되었다. 마침내, Peet는 농아동들은 다른 아동들처럼 부모에게 복종하는 것을 배워야 한다고 강조했다. 그러나 그는 농아동들은 부모들이 그들을 이해해 주고 있다는 사실을 확실히 하지 않으면 안된다고 주의를 환기시켜 주고 있었다. 단순히 의사소통에 실패했다든가 혹은 어떤 행동을 해야 하는지 깨닫지 못한다고 해서 농아동을 벌 주어서는 안 된다.[5)]

가족들의 의사소통에서 확실히 알 수 있는 것은 Tillinghast가(家)가 비록 Peet가 의도했던 것처럼 정확하지는 않더라도 Thomas의 의사소통과 관련한 Peet의 충고를 따르려고 했다는 것을 시사해 주고 있다. 1841년 말과 1842년 초까지 짧은 기간 동안 그들은 분명 Ivey 부인에게 Thomas의 숙식비로 월 9달러 정도를 지불하였다. Ivey는 교사였다. 그러나 보다 더 중요한 것은 그에게 Eunice라는 농아 딸이 있었는데, 그 딸은 [Tillinghast가(家)]의 "농아 아들을 가르치는 것이 행복하며" 그를 "자기의 어린 농인 동생처럼 사랑한다"고 말했다. 특히 그는 Thomas에게 수어와 지문자를 가르치는 것을 동의하였다. 그래서 Thomas는 대단히 어린 나이에 성장한 (아마) 교육받은 농인들과 사귈 수 있는 기회를 갖게 되었다.[6)]

그러나 이것은 단지 임시방편이었으며, 버지니아주 Richmond에 있는 Thomas의 어머니 같은 Robina Noewood 할머니는 Thomas의 부모에게 Thomas를 기숙제 학교에 보내라고 주장하였다. 노스캐롤라이나에는 1845년까지 주립농학교가 없었다. 그래서 1842년 5월 Robina Norwood 할머니가 직접 Thomas를 데리고 Staunton

에 있는 버지니아농맹(聾盲)학교에 가서 그 학교에 등록시켰다. 이 학교에서의 Thomas의 경험은 Tillinghast 가족이 보존하고 있는 편지철에 기록되어 있으며, 그들은 19세기 전반기에 주립 기숙제 학교에 농아동이 다니고 있었다는 사실에 대한 훌륭한 기록물을 제공해 주고 있다.

2. 학교가기

한편, 버지니아농학교는 비정규적인 학교였다. 1839년 가을에 개교하면서 이 학교는 농학교를 맹학교와 결합한 — 후에 많은 주에서 또한 20세기 후반까지도 실제로 몇몇 곳에서 모방하고 있는 — 독특한 방법을 채택하고 있는 최초의 주립학교였다.[7] 그러나 또 다른 한편으로 이 학교는 19세기 초의 전형적인 기숙제 농학교였다.

장학위원회라고 하는 학교운영위원회에서 그들의 새 학교에 배치할 교직원을 구하기 위해 더 오래된 학교들을 찾아 다녔다. 그들은 처음에 연봉 1,500불과 주택을 제공해 준다는 조건으로 Peet를 교장으로 고용하려고 하였다. 그러나 그는 이를 사절하고 버지니아의 아름다운 그러나 아득히 멀리 떨어져 있는 Shenandoah계곡 대신 뉴욕시를 선택하였다. 그래서 동 장학위원회는 Hartford의 교사 Joseph D. Tyler에게 교장 자리를 제안하였는데, Tyler는 이를 받아 들였다.[8]

Tyler는 성인이 된 후에 난청인이 된 목사였다. 예일대학과 버지니아성공신학대학교 졸업생인 그는 1832년 가을부터 미국농학교에서 학생들을 가르치기 시작하였으며, 1839년 가을 버지니아농

Staunton에 있는 버지니아농맹학교는 미국농학교를 모방한 많은 주립기숙제학교 중 하나였다.

학교 교장으로 초빙받을 때까지 거기에 남아 있었다. 버지니아에 도착하자 즉시 그는 미국농학교로 돌아 와 그의 새 학교 운영에 임하였다. 그는 Hartford의 농교사이자 졸업생인 Edmund Booth를 버지니아농학교의 최초의 농학생들의 교사로 고용하기 위해 노력하였다. 그러나 Booth는 미국 남부지역보다는 서부지역으로 가기를 원하였다. 그래서 Tyler는 그 농교사 자리에 Job Turner라는 다른 농인에게 와 줄 것을 제안하였다.[9] 미국농학교의 졸업생인 Turner는 Tyler의 제의를 받아 들여 버지니아농학교에 거의 40여년을 남아 있으면서 Hartford에서부터 Staunton에 있는 새 학교에 이르기까지 교육의 계속성을 보장해 주었다.[10]

어린 Thomas Tillinghast가 Staunton에 있는 학교에 왔을 때 Tyler는 학교 사감 Margaret Eckridge가 책임지고 돌보게 하였다.

Thomas는 신입생이었기 때문에 기숙제 학교 생활체제에 익숙지 못하였다. 그래서 Tyler는 처음에는 그에게 정규 교육과정대로 공부할 것을 요구하지 않았다. Eckridge의 보호 아래 그는 며칠 간 운동장에서 놀면서 새로운 환경에 적응하도록 하였다. 이러한 점진적인 적응교육은 매우 적절했다. Eckridge는 5월 26일 Norwood 여사에게 편지를 써서 할머니와 떨어진 후 잠시동안 울었으나 지금은 학교생활에 "완전히 만족하며 행복하다" 고 하였다.[11)]

정규 교육과정에서 공부하게 된 이후에도 Thomas는 기숙제 학교 환경에서 계속적인 발전을 하고 있었다. Tyler교장은 "[Thomas]의 건강, 행동, 발전 등 모든 면에 있어서 좋은 평가" 를 하고 있었다. 그러나 아직도 Thomas의 잘 다듬어지지 못한 어릴 때 습관들은 필수적으로 요구되는 기숙제 학교 체제에 적응하기 위해 억제되어야 했으며 이 점이 학교당국과 가끔 충돌하게 되는 원인이 되었다. Tyler는 노스캐롤라이나에서 온 여덟 살 짜리 어린이가 처음에는 "학교의 통제를 견디기 어려워 하는 어린이다운 모습"을 보여 주었다.[12)] 그러나 학교는 필요한 통제를 하였다. Thomas는 그의 어머니에게 모든 학생들은 규칙적인 학교교육 계획에 따라야 된다고 하였다. 학생들은 4시 또는 5시에 일어나서, 아마 계절에 따라 다르나 6시에 아침식사를 하러 갔다. 이 아침식사는 "버터, 빵, 커피" 로 되어 있었다. 그래서 Tyler는 학생들은 7시 반에 예배당에 가서 기도를 하게 하였고, 오후 1시까지 정규공부를 시켰는데 10시 반에서 11시까지 30분간의 휴식시간을 주었다. 1시간의 점심시간을 오전 일과에 포함시켰다. 오후시간은 2시간 내지 3시간 45분 동안의 직업교육에 활용하게 하였다. Thomas는 버지니아농학교는 제본술, 가구 제작술, 구두 제화술 등 19세기 중엽 미국에 있는 모든 농학교

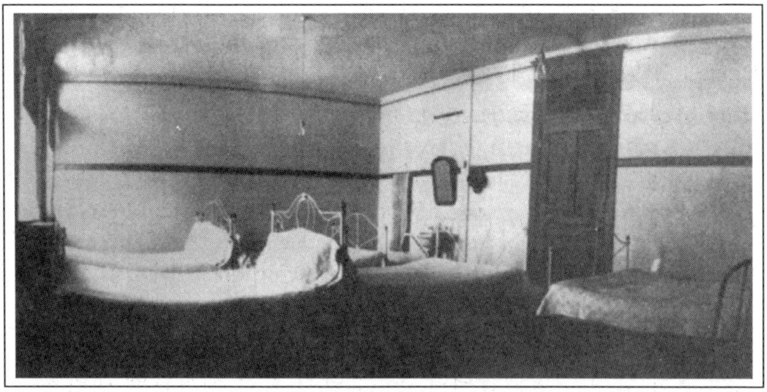

이 노스다코타농학교의 기숙사 방은 꽉 짜인 답답한 공간에 평이하고 꾸밈없는 주립기숙제 학교의 전형적인 모습 그대로이며, 여기서의 규율과 보수적인 사회행동은 노스다코다 주립역사학회의 예절이 강조되고 있었다.

노스다코타주립역사학회 사진 제공.

에서 일반화되어 있던 모든 것을 가르쳤다고 말했다. 저녁식사는 일과가 끝난 후 잠시 쉬었다가 하게 되며, 저녁식사 후 다시 예배를 본 후 어린아이들은 저녁 7시부터 9시까지 자유시간을 가진 다음 취침하였고, 나이든 학생들은 10시에 취침하였다.[13)]

이와 같이 엄격한 또는 아마도 판에 박힌 학교생활 일정에도 불구하고 Tyler는 Tillinghast씨에게 아들의 학교생활에 대한 "종전과 같은 저항은 사라지고 말 잘 듣는 유순한 사람이 되었다"고 편지로 알려 주었다. 그러나 그의 학과공부는 여전히 신통치 않았다. 그것은 Thomas가 "어렸고" "통제된 학교생활에 익숙치 못했기 때문"이었다. 그럼에도 불구하고 Tyler는 Thomas가 Staunton에서 6개월이 지난 다음 "학교를 좋아하게 되고 급속히 전진하는 학습습관을 체득해 나가고 있다"고 강조하였다. 그는 "숫자 쓰는 법과 간단히 글을 쓰는 법도 이미 익혔다."[14)] Thomas의 공부가 Tillinghast

가(家)에게 중요한 만큼 Tyler도 또한 Thomas의 부모들이 그들의 아들이 어린 아이들에게 필요로 하는 관심과 보호를 받고 있다는 것을 확인하고 싶어 한다는 사실을 알고 있었다.

Tllinghast가(家)에게 보내는 Tyler의 편지는 학교가 책임진 아이들을 위해 그가 보여 준 어버이로서의 관심을 강조하였다. 1842년 11월 Tyler는 Tillinghast씨에게 쓴 편지에서 "안심하십시오", "당신의 이 사랑스러운 어린 아들은 이제 나의 보살핌에는 관심도 갖지 않을 만치 성장했습니다. 나는 나의 모든 제자들에 대한 감정은 일반학교에서 교사와 학생들 간의 감정보다 더욱 따뜻하고 사랑스러운 것이라고 생각합니다. 그것은 단순히 우리 학교에 다니는 아이들은 일반학교 학생들보다 더욱 불편스러워서 나에게 보다 전적으로 의지하기 때문입니다"라고 썼다.[15] Tyler의 마지막 몇 마디의 — 농아동들의 상상되는 불편함에 대해 그가 강조한 — 온정주의는 19세기 중엽에 있어서 기숙제 학교의 특징이었으며, Tyler가 그의 직업을 자기보다 더 불행한 사람들을 돕는 것을 그의 소명이나 혹은 사명으로 보고 있는 목사였다라고 하는 사실에 의해 아마도 이 경우는 혼합된 것이라고 볼 수 있다. 버지니아농학교는 목사를 교장으로 기용하는 데 있어서 — 많은 다른 경우에서 처럼 — 코네티컷농학교의 전례를 닮았다 .

Tyler는 민감하면서도 지각 있는 교장이었다. 그는 집에서 멀리 떨어져 있는 곳에 완전히 낯선 사람들 손에 농자녀들은 맡겨 준 부모들의 마음을 이해하고 이에 감사했다. Tillinghast가(家)에 대한 Tyler의 편지는 그들의 고민과 걱정을 덜어 주기 위한 그의 바람이 반영되어 있었다. 그는 그들 부모에게 위로가 되는 말로 다음과 같이 편지를 썼다.

나는 어린아이들과 1년 내내 500마일이나 떨어져 있는 그(Thomas)의 부모님의 느낌이 어떨 것이라는 것을 잘 알고 있습니다. 부모의 걱정은 대단하고도 끊일 날이 없을 것이기에 나로서는 부모의 걱정을 덜어 드리기 위해 어떻게 해야 할지 정말 할 말이 없습니다. 그러나 가능하다면 나는 집에 없는 자녀를 위해 최선을 다할 것이니 이를 믿고, 그 속에서 조금이라도 위안을 찾을 수 있기를 바랍니다. 그리고 얼마만큼 자주 소식을 전해드리는 것이 좋을지 알려주시기 바랍니다.[16)]

3. 공부하기

Thomas는 버지니아농학교에 입학한지 약 6개월이 되고, 그의 나이 아홉 살이 되던 해인 1842년 11월에 최초로 고향집 부모에게 편지를 썼다. 그것은 전적으로 그의 자신의 노력에 의해 쓰여진 것은 아니었다. Tyler 교장이 한 교사에게 Thomas가 그의 부모와 영어로 의사교환을 하도록 이 간단하고 직설적인 그의 첫 편지쓰기를 도와 주도록 지시한 것이다. 편지는 다음과 같았다:

사랑하는 부모님,

저는 건강하게 잘 있어요. 저는 지금 살이 쪄서 뚱뚱해요. 저는 부모님들이 건강하시기를 바래요. 저는 엄마와 아빠를 사랑해요. 저는 엄마와 아빠가 보고 싶어요. 저는 공부하는 것이 좋아요.

엄마 아빠가 사랑하는 아들

Thomas Hooper Tillinghast [17)]

감정이 순수했거나 혹은 그 편지쓰기를 도와 준 어른들에 의해 그렇게 표현됐을지 모른다. 그러나 그 어느 경우든 간에 그것은 오랫동안 멀리 떨어져 있는 어린 자식으로부터 편지를 받는 근심 많은 부모들이 기뻐하는 바로 그런 것이다.

그 편지가 비록 아홉 살 짜리 어린아이가 쓴 보잘 것 없는 것으로 보일런지 모르나 Thomas가 영어를 전혀 모르는 상태에서 학교에 입학했다는 사실을 인정하는 것이 중요하다. 그는 아마 농(聾)으로 태어났을 것인데 그가 Ivey 여사와 그의 딸과 함께 지냈던 짧은 기간으로는 비록 할 수 있었다고 하더라도 수어의 기초 정도 이상 더 가르쳐 주기에는 충분한 시간이 되지 못했다. 또한 Thomas는 이런 방식으로 그의 의사를 전달할 수 있었던 것보다 훨씬 많은 것을 알고 있었다는 사실 때문에 이 딱딱하고 서투른 편지로 인해 그의 명예가 손상되는 것이 아니었다.

버지니아농학교는 농아동 교육에는 영어공부 이상의 것이 포함된다는 것을 인정하였다. 농아동들은 독립된 자조적인 개인으로서 세상에 나갈 준비를 하고 있었다. 모든 농학교가 영어를 가르치고 또 그 성취수준을 평가하였지만 이것이 그들의 유일한 목적은 아니었다. 그들은 또한 그들의 졸업생들의 성공적으로 훈련된 청력을 요구하지 않는 사회 속에서 일할 수 있는 유용한 능력을 갖췄다는 것을 확실히 하고자 하였다. 학생들은 사회가 필요로 하는 기술, 일반적인 지식 그리고 종교적인 각성 등을 갖추게 되기를 기대받고 있었다. Tyler는 1843년 3월 6일자 Tillinghast가(家)에게 한 편지에서 Thomas의 성적은 단순히 그의 영어의 유창성만에 기초하여 평가되지 않는다는 점을 강조하였다.

Tyler는 3월 6일자 편지에서 Tillinghast가(家)에게 "그의 아들의 [영어(문어)]실력을 그의 학업성취 수준에 대한 평가척도로 오해하지 말도록" 일러 주었다. 수어는 학교에서 "전에는 아무것도 몰랐던 Thomas에게 끊임없는 세상사에 대한 변화를 깨우쳐 줄 수 있게 한다"고 Tyler는 편지에서 밝히고 있다. 비록 Thomas의 영어쓰기는 아직 보잘 것 없지만 Thomas는 "아버지에게 아직 영어로 전달할 수 없는 것을 많이 알고 있다"고 하였다. Tyler는 Tillinghast네 가족이 Thomas가 학교에 오기 전에 썼던 수어를 학교에 알려주어 학교에서 Thomas와 보다 효과적으로 의사소통을 할 수 있도록 학교를 도와 줄 것을 부탁하였다. 특히 교장선생님은 그의 어린 제자(Thomas)가 여러 가족 구성원들을 수어로 어떻게 표현했었는지를 알고 싶어 하였다. 가족 구성원을 어떻게 표현했는지를 앎으로써 Tyler는 수어로 Tillinghast가(家)의 편지를 통역해 줄 수가 있고 또 "Tillinghast가 Thomas에게 쓰고 싶은 것을 무엇이든지 Thomas가 쉽고 명료하게 알 수 있게 할 수 있었을 것이다."[18]

수어로 가르치는 데 대한 버지니아농학교의 믿음은 빠르게 그 효과가 나타났다. Staunton에 도착한지 2년 반만에 Thomas Tillinghast는 문법적으로 정확한 영어를 쓸 수 있었다. 더욱 중요한 것은 그는 보다 넓은 지식의 세계를 깨달아 가고 있었다. 1844년 10월 11일 그의 어머니에게 한 편지에서 비록 11살 밖에 되지 않은 어린아이가 나라의 정치문제에 대한 말을 하면서, 다가오는 대통령 선거와 가장 치열한 쟁점 현안인 텍사스의 병합문제에 대한 자기 의견을 말하기도 하였다. "나는," "Polk, 텍사스와 Dallas를 반대합니다" 라고 그는 썼다. Thomas는 또한 종교적 믿음에 대한 기초를 닦기 시작하고 있었다. "저는 하나님께 감사합니다," "하나님은 비와 기름진 땅을 만드셨습니다"라고 그는 그의 어머니에게 말하였다.[19]

Thomas의 학업성취와 사회성의 발달은 대단히 빨라서 Tyler는 노스캐롤라이나주 의회에 그의 성취를 보여 주기 위해 노스캐롤라이나 여행길에 데리고 가기까지 하였다. 영국에서 Massieu와 Clerc의 경험과 뉴잉글랜드에서의 Clerc의 경험은 지금 노스캐롤라이나에서 Thomas Tillinghast에 의해 되풀이 되고 있었다.

이러한 초기의 선구자들이 그들이 경험한 교육학적 모형의 효과를 시범 보여 왔듯이 Thomas도 역시 그러하였다. 버지니아농맹학교는 19세기 초 미국농학교처럼 버지니아 뿐만 아니라 다른 남부의 여러 주에까지 봉사하는 넓은 지역학교가 되고자 하였다. Tyler는 "뉴잉글랜드는 하나의 농학교와 하나의 맹학교를 지원하기 위해 하나로 통합한다고 Tillinghast가(家)에게 편지하였다. 뉴욕은 뉴저지와 병합하였고 펜실베이니아는 메릴랜드와 델라웨어와 병합하였다". 이리하여 Tyler는 노스캐롤라이나주 Raleigh로 Thomas를 데리고 가서 노스캐롤라이나주 단독으로 농학교를 창립하지 말고 노스캐롤라이나의 농학생들을 버지니아로 보낼 것을 확인하려고 하였다. Thomas는 이러한 협동이 얼마나 성공할 수 있을지 그 표본이 될 것이다.[20)]

4. 어버이의 소원

Tillinghast가(家)는 그들의 농아들에 대한 분명한 소원이 있었다. 그들의 편지는 Thomas가 청력을 회복하든지 아니면 청인들의 말이나 독순술을 배우든지 상관이 없었다. 19세기 초 몇몇 교육자들이 구어법을 주장하기 전에 부모들은 그들의 농자녀들이 유용하고도 만족스러운 삶을 이끌어 나갈 수 있을 것이라는 것을 앎으로써 만족했던 것 같다.

Tillinghast는 특히 Thomas가 "기술"을 배울 것을 고집하였다. "네가 공부를 마치고 어떻게 살아가든지 간에 장사에 대한 지식은 너에게 아무런 도움이 되지 못할 것이다"라고 Tillinghast는 그의 아들에게 편지를 썼다. Tillinghast는 Thomas가 장차 추구하기를 바랐던 직업은 제본술이었다. 이 기술을 배우면 혹여 그의 재산을 다 잃는 한이 있더라도 그의 아들이 "살아갈 수 있는 수단"이 될 것이라고 그는 믿었다. 이런 기술이 없다면 Thomas는 그 스스로 살아갈 독립성을 잃게 되고 "친구들의 도움을 받으며 살아가지 않으면 안되는 고행을 겪게 되거나 절대빈곤에 처하게 될 것이다". 더욱이 Tillinghast는 자기가 죽으면 Thomas가 자기 어머니와 어린 형제들을 부양하지 않으면 안 된다고 주장하였다.

5. 졸업 후 취업

Thomas Tillinghast는 그의 아버지를 실망시키지 않았다. 1850년 버지니아농학교를 우수한 성적으로 졸업한 후 그는 책 제본사가 되어 노스캐롤라이나주 Fayettevill 지역에서 몇 년 간 제본업소에서 일하였다. 그러나 남북전쟁이 끝난 후 경제는 침체되었다. 그래서 그는 19세기 말까지 기숙제 농학교의 최우수 졸업생들에게 보편적이었던 다른 직업으로 직장을 바꾸었다. 1874년 Thomas Tillinghast는 Raleigh에 있는 노스캐롤라이나농맹학교와 그 후에는 Morganton학교의 교사로서 그의 동생 David Ray Tillinghast와 합류하였다.[22)]

Releigh에 있는 노스캐롤라이나농맹학교. David Ray Tillinghast와 Thomas Tillinghast는 둘 다 여기서 가르쳤다.

David는 그 형의 발자취를 따르지 않았다. 1841년에 태어난 그는 말소리를 정상적으로 들었으나 어려서 농인이 되었다. 그가 12살 때 그의 부모는 그를 교육시키기 위해서 버지니아보다 뉴욕으로 보냈다. 학교를 졸업한 후 그의 모교에서 6년 간 교편을 잡은 다음 1868년 그는 Raleigh에서 교사로 합류했다. 그리하여 그는 (그가 죽었을 때 100살이 넘은) 20세기까지 이어지는 그의 직업생활이 시작되었으며, 농교육에 있어서의 Tillinghast의 전통이 시작된 것이다. 이 Tillinghast가(家)의 다른 사람들도 미국 전역에 걸쳐 있는 농학교의 교사나 행정가가 되었으며, David Tillinghast의 아들 중 하나는 아일랜드에 있는 농학교 교장까지 지냈다.[23]

Thomas와 David Tillinghast가 주립 기숙제 농학교를 졸업하고 취업을 위해 그들에게 돌아 온 것은 놀라운 일이 아니다. 그들

David Tillinghast의 아들
Joseph A. Tillinghast는
농학교의 교사와 행정가가 된
Tillinghast가(家)의 제2세 중 하나였다.

은 분명히 조숙한 학생들이었으며, 기숙제 농학교에 다녔던 다른 사람들을 좋아했으며, 그들이 배운 일반적인 수어에 익숙한 친구와 그들이 받은 교육수준에 맞는 직업과 문화를 찾아서 그들에게 돌아온 것이다.

19세기 미국에 있어서 농학교의 많은 졸업생들은, 때로는 역설적으로 그들의 부모들보다 더 훌륭한 교육을 받았는데 – Tillinghast 씨가 1850년 Thomas의 졸업식에 참석한 때를 의미있게 기록해 놓

David Ray Tillinghast의 청인손자인
Edward W. Tillinghast는
아리조나농학교의 행정가 중 하나였다.
그와 그의 여동생 Hilda Tillinghast Williams은
농교육을 함께 해 온 Tillinghast가(家)의
제3세대를 대표하는 사람들이었다.

농학생들의 교사인 Hilda Tillinghast는 1937년 19세기 미국농인직업재활프로그램의 최고 책임자였던 농인 Boyce R. Williams와 결혼하였다.

은 것처럼 — 성인이 되어 그들이 학생시절 즐겼던 학교 교육환경에 재입학함으로써 미국 농사회의 기초를 만들게 되었다. 그러나 교사가 되지 않은 사람들은 다른 길을 찾아 공동체 의식을 재창조하여 그들의 학창시절에 겪었던 경험을 나누었다.

CHAPTER 6

농인의 나라

대 사회집단 속에서 소수는 만약 그들이 그들 스스로를 다수들로부터 정치적, 지리적으로 분리된다면 그들의 문화는 번창할 것이며, 그들의 포부는 달성될 것이라고 종종 믿는다. 그래서 19세기 초 말일성도 성직자들은 멀리 떨어진 유타사막으로 도망을 갔는데, 거기서 그들은 비(非)몰몬교도들의 비웃음과 종교적 박해로부터 벗어난 그들 특유의 필요와 신념에 기초한 고유한 사회적 · 정치적 삶의 구조를 만들고 싶어 했다.[1)] 이와 비슷하게 미국역사 초기에 영국의 청교도들은 그들의 고향을 떠나 그들만의 독특한 사회를 창설하기 위해 북아메리카로 이주하였다.[2)] 20세기 초에 많은 흑인들은 백인이 지배하는 미합중국을 떠나 아프리카에서 그들 자신의 흑인 나라를 만드는 꿈을 꾸었었다.[3)]

미국 농인들은 많은 면에서 흑인들을 비롯한 또 다른 소수인종들을 닮았다. 그 중 하나는 다수파에 의해 그들에게 강요되고 있는 여러 가지 제약으로부터 벗어나고 싶은 욕망이다. 몰몬교도처럼 청교도, 흑인 그리고 어떤 농인들은 모든 청인들의 영향으로부터 벗어나서 그들 자신을 스스로 통치하는 그들의 정치집단을 창설할 것을 고려해 왔다. Douglas Bullard의 1985년 Islay라는 제목의 소설은 그들이 종종 토론했던 그들의 이러한 생각에 대한 익살스러운 표현이다.[4] 그러나 그렇다고 하더라도 다수파인 일반대중들과 분리된 농인들을 위한 나라, 즉, 농공화국(聾共和國)에 대한 일련의 논의는 19세기 중엽에 일어났다.

시기는 놀라운 것이 아니다. 19세기의 기숙제 농학교가 흩어져 있는 농인들을 한데 모아 농문화(聾文化) 창조를 선도했듯이 농인들은 종종 그들이 언어와 미래의 전망에 대한 생각을 나누는 사람들 속에 있을 때 가장 행복하고 가장 성공적이라는 인식을 하였다. 학문적으로 재능이 뛰어난 몇몇 농인들은 Tillinghast 형제들처럼 기숙제 농학교에서 직업을 가짐으로써 그들의 농인세계(聾人世界) 속에 있고자 하는 필요성에 만족하였다. 거기에서 그들은 보다 많은 농인의 진화를 영속시키는 다른 성인농인들 및 농아동들과 상호작용을 할 수 있었다. 학교 안에서 그들은 말을 듣고 할 줄 아는 다수의 미국인들이 전형적으로 그들에게 가해주는 언어적 요구에 따라야 하는 압력으로부터 비교적 자유로웠으며, 또한 그들은 유용하고 만족스러우며 분명 생애에 도움이 되는 직업을 개발할 수 있었다. 그러나 기숙제 농학교에서 학생들을 가르친다는 것이 미국 농인 모두에게 열려 있는 선택된 일자리는 결코 아니었으며, 그들 중 몇몇 사람들을 위해 ― 저 유명한 John J. Flournoy ― 청인세계에서의 일상생활에서 부닥치는 좌절이 미국 서부에서 농인의 나라를 계획하도록 이끌었다.

1. JOHN J. FLOURNOY

John Jacobus Flournoy보다 더 기괴한 사람은 미국 농역사(聾歷史)에서 더 이상 찾아볼 수 없다. 돈 많은 Georgia라고 하는 노예 소유자의 두 농아들 중 하나인 Flournoy는 코네티컷에 있는 미국 농학교와 조지아대학교에 짧게 다녔다. 그는 또한 사우스캐롤라이나 주립정신병원의 수용자였으며 그는 처음에 그곳에 자신을 맡겼다가 후에 풀려 났다. Flournoy는 좀처럼 그의 머리와 수염을 깎지 않았다. 그는 사계절 내내 고무우비를 입었으며 조그마한 당나귀를 타고 주변을 돌아다녔다. 수많은 편지를 썼던 그는 평범한 일상 이야기를 너무 장황하게 반복해서 썼기 때문에 거의 이해하기가 어려웠다. 그러나 Flournoy는 단순히 괴팍한 측면만 있는 것이 아니라 조지아농학교 설립을 지원하였고 농인들을 돕기 위한 다른 조치가 있어야 한다고 주장하였다. 가장 중요한 것은 그는 공적 토론회에서 19세기 중엽의 적어도 자기 이야기가 아닌 다른 미국 농인들의 개인적인 느낌을 이론 정연하게 대변해 주곤 하였다.

1855년 Flournoy는 농인들은 "살기 어려운 열악한 환경으로 내몰리는 고통을 받아 왔다"는 사실을 폭로하는 회람을 미국과 유럽 농인들에게 보냈다. 그는 개인적인 경험을 토대로 글을 썼다. Flournoy는 몇 차례 정부의 공직에 취업하고자 노력했으나 거절당했다. 그는 독립해서 살아갈 재력이 있었고 그래서 정부 내 어떤 직위에 따른 수입은 필요 없었으나 정부 내의 그러한 직무에 따른 신분과 권한을 가지려고 했었다. 그의 회람은 다수의 청인(聽人)들은 농인들에게 높은 수준의 직업능력을 발휘할 기회를 허용하지 않았으며, 특히 정부 내의 공직에 있어서는 더욱 그러했다고 주장했다. 이러한 상황을 극복하기 위하여 그는 그렇게 정부 내의 공직을 소망했던 농사회의 회원들은 미서부 지역에서 정착할 곳을 선택해 그곳으로 이사를 가서 모든 공공업무를 책임져 나가겠다는 생각을 할 수도 있음을 암시하였다. 그는 1885년 12월 청인이며 미국농학교의 그의 전 은사 중 한 사람인 William W. Turner에게 이 생각을 말했다.[5)]

Turner 교사는 동정적이었으나 한편으로는 회의적이었다. "자네 계획은 이론적으로는 훌륭하며, 교육받은 농인들은 자치능력이 있고 그들이 살고 있는 주정부의 일을 관리할 수 있음은 의심할 여지가 없네"라고 편지해 주었다. 농인들은 "그들의 사회활동, 시민적 종교적 특권과 자기발전을 위해 그러한 사회에 보다 호의적으로 적응하게 될 것이다"라고 말을 이어 나갔다. 그러나 실제문제는 Turner 선생의 이러한 말보다 더 어려운 것 같았다.[6)]

두 가지의 분명한 어려움이 그들 앞에 놓여 졌다. 첫째, Turner는 농인들이 기존의 생활근거지를 떠난다는 것을 확신시키기가 불가능할 것이라고 주장했다. 농인들은 그들의 친구, 친척, 가정, 직업들이 현재 살고 있는 곳에 있다. 농인들은 "그들의 이러한 정서적 사물에 묶여져 있는 사랑스러운 유대를 허물어 뜨리고 싶지 않을 것" 이라고 Turner는 편지에 썼다. 둘째 문제는 아이들이었다. "자네는 미 서부지역에 만들어 질 농사회[농인의 나라]를 어떻게 지켜 나가려고 하는가?", "농부모에서 태어난 20명의 어린아이들 중 단 1명만이 농(聾)이라고 하는 사실이 정밀한 검사에 의해 밝혀졌네."라고 Tunner는 물었다. 단 유일한 해결책은 청인자녀들을 (새로 개척해 살아 가고자 하는 미 서부지역) 농인의 나라에서 청인의 나라로 강제로 이주시키는 것인데, 이것은 분명 만족스러운 일이라고 생각지 않네 라고 그는 말했다.

미국농학교 교사이자 청인목사인 William W. Turner는 John J. Flournoy에게 농인들을 위한 별개의 나라를 만들겠다는 그의 생각은 불필요하고도 비실용적이라고 충고했다.

그래서 Turner는 농인들은 태생적으로 그들이 성취할 수 있는 일에 한계가 있다는 가정 때문에 Flournoy가 비웃게 될 다른 주장을 했다.

> 자네는 맹인에게 어떤 군대의 지휘권을 준다는 것이 현명한 일이라고 생각하지 않을 걸세. 시야의 결핍은 사람의 그 직위를 즉각 박탈하게 만드네. 비슷한 이유로 자네는 농인을 그의 지적 교육적 결핍때문이 아니라 듣고 말하는 능력의 결핍으로 그가 그 자리에 적합하지 않기 때문에 의회나 주입법부에 보내지 않을 걸세 라고 Turner는 주장했다.[7]

Turner의 비판은 그 이상의 어떤 의미를 함축하고 있었다. 그는 교육을 잘 받은 농인들은 "이익과 영향력과 권위가 있는 자리에는 그 어디에도 맞지 않는다"고 청인들은 생각하고 있다는 Flournoy의 관점에 동의하지 않았다. 오히려 그와 반대로 Turner는 — 자기 자신이 청인인데 — "청인들은 오직 농인들을 향해 즐겁게 해 주려는 친절한 감정 이외에는 아무 것도 없다고 나는 믿는다"고 주장했다. "말하고 듣는 청인사회에서는 일이 당장 처리되기 때문에 직무 수행에 필요한 능력이 박탈당한 농인들이 점유하기에는 적절치 않은 사무실이나 일자리가 많이 있다고 하는 사실을 Flournoy는 받아들일 필요가 있다"고 Turner는 결론짓고 있다. Turner의 이러한 견해는 "편견이나 부정"의 결과가 아니라 단지 현실이었다.[8)]

Flournoy는 특별한 감정과 두서없는 문장과 강렬한 통찰력을 가지고 Turner에게 응답했다. "노인들은 심리적 무력이 육체적인 장애에서 온다고 아우성치나, 나는 그것은 옛날 생각이고 지금은 지식의 시대로서 그러한 생각은 타파돼야 한다고 생각합니다"라고 그는 주장했다. 지체장애인, 맹인, 농인들은 확실히 그들의 노동력이 필요할 때는 쓸모없는 존재로만 비쳐진 것이 아니었다고 그는 더욱 차분하게 주장하였다. 장애인들은(그리고 아마 그는 여자들과 소수인들도 추가했을 것인데) 그들의 힘을 필요로 할 때마다 착취당했었다는 인식에서 그(Flournoy)는 농인들은 어떤 일 자리도 지탱할 수 없었다는 Turner의 주장은 허위라고 하는 비논리적인 결론을 내렸다.[9)]

Flournoy의 주장 중 이 부분의 취약점이 무엇이든 간에 그는 중요한 견해를 나타내 보였다. 농인들은 다른 장애인들과 함께 어떤 특성을 공유하고 있다는 것을 암시하고 있었다. 이러한 깨달음 속에서 그는 그의 시대보다 훨씬 앞서 있었다. 미국 농사회는 세계 제2차 대전 이후까지도 다른 장애인들과 연대하여 시민권 쟁취를 위한 투쟁에 나설 만큼 그 지도력이 미치지 못하고 있었다. Flournoy는 장애인은 절대적인 특성을 지닌 사람들이 아니라 사회적으로 그렇게 분류되고 있다는 것을 인식할 만치 충분히 교육받은 창의적인 사람이었다. Flournoy는 만약 지배집단들이 장애인들이 필요하다면 장애인들은 쓸모 있는 사람으로 보이게 되고; 그들이 필요하지 않으면 장애인들은 능력에 한계가 있다고 할 것이라고 인식하고 있었다.

Turner의 실제적인 반대에 대한 Flournoy의 반박은 만족스럽지 못했다. 그는 농인들은 이민을 가기 위해 그들의 가정, 직업과 친구들 곁을 떠나려고 하지 않을 것이라고 하는 Turner의 주장을 단연코 부정하였다. 열쇠는 농인들은 그들이 살고 있는 주에서 그들이 가진 절대적인 능력을 인정받느냐 받지 못하느냐에 있다고 그는 주장했다. 농인들이 살아가는데 필요한 모든 사무실이 농인들 손에 의해 운영되고 농인 이외의 그 어떤 사람도 살 수가 없으며, 미국 "전역에서 보내지는 우편물이 수취인에게 전해지는" 그러한 진정한 농사회를 그는 주장했다. 아이들 문제에 관해서 아이가 없는 Flournoy는 "만약 아이들이 말을 들으면 그들을 다른 주로 가게 합시다"라고 간단히 응답했다. 심지어 청인사회에서 아이들은 그들의 부모들과 영원히 함께 머물지 않는다 라고 그는 결론지었다.

Flournoy는 대부분의 청인들은 농인들을 호의적으로 보고 있다는 Turner의 확신에 찬 주장을 부인하였다. 그는 듣지 못하는 사람들에 대한 편견을 가진 청인들을 비난하였으며, 또한 "때때로" 청인들은 농인들을 "중상모략"하여 정당한 직위를 박탈하였다고 썼다. 그는 그가 고향인 남쪽지역에서 농인들은 "청인들"에 의해 "경멸당하고 쫓겨나고 비하당하고 혐오당해 왔다"고 주장했다.[10)]

만약 Flournoy와 Turner 간의 논쟁을 이 두 개인 간의 문제로 인식된다면 그것(논쟁)은 농의 (그 심각성)을 결코 경험하지 못한 한 청인과 가장 독특하고 비참한 한 농인인 두 사람 간의 단순한 개인적인 의견 차이로 무시당할 수 있다. 그러나 중요한 것은 이 문제가 이 두 사람 간의 한정된 문제가 아니라는 데 있다. 농공화국(聾共和國)에 대한 Flournoy의 시사점은 미합중국 전역에 걸쳐 사람들의 관심을 끌게 한 19세기 중반에 이토록 중요하고도 강력한 감동을 일으키는 쟁점 현안으로 문제 제기를 일으킨 점이다. Flournoy와 Turner 간의 교환된 서신들이 미국농인연보에 출판되었을 때 그들은 농인과 청인들로부터 수많은 논평이 쏟아져 나오게 했다. 농공화국 구상에 대한 가장 무서운 비평가 중의 하나는 Edmund Booth였다.

미국농학교를 졸업한 Booth는 모교에서 짧게 교편을 잡은 후 서부로 옮겨 거기에서 그는 가장 성공적인 19세기 미국 개척자 중의 한 모형이 되었다. 변방지방의 대부분의 사람들처럼 그는 그에게 잘 맞는 사업에 정착하기 전에 몇 가지 사업에 뛰어 들었다. 그는 아이오와에서 잠시동안 농사일을 하면서 몇 가지 조그마한 정부 일자리

농사회에서 Flournoy의 가장 강력한 비평가 중 한 사람은 아이오와의 Edmund Booth였다. 성공적인 신문편집인인 Booth는 농인들은 청인들과의 연합으로부터 이익을 본다고 믿었다.

를 가졌었다. 후에 그는 캘리포니아의 금광사업에 뛰어 들었다.

그는 비록 캘리포니아 금광에서 부자가 되지는 못했으나 아이오와로 돌아가서 신문사를 사기에는 충분한 돈을 벌었으며, 그는 그의 여생을 신문사를 가지고 신문을 발행하며 살았다. 아이오와에 있는 동안 그는 주립농학교 설립을 위해 주의회에 대한 로비활동을 하였으며 한편 노예 폐지에 대한 강력한 사설을 썼다. 1880년에 그는 미국농인협회를 창립한 신시내티 회의를 주재하였다.[11)]

Flournoy와는 달리 Booth는 농인들에 대한 격리나 억압이라는 것은 느끼지 않았다. 그는 한쪽 눈이 실명인 동시에 정도가 심한 농인임에도 불구하고 청인들 속에서 쉽고 편안하게 행동하였다. 그는 또한 농인들과의 접촉도 피하지 않았다. 그는 그의 미국농학교 제자 중 한 사람인 Mary Ann Walworth와 결혼하였으며, 한 농인을 캘리포니아로 데려와 거기에서 다른 농인들과 친구가 되었으며, 아이오와로 돌아 온 후 지방뿐만 아니라 국가적 농사업(聾事業)에 있어서 적극적인 역할을 하였다.[12)] Booth는 완전하고도 행복한 이중문화(二重文化)가 살아있는 농사회의 창설에 깊은 관심을 가졌다.

그는 농공화국은 주민들의 지적 성취의 수준을 낮추게 되는 경향이 있을 것이라고 Flournoy에게 편지하였다. 단지 몇몇 농인들만이 교육을 잘 받으며; 그 나머지는 "절반만이 교육을 받거나" "문맹"이라고 주장하였다. Booth는 교육 수준이 본질적으로 이렇게 다른 이 개인들 간의 평등에 대한 요구는 "그러한 사회에 동참함을 더욱 민감하게 만들게 될 것"이라는 점을 두려워 했다. Booth는 농인들을 "그들의 청인사회 속으로 쫓아 넣는 것이 더 좋다고 믿었다. [왜냐하면] 그러한 상황 속에서 농인들은 그들의 마음을 교육적인 과정 속에 붙들어 놓게 됨으로써 강제적으로 글을 읽고 쓰게 되기 때문"이라고 하였다.[13] Booth는 농인들은 청인들 속에서 삶에 대한 문화적인 자극이 필요하다고 믿는 유일한 비평가는 아니었다. John Carlin은 비록 보다 냉소적으로 많은 일을 하였으나 Booth와 비슷한 관심을 나타냈다. 펜실베이니아농학교 졸업생이자 때로는 교사인 동시에 미술가인 Carlin은 수어에 친숙하지는 않았다. 그는 "농아" 혹은 "손짓"이라는 이름으로 추천하고 있는 Flournoy의 '농인의 나라'를 비웃었다. "공중누각"에 불과하다고 비유하면서 그는 농인들은 결코 Flournoy의 계획을 성공시키는 데 필요한 재정적 힘, 인내, 집념 혹은 근면성 등을 갖지 못할 것이라고 주장했다.

> 이 나라 전농아사회(全聾啞社會)의 10분의 9는 Flournoy의 계획이 펄럭이는 돛을 부풀리기 위한 바람을 일으킬 수 없을 것이라는 생각이 마음 속에 잉태될 것이 확실하다. 그뿐만이 아니라 그들 중 다수는 무엇이든 간에 어떤 사업 목적을 결정하는 것을 거의 찾아볼 수 없다는 사실은 잘 알려진 일이다.

더욱이 그는 미국 농인들을 모욕하는 태도를 보이면서 청인들 속에 남아 있는 편을 택하겠다고 말했다. 왜냐하면 청인들의 "우수한 영어에 대한 지식은 손짓" 으로 하는 주민들의 영구히 변치 않고 사용하는 "제스처" 보다는 나에게 훨씬 이로울 것이기 때문이다.[14]

Carlin은 극단적인 입장을 취했다. 속물적이고 실망스러운 사람인 그는 농문화는 열등하다고 말했다. 비구어(非口語)에 기초를 두고 있는 농문화는 인간의 심리를 고무시키거나 농문화를 활용하는 사람에게 과학, 예술, 문학에 있어서 위대함을 성취할 수 있도록 허락해 주지 않는다고 그는 믿었다. 그럼에도 불구하고 역설적으로 Carlin은 농부인과 결혼하여 농인들 속에서 그의 인생의 대부분을 보내면서 농인들에게 영어실력을 쌓으라고 권하고 또한 청인들처럼 성공하도록 분투 노력하라고 권하면서 끊임없이 농인들을 위해 일했다.[15] 후에 그는 농인들을 위한 고등교육기관의 설립을 주장했으며, 그 자신이 Gallaudet대학에서 최초의 명예학위를 받았다.[16] 오만불손한 Carlin과는 극히 대조적으로 인디애나의 P. H. Confer는 Flourner의 계획을 온전하게 받아들였다. Confer는 비교적 돈이 있는 농인이었지만 그는 매우 외로운 사람이었다는 것을 미국농인연대기에 보낸 그의 편지가 가리켜주고 있다. 10세 이후 농인이 되어 부모나 형제도 없는 24세가 된 독신이었던 그는 불쌍하게도 "나는 외롭다"는 글을 썼다. 그는 부모로부터 상속받은 인디애나 농장을 소유하고 있었으며, 청인들에게 경멸당하고 있다는 것을 느꼈다. "나는 모든 나의 농인 형제들이 살 수 있고 행복해 질 수 있는 곳을 원한다"라고 그의 편지글은 계속되고 있다. 이것은 소리를 듣는 청인들 속에서는 불가능하였다. 왜냐하면 그들과 같이 이야기를 할 수 없기 때문에 바보처럼 보이기 때문이었다. 농인인 다른 사람들과는 누구나 평등하며 의사소통이 쉽고 자연스러울 것이다. Confer는 심지어 농공화국의 창설을 돕기 위해 그가 가진 돈 중 5,000불을 내 놓았다. 18,000불 상당의 농장과 2,000불의 현금을 가진 부자임에도 불구하고 그는 "지금과 같은 농아의 상태로서는 행복하지 않다"[17]고 그의 글을 결론지었다. Confer는 결국 그는 그가 바라는 이상적인 농사회를 발견하지 못한 농인이었다. 그래서 그는 서부에 농공화국이 창설된다면 더 이상 외롭지 않게 되고 농(聾)에 따른 굴욕을 참고 견디지 않게 되기를 희망했다.

2. 거절

1858년 Laurent Clerc는 농공화국 문제에 대한 극단적인 의견을 피력했다. 그 기회는 미국 농인을 위해 농인에 의해 창립된 최초의 공식 조직인 '뉴잉글랜드Gallaudet농인협회' 제3차 대회였다. Clerc의 의견은 높은 관심을 끌었다. 그는 19세기 미국에서 가장 유명한 가장 존경받는 농인이었을 뿐만이 아니라 농인들이 집단으로 그들 소유의 거주지(서부의 새로운 주)로 이동함으로써 그들 스스로 다수의 청인들로부터 분리해 살 것을 제안한 최초의 사람으로 널리 알려져 있었다.

그러나 Clerc는 1858년까지 72세의 노인이 되도록 살아온 것에 비교적 만족해 하였다. 그는 코네티컷주 Hartford의 그의 양자 집에서 도시의 상류층 교회의 교인으로 개종하여 편안하게 살면서 그의 부인과 함께 청인 자녀들의 대가족을 길러 내기도 한 그런 사람이므로 Flournoy 계획에 대한 그의 응답은 놀라운 것이 아니었다. 그는 그의 젊은 시절에 가졌던 신념이 결코 잘못 이해된 것이 아니라고 말했다. 그는 농공화국에 대한 극단적인 이념은 결코 지지하지 않았다. 그는 미국농학교 역사에서 일찍이 연방정부에서 학교에 기증한 앨라배마 땅의 일부는 농인들의 "본부"로 활용될 수 있을 것이라고 했다. 농공화국의 창설은 Flournoy 계획의 장식이었기 때문에 이것이 농공화국의 창설을 의미하는 것이 아니었다고 Clerc는 주장했다.

Clerc는 Flournoy의 생각에서 많은 실질적인 어려움을 발견했다고 덧붙였다. 예를 들어 극단적인 "배타주의"는 바람직하지 않았다. 왜냐하면 아플 때나 불이 났을 경우 주변에 청인이 있는 것이 편리하기 때문이라고 그는 믿었다. 어떤 농공화국은 다른 사람들이 살고 있는 거주지로부터 멀리 떨어져 있기 때문에 이를테면 인디안 사람들이나 혹은 다른 나라 사람들과 같은 적대적인 사람들로부터 끊임없는 공격을 받을 위험성이 있을 것이라고 그는 생각했다. Clerc는 Flournoy의 계획은 "잘못된 생각의 산물"이라고 생각했고, 또한 그는 농인들이 자신들이 사람들로부터 경멸당하거나 학대받고 있다고 느끼고 있는지 토론회를 열어 보자고 요구하였다. 그들이 아니라고 대답했을 때 그는 만약 그들이 농사회에 분리되어 살고 싶은지 아니면 듣고 말하는 일반 사람들 속에 남아 섞여서 살고 싶은지에 대해 물었다. 그들은 그가 바랐던 대로 현재 상태를 선호한다고 응답하였다.[18)]

토론장에 참석했던 두 청인목사인 Thomas Hopkins Gallaudet의 아들인 Thomas Gallaudet 목사와 미국농학교에서 온 W. W. Turner 목사도 Clerc의 생각에 지지의 뜻을 덧붙여 주었다. 그들은 또한 Flournoy의 생각은 대부분의 농인들의 생각을 대표하는 것이 아니라는 것을 시사해 주었다. 농부인과 농어머니를 가진 사람의 입장에서 말하는 Gallaudet은 조지아주 사람들의 생각은 "병적 심리상태"를 나타내는 것이라고 말하였으며, 청인사회에 대한 Flournoy의 태도는 "무엇이든 간에 논리적인 근거가 없다"고 Turner는 말하였다. Turner는 앞으로는 농인과 청인 모두가 정의와 자비를 누릴 동등한 기회를 갖게 되는데 현재 세상에서 농인들의 모습이 어떻게 보여지느냐 하는 문제를 청인들과 어떤 차이 때문에 그렇다고 결정짓겠느냐 라고 단호하게 말했다.[19)]

Flournoy의 생각에 대한 가장 기록적인 반응은 부정적이었으며, 농인들에 의해 당면한 실제에 대한 그의 지각은 아마도 그의 독특한 환경에 의해 만들어진 것일 것이다. Flournoy는 그의 생애의 대부분을 남북전쟁 이전에 남부에서 살았다. 일상생활에 기초하여 그는 노예를 부리고 사는 삶으로 특징지어지고 또한 좁고 내성적이며 방위적인 농장주 계급에 의해 지배되었던 경직된 사회에 노출되어 있었다. Booth는 변방지역 아이오와의 유동적이고 평등주의적 조건에서 정부에서 일할 수 있었던 반면, Flournoy는 보다 경직된 옛 지역에서 열린 세상과 거리를 둔, 닫힌 세상에서 살았다.

그러나 Flournoy의 계획에 대한 또 다른 가능한 시원한 설명이 있었다. 미국농인연보에 편지를 쓴 사람들은 – 뉴잉글랜드 Gallaudet농아협회 회의에 참석했던 사람들이 대부분인데 – 성공한 농인들이었다. 그들은 기숙제 농학교 졸업생들이었고, 종종 탁월한 학술적 기록물을 편찬한 사람들이었다. 그들은 그들의 생각을 다른 사람들에게 전하기 위해 영어 때문에 고생을 하거나 수어에 전적으로 의존하지 않았다. 심지어 Flournoy의 가장 강력한 지지자 Confer는 열 살 때 농인이 되었으며, 그래서 아마도 그는 구어와 문어 공히 영어를 구사하는 데 편했을 것이다. 어떤 사람은 농친척이 있었으며, 그래서 그들이 필요한 일을 서로 나누는 다른 사람들과 친밀한 관계를 유지하였다. Gallaudet 농아협회 사람들과 모든 뉴잉글랜드 사람들, 그리고 미국농학교 동창생들 역시 다른 농인들과 정규적인 접촉을 갖는 혜택을 가졌다. 학교에서 그들은 비교적 잘 짜여진 뉴잉글랜드 지역에서 그들의 삶을 통해 계속되는 사회적인 유대를 형성하였다. 농인으로 태어난 사람과 교육 받지 못하고 농가정의 혜택을 받지 못하고 성장한 사람으로서 말솜씨가 덜 분명한 사람들은 거기에 없었다. Flournoy의 말에 보다 예민한 좌절감을 느끼는 그들은 Booth, Carlin 그리고 다른 미국 농계의 지식인 지도자들이 한 것과는 다르게 투표했을것이다.[20]

3. 영국의 경험

들을 수 없는 사람들을 위한 멀리 떨어져 있는 서부의 유토피아를 건설하겠다는 상상은 비단 미국사람들만의 생각이 아니었다. 19세기 후반 Flournoy의 생각과 어쩌면 유사한 계획이 영국에서 개발되었다. 그 나라는 농인들이 정착할 수 있는 개발되지 않는 공공의 땅이 없었다. 그러나 캐나다에서 넓고 큰 아직 인간이 살지 않는 땅을 확보하였다.

영국의 Manchester 농학교의 난청 졸업생 Jane Elizabeth Groom은 1880년대 초 런던의 농인들이 캐나다의 Manitoba주에 정착할 것을 제안하였다. "나는 농인들 가운데에서 대단히 많은 고통을 알고 있다", "나는 그것을 증언하는 데에는 대단한 슬픔을 느끼게 되며, 여기에서 그들을 만족스럽게 할 수 있는 일은 아무 것도 없다는 것을 확신한다"라고 그는 쓰고 있다. 이러한 요구로 인해 농인들을 위한 헌금을 요구하는 신문기사와 팜플렛이 런던 시내에 나타났다.[21] 그 중 한 팜플렛은 농인들은 그들의 모국에서의 협소한 노동시장에서 청인들과 경쟁하는 것이 불가능하기 때문에 런던에서 무서운 가난을 겪게 된다는 사실을 알렸다. 그리고 Groom은 "나는 농인과 그들 가족을 위해 여왕 폐하의 캐나다 정부당국에 의해 토지 사용권이 허가되고 그래서 그들은 가족이나 청인들에게 의존하지 않고 건강하고 밝고 유용하고 행복하게 살아갈 수 있는 기회를 가질 수 있기를 바란다"라고 하였다.[22]

중요한 점은 Groom의 호소는 Flournoy의 생각과는 다르다는 것이었다. 이 영국의 여인은 결코 농인 개인들만으로 이루어진 사회나 공화국을 기대하지 않았다. 더욱이 Flournoy는 농인들이 농인들만의 사회나 공화국으로 이주하기를 바라기 때문이라고 농인들에게 주장하는 데 반해 Groom은 청인들에게 즉, 그(Groom)의 계획을 성공시킬 재정적, 정치적 수단을 가진 청인들에게 호소하였다. Flournoy는 농인들은 그들의 운명에 대해 그들 스스로 완전히 통제해 나갈 필요성이 있다는 데 논리의 기초를 두고 있다. 반면 Groom은 사람들은 스스로 경제적으로 자립해야 하며, 농인들은 아직 인간이 살고 있지 않는 땅이거나 노동력이 부족한 작은 소도시인 멀리 떨어진 캐나다 북서부 황야 같은 청인들과의 경제적인 경쟁이 거의 없는 그런 곳에서 그렇게 할 수 있다는 일반 사람들의 감성에 그의 생각의 기초를 두고 있었다. 요컨대 Flournoy의 계획은 자부심이 강하고 교육받은 소수집단을 위한 자기 결단의 요구인데 비해 Groom의 계획은 복지를 위한 계획이었다.

Groom의 계획은 약간의 성공을 거두었으나 그가 바라던 규모는 아니었다. 1884년과 1885년에 그는 Winnipeg(역자 주: Manitoba 주의 수도이름)에 있는 캐나다 이민국에 농인집단을 데리고 갔다. 거기에서 그들 대부분은 캐나다 서부의 농장과 농촌 지역사회에 신속히 고용되었다. 이 농인 개척자들은 그렇게 해서 돈을 모아 그들 부모에게 보냈고 다른 친척들도 데려와서 그들과 합류하게 되었다.[23]

Groom의 계획에 그 역사적인 중요성을 제공해 준 것은 한편으로는 영국에서의 농인들 중 가난에 찌들고 의존적인 소수들과 다른 한편으로는 공격적이고 이론이 정연하며 논쟁적인 미국 농사회 간에 존재하는 서로 다른 대조였다. Groom이 영국의 짓밟힌 농인들을 위한 간절한 구원을 호소하고 있을 때 대조적으로 이미 미국 농인들은 그들 자신의 미국농조직(미국농인협회)을 창립하였으며 오늘의 Gallaudet대학교인 그들의 대학을 졸업하기 시작하고 있었다.

CHAPTER 7

대학

1857년까지 미국은 19개의 기숙제 농학교를 설립·운영하고 있었다. 그 대부분은 미국 대륙의 절반인 동부에 있었다. 그러나 – 모두 미시시피강 서쪽에 있는 미주리, 아이오와, 루이지애나와 텍사스 주에서도 – 역시 그들 농자녀들 교육의 필요성을 인식하고 학교를 개설하였다.[1] 어떤 면에서 학교는 각기 서로 달랐다. 취학 학생 수, 수업의 질 및 관리능력에 따라 주의 지원수준이 달랐다. 그러나 그들의 주요 교육목표 면에 있어서는 미국의 모든 농학교가 서로 닮았다.

코네티컷주 Hardford로부터 텍사스주 Austin에 이르기까지 모든 기숙제 학교의 직원들과 행정은 학생들이 졸업하자마자 즉시 사회의 일원으로서 일할 수 있는 사람으로 가르치려는 책임을 다하는 데 교육의 초점을 두고 있었다. 이러한 교육목표가 종종 잘 맞지 않을지라도 학교는 학생들이 따르는 교육과정을 만들어 학생들의 기대에 부응하려고 했다. 전형적으로 학습과업은 읽기, 쓰기, 산술 등의 "3R"을 그 기본요소로 하였다. 뉴욕, 코네티컷, 펜실베이니아의 학교들처럼 비교적 큰 학교에서는 역사, 철학, 문학과 같은 교양

교과교육이 가장 성공적인 학생들에게 유용하였으나 교육의 초점은 남학생들에게는 인쇄술, 제화기술, 목공기술, 여학생에게는 수예와 같은 직업교육에 두었다.[2)]

그리하여 19세기 중엽에 대부분의 농학생들의 능력상의 발달 가능성에는 엄격히 한계가 있었다. 그들은 전문가가 되려 하거나 중요한 사회적인 활동을 경험하려고 하지 않았다. 만약 그들이 부잣집에서 태어났거나 공부를 잘하는 재능을 타고 났거나 농학교 교사 자리를 획득하는 행운을 갖지 않았다면 대부분의 농인들은 중류계급 생활마저도 꿈꿀 수 없었다. 기껏해야 그들은 숙련노동자가 되기 위한 훈련을 받았다.

그러나 이 점에 있어서 농아 소년소녀들의 운명에 관한 특별한 것은 아무것도 없었다. 남북전쟁 전 미국 공립학교에 다녔던 노동자 계급의 자녀들은 기본교과와 직업준비 교육에 있어서 비슷하게 한계가 있었다.[3)] 부잣집에서 태어난 소수의 청인아이들은 사립학교에 다니면서 고전적인 교육을 받아 대학에 진학하였다. 그러나 그들은 소수집단에 불과했다. 19세기 후반 Morrill법(역자 주: 미국의회에서 1862년에 남북전쟁 중 대학교육 지원을 위해 만든 법으로서 모든 주에 토지를 주고 모든 주에 이 토지를 재원으로 하여 '토지대여대학(Grant Land College)'을 만들었음. 현재 대부분의 주립대학교의 전신)과 대공립대학교(大公立大學校)의 설립 및 토지 대여제도 이전 시대에는 대학은 학비가 너무 비쌌으며, 그래서 대부분의 학생들에게는 비실용적이었다. 읽기, 쓰기, 산술 그리고 아마도 역사와 같은 것을 뛰어넘은 교육은 어쨌든 농부, 가정주부, 육체노동자 또는 직공이 되려는 사람들에게는 자원의 낭비였다는 사실이 널리 공감대를 이루고 있었다. 이러한 환경이 주어져 있었기 때문에 농인을 위

1892년의 Gallaudet대학 전경

한 대학을 설립해야 하겠다는 생각이 1850년대에 갑자기 표면화되어 1860년대에 현실화되었다.

콜럼비아 농학교의 대학 학부과정이 1864년에 개설되었다. Thomas Hopkins Gallaudet을 기념하여 후에 개명된 이 대학은 — 100년 이상의 역사를 가지면서 — 세계에서 유일한 농인을 위한 대학교육 기관이 되었다.[4] 이 대학은 또한 19세기 후반과 20세기에 미국 농사회를 형성한 대부분의 남녀를 위한 최종 학교가 되었다. 비록 소수의 농인들이지만 일반적으로 부잣집 출신으로 다른 대학을 졸업했을지라도 농사회와 제휴하여 지도력을 발휘한 사람들은 Gallaudet의 경험의 산물이었다.[5]

연방정부는 Gallaudet대학의 헌장을 제정하고 재정을 지원하며 Howard대학교와의 유대를 위한 선례를 만들었다. 연방정부의 지원은 이 대학을 국립교육기관으로 만들었으며; 그리하여 Gallaudet

은 미국 전역으로부터 가장 밝고 가장 야심찬 농학생들을 끌어 모으는 데 자유로웠다. 워싱턴DC에 있는 그 대학의 Kendall Green 캠퍼스 위에서 그들은 서로서로 알게 되었고; 곧 그들은 스스로 약속된 농문화의 정예(精銳)를 만들어 나갔다. 19세기 후반 이래 Gallaudet 졸업생들은 국립 농조직을 창립·운영해 왔고, 중요한 정기간행물을 만들었으며, 대부분의 미국 농교사들을 공급하였다.

Gallaudet대학의 설립과 더불어 미국의 농인들은 다른 나라의 농인들의 처지보다 훨씬 높은 경지로 도약하게 되었다. 대학교육을 받을 만한 재능을 나타내 보인 사람들은 중등교육마저도 받을 수 있는 청인 수가 얼마 되지 않던 시대에 대학교육을 받을 수 있었다. 역설적으로, 또한 연방정부 차원의 재정지원을 받는 저렴한 학비 덕분에 많은 농아동들이 그들 가족들 중에 대학교육을 최초로 받는 사람이 되었다.

이 대담한 실험에 있어서의 Gallaudet의 성공은 농인들도 육체노동자가 돼야 할 필요가 없으며, 그들도 전문직업에 필요한 지적 능력이 있다는 것을 보여 준 것이었다.

Gallaudet대학은 미국 농사회에 보다 중요한 충격을 주었다. Gallaudet대학은 처음부터 모든 수업을 수어로 하였다. 50년이 넘도록 이 대학총장 Edward Miner Gallaudet은 그의 유명한 아버지와 농인 어머니로부터 수어를 배웠고 또한 그는 그것을 항상 존중하였다. 그 대학의 초대 부총장 Edward Allen Fay는 Gallaudet만큼 오래도록 근무하였는데, 그는 미시간 농학교 교정에서 성장하였으며 그의 아버지는 그 학교 교장이었다.[6] Fay는 또한 미국 수어에 능통했을 뿐만 아니라 수어 사용의 열렬한 옹호자였다.[7] 초창기로부터 존재한 농직원 역시 미국 농인의 언어에 대해 대학에 위임

Edward Allen Fay는 Gallaudet대학의 초대 부총장이며 약 50여 년 간에 걸쳐 미국 농인연보의 편집인이었다. 미시건 농학교 교정에서 성장한 이 청인은 농인들이 수어로 교육받을 수 있는 권리를 뒷받침하였다.

할 것을 강조하였다.[8] 19세기 후반과 20세기 초에는 구어주의 물결이 온 세상을 휩쓸어 기본적으로 대부분의 농학교를 변화시켰었는데, Gallaudet대학만은 수어의 견고하고 강력한 요새로 남았다.

1. 대학의 기원

농대학에 대한 최초의 공적 논의는 1851년 미국농인연보에서였다. 뉴욕농학교의 청인 교사였던 Jacob Van Nostrand가 바로 이 문제를 과감하게 주장했다.

> 무엇인가 이루어져야 한다. 농인의 마음속으로 지금까지 즐겨 왔던 것보다 더 넓은 지적 세계를 열어 줄 그 무엇이; 이 세상의 학자들과 현인(賢人)들 중에 그의 위치를 확보할 때까지 지식을 추구할 수 있도록 그를 격려하고 자극하는 그 무엇이 이루어져야 한다.[9]

미국농학교와 Gallaudet대학 졸업생인
John B. Hotchkiss는
1869년 대학의 최초의 농교사가 되었다.
그의 전공분야는 역사와 영어였다.

Van Nostrand는 기숙제 학교나 혹은 그들의 교육프로그램을 비판하려는 뜻이 아니었다. 오히려 그는 농인들이 그들의 발달을 위한 학습의 안정기에 도달했다고 주장했다. 그는 농학생들은 그들의 능력에 한계가 있다는 것을 깨닫고 있었기 때문에 그들 스스로 뻗어나가려고 하지 않고 또 지적 성공을 위한 최선의 노력을 기울이지 않는다고 쓰고 있다. 기숙제 학교를 마친 다음에는 더 이상의 지적 성장을 계속할 가능성이나 더 이상의 학문 추구를 위한 유인체제가 없

Amos G. Draper는
Gallaudet대학의 두 번째 교사였다.
미국농학교 졸업생인 그는 1872년
Gallaudet대학에 입학하기 전 몇 년 동안
인쇄공으로 일하였다.
그는 수학과 라틴어를 가르쳤다.

었다. 기숙제 학교에서의 학습기회의 한계는 미국 농인들은 "단순한 육체적 노동이나 고되고 단조로운 평범한 생활"에서 벗어날 수 없게 묶는 "쇠사슬"을 만든다고 그는 믿었다. 그래서 분명한 것은 "무엇이 이루어져야 하며, 어떻게 이루어져야 하느냐?"였다.[10)]

Van Nostrand는 대학창설을 추천할 만한 비전은 없었으나 그에 대단히 근접한 어떤 것을 시사해 주었다. 그는 농학교에서 언어 능력이 가장 뛰어나고 학자적 성장 가능성이 가장 높은 소수의 학생들을 선발하여 "1~2년 과정의 교육을 더 받을 수 있는 혜택을 주어야 한다"고 썼다. 이러한 교육은 전에 해 왔던 것과는 확연히 다를 것이다. 3R과 직업교육 대신에 학생들은 "정신적, 도덕적 철학, 자연사, 수학, 자연철학, 역사, 영문학 등의 교육과정을 밟게 될 것이다; 요컨대, 죽은 언어를 배제함으로써 모든 학습이 보통 고등교육 혹은 심지어 대학에서 추구하는 것이 된다."

Van Nostrand의 특별과정은 역시 이전의 학생들에게 가르쳐 왔던 것과는 다르게 가르쳐 질 것이다. 그것은 "강의와 대화식 시험"이 될 것이다. 교사와 학생들은 "구문의 원리나 혹은 [영어]단어의 삽화"를 반복 학습하는 언어학습에 그들의 시간을 소모하지 않고 "직접 손으로 문제"를 다루는 방식의 학습에 집중하게 될 것이다. 즉, 그들이 소개받은 훈련의 내용을 공부하는 데 집중하게 될 것이다. Van Nostrand가 제안한 교육프로그램은 한 측면에서 청인을 대상으로 하는 대학의 교육프로그램과 다르다. 즉, 모든 교육은 "구어 대신 수어로 이루어진다."[11)]

이 프로그램은 모든 농학생들에게 유익할 것이며, 더 나아가 이 과정에 결코 입학할 수 없는 사람들에게까지 유익할 것이라고 Van Nostrand는 믿었다. 그 효과는 교육을 통한 학문적 성취의 일반적인 수준을 끌어 올리게 될 것이다. Van Nostrand는 "한계를 고정시켜라", "아무도 통과할 수 없는, 그래서 곧 그 한계는 그 누구에 의해서도 도달될 수 없는 경지를 뛰어 넘는 한계를 고정시키라"고 주장했다. 그러나 그러한 한계를 뛰어 넘어갈 학생들의 가능성을 이끌어 내라. 그리하여 그에 따른 성취는 "모든 사람들의 야망의 대상이 될 것이다".[12] 요컨대, 만약 학생들이 기숙제 학교의 정규 프로그램의 한계를 뛰어넘는 그들의 학문적 발달을 확대할 수 있는 가능성이 있다는 것을 알게 된다면 그들은 보다 열심히 공부하여 모든 것의 일반적인 성취는 영향을 받게 될 것이다.

John Carlin이 이 의견에 동의하고 나섰다. 예술가로서 Flournoy에 대한 비평가인 동시에 교육받은 미국 농인들을 위한 논리정연한 대변인인 그는 미국농인연보 바로 다음 호에서 Van Nostrand의 주장에 응답해 주었다. 대학교육의 결핍은 "수많은 약속된 농인들의 마음을 어두컴컴한 곳으로 시들어 말라 죽게 하는 요인이 되어 왔다"고 주장했다. 더욱 나쁜 것은 이러한 개인들은 "마음 속에는 원대한 꿈을 가지고 있으면서도" 부적절한 육체노동일로 생계를 이어나가도록 강요당해 왔다.[13] Carlin은 농아동들을 초등교육과 직업교육에 제한을 둔 학교 교육과정이 그들을 노동계급의 생활로 운명지워 주었고 안락한 중류계급 농인으로의 발달을 방해했다는 것을 인정하였다. Carlin은 또한 특이하게도 Van Nostrand의 계획을 비판하였다. 그는 Van Nostrand의 계획은 너무 제한적이며, Van Nostrand가 추천한 교과목은 이를 완전히 공부해 내자면 2년 과정 이상의 시간이 필요하다고 말했다.[14] 그러나 Carlin이 Van Nostrand가 제시했던 단순히 개선된 교육과정이 아닌, 농학생의 대학설립을 위한 완전한 논리를 개발한 것은 1854년 이전의 일이었다.

예술가, 교사, 수어의 비평가이며
펜실베이니아농학교 졸업생인 John Carlin은
1850년대 미국 농대학의 설립을 주장하였다.
그는 1864년 Gallaudet대학에서
최초의 명예학위를 받았다.

미국농인연보에 다시 글을 쓴 Carlin의 "대학은 영재 농아들을 위해 절대적으로 필요한가?"라는 질문은 미국농인연보와 뉴잉글랜드Gallaudet농 협회 차기 회의의 토론주제가 되었다.[15] "말하는 청인사회에서는 우리들의 정신세계에 잘 정돈된 학자들을 내 놓는데 비해 농인들은 자랑할 만한 그들 자신의 완성된 학자가 없다"라고 그는 슬프게 주장하였다. 그 이유는 "단순히 농인들은 청인들처럼 그들의 학문적인 성취를 이루어 낼 그들 자신의 대학교, 대학, 고등학교 또는 학원이 없기 때문이라고" 그는 믿었다.[16]

Carlin은 또한 그 자신의 연구가 이 애처로운 상황이 계속되어서는 안 된다는 것을 보여 주었다고 주장하였다. Van Nostrand의 최초의 기사가 출판된 이래 그는 뉴욕농학교에서 Isaac Lewis Peet에 의해 창설된 "고급학급"에서 그리고 Hartford에 있는 미국농학교의 비슷한 학급에서 학생들에 의해 만들어 진 프로그램의 "주의 깊고 어느 한쪽으로 치우지지 않고 공평한 연구"를 해 냈다고 Carlin은 썼다. 일년반 동안에 이 특수학급 학생들은 "수사학, 천문학, 화학, 구약성서... 역사, 지리 그리고 대수" 등의 교과에서 "놀랄만한 큰 발걸음"을 내 디뎠다. 그럼에도 불구하고 이 학생들이 이루어 낸 이 일은 대학을 향한 하나의 "발자국"에 불과하며 결코 그 대체물이 아니라고 그는 계속했다.[17] Carlin은 네 가지 요지를 제시함으로써 그의 제안의 결론을 내렸다. 그는 첫째 청인을 위한 많은 대학과 종합대학교가 있으며 전자(농인)는 후자(청인)의 우수한 교육에 대해 "당연한 요구"이기 때문에 말을 배운 이후에 아인(啞人)이 된 반아인(半啞人)들[언어습득 이후의 농인들]과 장래가 촉망되는 농인들을 위한 대학을 설립하는 것은 온당한 일이라고 말했다. 그의 주장 중 두 번째 요지는 농인들의 발달 가능성을 강조하였다. Carlin은 농인들은 "그들이 하는 말의 정확성과 우아함"에 있어서 청인들과 동일하지 않을 수 있으나 그들은 일급 수준의 학자가 될 가능성이 있음을 보여 준 충분한 선례가 있다고 주장하였다. 이러한 주장을 뒷받침하기 위하여 그는 영어 언어학자이며 성경학자인 John Kitto; 프랑스 교사이며 작가인 Jean-Ferdinand Bertheir; 미국인 시인 James Nack; 그리고 저 유명한 Laurent Clerc와 같은 사람을 포함한 유명한 농인들에 대한 몇 가지 예를 들었다.[18] 이들은 모두 "결코 대학교육을 받은 바 없다"고 Carlin은 강조하였다. 국립농인대학은 농인 전문직 — "특히 토목기사, 내과의사, 외과의사, 변호사 그리고 정치가" — 을 길러내는 양성소가 될 것이고 또한 이 사람들을 "그들의 불운"과 "마음의 가난" 때문에 "격리됐던 사회"로 복귀시키게 될 것이라고 Carlin은 그의 세 번째 요지에서 주장하였다. 마지막으로 Carlin은 젊고 활기차게 성장하는 국민들의 애국심에 호소하였다. 이러한 대학은 "우리들의 축복받은 공화국을 둘러싸고 있는 영광의 무리에 신성한 광채를 보태게 될 것"이라고 그의 특유의 과장법으로 글을 썼다. Carlin은 그가 그렇게 갈망했고 주장했던 대학에서 최초의 명예학위를 받았을 때 스스로 작은 영광을 누리게 되었다. 그러나 그러한 비전이 결실을 맺게 하는 데 가장 책임있는 사람은 Edward Miner Gallaudet이었다.

2. EDWARD MINER GALLAUDET

Sophia Fowler와 Thomas Hopkins Gallaudet 부부의 여덟 명의 자녀 중 막내로 1837년에 태어난 젊은 Edward Miner는 대학을 설립할 만한 사람 같지는 않았다. 그는 실업계에 투신하여 빠르게 돈벌이를 하고 싶었다. 열네 살 때 고등학교를 졸업하고 그의 아버지가 작고하자 곧 Gallaudet은 Hartford에 있는 Phoenix은행의 서기가 되었다. 은행 서기직이 그는 싫었다. 그래서 그는 은행에서 사직한 후 Hartford에 있는 Trinity대학에 등록하였다. Trinity대학의 학생이었던 1855년 그는 미국농학교에서 교사가 되었는데 그 학교는 그의 아버지와 Laurent Clerc가 38년 전에 설립한 학교였다.[20]

그러나 Gallaudet은 역시 그 학교생활이 전적으로 행복한 것이 아니었다. 그는 "학교에서 단순히 학생들을 가르치거나 교장이 되는 것"보다 농인들을 위한 그 무엇인가를 하고 싶었다는 글을 후일 썼다. 그의 동료교사였던 Jared A. Ayres가 농아대학 설립이념에 대해 의논해 왔을 때 그는 그 가능성에 매혹되었다. 그러나 "대학설립 기금을 기부해 줄 어떤 백만장자가 발견되지 않는 한"[21] Gallaudet이나 Ayres나 공히 그러한 대학을 설립하기 위해 무엇을 어떻게 해야 할지 몰랐다. Gallaudet은 미국농학교 교사로 근무하면서도 그 생활에 만족하지 않고 끊임없이 자기 아버지와 큰 형의 뒤를 따라

중국에서 선교활동을 하겠다는 희망 속에 성직에 입문할 것을 생각하였다. 그런데 그런 생각도 돈이 없어 허물어졌으며 그래서 Gallaudet은 다시 한번 실업계에 투신할 것을 생각하였다. 1857년 봄에 그는 Hartford의 교직을 사퇴하고 시카고은행의 재정적으로 매력적인 자리를 받아들여 Hartford를 떠날 준비를 하였다.[22)]

Gallaudet은 결코 시카고로 가서 은행업무로 돌아가지 않았다. 그가 중서부로 떠나기 전에 그에게는 놀랄만한 희소식이 있었다. 그는 그의 야망을 흔들어 깨우며 Ayres와의 대학설립에 관한 대화를 상기시키는 한 통의 편지를 Amos Kendall로부터 받았다. 그리하여 이 편지를 받음과 동시에 미국 농인의 역사는 영원히 바뀌게 되었다.

Kendall은 돈 많은 워싱턴 사람으로서 박애주의자였다. 본래 그는 신문편집인이었는데 일찍이 Andrew Jackson의 정치고문이 되었다. Jackson이 1828년 대통령 선거에서 승리하였을 때 Kendall은 대통령의 사설고문단으로 알려진 대통령의 영향력 있는 "친구" 중의 한 사람이 되었다.[23)] 후에 Jackson은 그의 정선된 후계자인 Martin Van Buren의 대통령 직무영역 속의 하나인 미합중국 우정공사 총재 자리에 Kendall을 임명함으로써 그의 충성스러운 지원에 보답해 주었다.[24)]

Kendall은 정계에서 은퇴한 후 그의 친구인 Samuel F. B. Morse가 발명한 전신사업에 투자하여 재산을 모았다. 그는 농인들이나 그들의 가족들과 아무런 사전 이해관계가 없었으나 일련의 역사적인 사건들이 그를 다섯 명의 농인 고아들의 법적 보호자가 되게 하였다. 1857년 그는 콜럼비아 특별구에 그 농인 고아 다섯 명을 — 그리고 맹인 어린이들을 위한 — 학교를 설립하기로 결심하고 이를

Amos Kendall은 Gallaudet대학의 본거지인 Kendall Green(학교 부지)을 기증하고 Edward Miner Gallaudet을 콜럼비아농맹학교 교장으로 고용한 워싱턴의 돈 많은 박애주의자였다.

위해 그가 갖지 못한 전문성을 발휘할 수 있는 교장을 구했다.

Kendall은 이에 대한 조언을 받기 위해 존경스러운 뉴욕농학교 교장인 Harvey P. Peet를 찾아 갔다. Kendall은 농교육에 정통한 교사를 원했으나 특히 부양가족이 없는 사람으로서 저임금을 받고 학교 땅에 넓은 생활시설을 요구하지 않을 사람을 선택하고 싶어 했다. Peet는 Kendall에게 Gallaudet과 이야기해 보도록 추천해 주었다.[25)]

Gallaudet은 비록 교장이 되기에는 — 너무 어린 스무 살밖에 안 된 — 매우 어린 사람이었으나 Peet는 그가 그의 농인 어머니를 대동해 올 것이 틀림없을 것이라고 주장했다. Gallaudet의 어머니는 학교의 여 사감으로 봉사할 수 있었고 또한 "조언과 노력을 통해서 Gallaudet을 도울 것" 이라고 Kendall은 Gallaudet에게 말해 주었다. 19세기 중엽에 미혼의 젊은이는 기숙제 학교의 어린이들을 보호 · 감독하는 자리에 통상 적절치 못하다고 생각되었으나 Gallaudet의 어머니의 출현으로 이러한 장애를 극복하였다. 따라서 Kendall은 Gallaudet을 접촉해 보라는 Peet의 추천을 받아들이기로 결정했다.[26)]

지식이 풍부하고 영향력을 가진 사람인 Kendall은 Gallaudet을 접촉하기 전에 학교설립을 향한 중대한 발걸음을 내디뎠다. 그는 콜럼비아 특별구에 농아맹인(聾啞盲人) 교육기관을 설립하는 데 동참하도록 의회를 설득하였다. 그는 또한 "지역구에 소속된 가난한 [농맹] 학생" 1인당 연간 150달러의 예산을 배정해 주어 미국 모든 지역으로부터 오는 학생들은 그 학교가 받아들일 수 있도록 의회를 설득시켰다. 이런 방법으로 Kendall은 대학의 최종적인 성공에 달려 있는 국가적인 토대를 마련해 놓았다. 1857년 5월 14일 그는 Gallaudet이 그의 어머니의 도움을 받아 새로 설립할 학교의 교장으로 오는 가능성을 논의하기 위한 두 사람 간의 만남을 제안하는 편지를 Gallaudet에게 써 보냈다.[27)]

Gallaudet은 그 제안을 기쁘게, 그러나 조심스럽게 받아들였다. Gallaudet은 이 문제를 Ayres와 의논하였는데 두 사람은 이것이 미국농인대학을 설립하려던 이전의 꿈을 실현할 수 있는 기회가 될 수 있을 것이라는 결론을 내렸다.[28)]

Gallaudet은 5월 18일 Kendall에게 회신을 보냈다. 그러나 대

Sophia Fowler는 미국농학교에 열다섯 번째로 등록한 학생이었다. 그는 Thomas Hopkins Gallaudet과 결혼하여 1857년 그의 아들 Edward Miner Gallaudet과 Kendall Green에서 합류하여 거기에서 Kendall학교의 초대 기숙사 사감이 되었다.

Edward Miner Gallaudet은 콜럼비아농학교 교장으로 고용되고 또한 과감하게 농인대학 설립을 주장하던 때가 그의 나이 20세에 불과했다.

학에 관해서는 일체 말하지 않았다. 그 대신 그는 Kendall에게 "농인들의 마음을 격려하는... 그리하여 나의 마음 속을 따뜻하게 하는 그런 생각"을 말해 주었다. 그는 "나의 이러한 성향이 제안된 기회를 포용하여 나의 힘과 능력 한도까지 열광적으로 일하도록 나를 이끈다"고 말을 계속 했다. 그는 이에 더하여 월급, 학교의 현황 그리고 미래의 전망 등에 관하여 자세하게 물었다. Gallaudet은 그와 Kendall이 이러한 문제에 관해 의논하기 위해 뉴욕이나 Hartford에서 만날 것을 제안하면서 편지를 끝맺었다.[29)]

이 편지에 뒤따라 Kendall은 Gallaudet을 워싱턴으로 초청하였다. 거기서 그들은 서로의 의견을 나누었고, Gallaudet은 Kendall이 제안한 기숙제 학교에 더하여 대학설립 가능성을 제기하였다. Gallaudet은 후일 그 회담에 대해 이렇게 말했다.

> 나는 그[Kendall]에게 나의 대학설립 계획을 표명했으며, 만약 그(Kendall)와 그의 협력자들이 나의 이러한 계획이 이루어지도록 지원해 준다면 그들의 제안을 수용하겠다고 말했다. 그들은

나의 이 민활한 제안을 받고 그들이 기왕에 가졌던 조그마한 시골학교보다 더 큰 것을 생각하게 하는 Gallaudet의 아이디어 대해 기뻐했으며, 결국은 Gallaudet의 이러한 생각은 국가적으로 중요하고도 영향력 있는 교육기관으로 성장한다.30)

3. 대학

Gallaudet이 해야 할 최우선 과제는 튼튼한 기초 위에 기숙제 학교를 설립하는 것이었다. 이 목적을 달성하기 위하여 그는 새로 설립할 학교의 농아부 교사로 미국농학교 졸업생으로서 미시간 농학교 농교사인 James Denison을 데려 왔다. 그는 또한 능숙한 수완을 발휘하여 의회로부터 학교를 세울 기금을 끌어오기 시작했다. 그는 1858년 월급조로 일정액의 급료를 받았으며, 1860년 워싱턴 기술학교와 콜럼비아농학교로 전환된 남자고아원의 기금을 가지고 있었다. 그러는 한편 Kendall은 1859년 자기 돈으로 대형 벽돌 건물을 짓도록 설득하였다. 1862년 의회에서는 부속건물 건축을 위해 9,000불을 배정해 주었고, 메릴랜드주 정부에서는 주내 농아동을 콜럼비아농학교에 보내기로 동의해 주었다. Gallaudet은 이제 다음 단계의 일을 할 준비가 되었다.31)

그의 1862년 콜럼비아농학교의 연례보고서에서는 의회에 농학생들을 위한 대학설립을 권고하였다. 1864년 의회에서는 이에 동의하여 관련법을 통과시켰고, 동 법안은 같은 해 4월 콜럼비아농학교에서 대학졸업 학위수여를 허용하는 아브라함 링컨 대통령의 서명을 받았다. 그 후 콜럼비아농학교는 Thomas Hopkins Gallaudet

을 기념하여 Gallaudet대학이라고 개명될 때까지, 그 후 1986년 의회의 입법조치에 의해 Gallaudet대학교로 다시 개명될 때까지 불렸던 이름인 국립농아대학이라고 했던 대학 학부과정과 함께 두 개의 부(部)로 나누어져 있었다.[32] 대학의 공식 개교는 1864년 6월에 있었다. 미국 농인들의 교육수준을 향상시키는 데 노력한 두 사람인 Laurent Clerc와 John Carlin은 대학을 성공적으로 키우는 데 공헌해 온 대표적인 인물이다.[33]

그리고 그것은 성공적이었다. 1893년 Gallaudet은 지나간 29년의 노력을 만족스럽게 회상했다. 그는 "대학이 개교된 지 30년이 채 되지 못하는 기간 안에 대학은 57명의 교사, 4명의 목사, 3명의 편집인과 발행인, 15명의 정부 공무원, 국가적으로 잘 알려진 1명의 식물학자, 2명의 건축가, 1명의 시의회 의원, 1명의 화학자, 미국 서부지역에서 농학교를 설립한 3명의 학교 설립자, 2명의 대학교수, 미 연방대법원에 송치될 사건담당 변호사 1명 등을 배출했다"라고 기록하고 있다.[34] 그러나 대학이 수여한 최초의 학위는 1864년 John Carlin의 학장 취임식 때 수여한 명예문학석사 학위였다.

대학의 최초의 학위 수여식에서 한 Carlin의 기념강연에서 그는 "나는 나의 소원을 완성하고 농아대학 설립을 증명하는 이러한 특권을 누리게 해 주신 하나님께 감사드립니다"라는 말로 많은 미국 농인들이 확실히 공감하는 긍지를 나타내 보였다. 국립농아대학의 개교는 "농인역사의 밝은 신기원을 여는 것이다. 이 걸음마 걸음의 어린 대학의 탄생은 농인사회에 즐거움을 가져올 것이다"[35] 라고 그의 연설을 지켜 보는 성직자들에게 그는 말했다. 이 대학의 탄생을 가능한 한 유연하게 하기 위해 Gallaudet은 장차 대학이 의존하게 될 학생, 교직원을 모집하고 교육과정을 만들기 위해 신속

George T. Dougherty는 성공적인 Gallaudet 학생의 한 사례였다. 과학학사학위를 받고 졸업한 그는 St. Louis에 있는 워싱턴대학교에서 화학공부를 계속하여 1885년 Gallaudet대학에서 과학석사 학위를 수여받았다. Dougherty는 미국농인협회의 부회장으로 근무했으며, 시카고의 Pas-a-Pas농인클럽 총재를 두 차례 연임했다.

하게 움직였다.

1864년 가을까지 Gallaudet은 대학의 개교 준비를 완료하였다. 개교 첫 해 말까지 4개 다른 주로부터 온 대학생이 다섯 명이었고 전임교수 요원은 3명이었다. 미국농학교 교장으로 퇴직한 William W. Turner와 전 다트머트대학 교수였던 James W. patterson이라는 두 사람과 뉴햄프셔주 의원이었던 사람 등 세 사람은 시간강사 요원으로 채용되었다. Patterson은 수어를 할 수 없어서 특수한 문제를 제기했는데, Gallaudet이 이를 해결하였다. Patterson의 강의는 "통역인에 의해서 수어로 통역될 것이다. 그가 말하는 것과 동시에 이루어지는 이 번역은 동시에 그들 간에 충돌하거나 그들을 방해하지 않는다"라고 Gallaudet은 기록하고 있다.[36] 그래서 Gallaudet은 대학의 교육적 노력을 돕기 위해 필요할 때는 통역을 사용하는 전통을 세웠다. Gallaudet은 또한 예비과정을 만들었다. 그의 1865년 연례보고서에는 이 과정이 세 가지 요인 때문에 필요하다고 설명하고 있다. 첫째, 그는 "듣고 말하기를 위해 공부하는 비슷한 학교들에서 채택하고 있는 과정과 완전히 형평"[37]을 이루기 위한 국립농아대학의 교육과정을 원했다. 둘째, 그는 이 Gallaudet대학에서 "대학교육"을 받을만한 준비가 이루어지지 않은 학생의 입학을 원하지 않았다. 그러나 그는 대부분의 농학교들이 장차 대학교육을 받기에 적합한 학생들에게 적합한 교육을 집중적으로 실시하는 고등교육 과정을 가지고 있지 않은 것으로 알고 있었다. 기숙제 학교들은 학문적인 성취보다 직업훈련을 시키는 데에 그들의 자원을 집중시켰으며, "졸업에 필요한 일정한 기준이 없었다"고 그는 말한다. 그래서 대부분의 주립농학교 졸업생들은 그들이 얼마나 총명한가와는 관계없이 대학수준의 공부를 시작하는 데 필요한 지적 배경을 가지지 못했다. 마지막으로 그는 대학 예비과정이 있는 몇몇 학교 출신 학생들에게만 제한하는 것이 아니고 "어떤 농학교 졸업생이든 가치가 있고 지적인 사람"은 모두 입학할 수 있도록 대학의 문호를 개방하기를 원했다. 그럼으로 대학은 재능 있는 학생들에게 엄격한 대학교육에 그들 스스로를 적응시키는 데 필요한 치료적인 예비교육을 떠맡아 수행하게 되었다. "이러한 학생들은" "대학 교수요원들에 의해 전적으로 교육받게 되며, 우리들의 목적은 신입생 과정에의 입학허가를 받기 위해 실천할 수 있는 것을 가급적 빠르게 준비시켜 주게 될 것이다"[38]라고 Gallaudet은 기록하고 있다.

그러나 이러한 Gallaudet의 입학허가는 쉽게 얻어지지 않았다. 왜냐하면 국립농아대학을 훌륭한 고등교육기관으로 만들기 위한 Gallaudet의 의지는 단호했기 때문이다. 입학 지원자들은 그들이 졸업한 학교장의 추천을 받아야만 했다. Gallaudet은 19세기 동안에 있었던 모든 입학원서를 직접 검토하고 결정하였다. 원서접수에 통과된 학생들에게는 일련의 입학시험이 치러졌다. 시험교과영역은 산술, 이차방정식이 포함된 대수학, 영문법, 고대 및 현대

1870년대까지 단정한 몸차림의 Edward Miner Gallaudet은 미국 농인들을 위한 숙련된 변호인이며 현저히 성공적인 대학학장이며 Gallaudet대학을 위해 정규적으로 의회의 지원을 얻어낸 학장이 되었다.

사, 지리, 생리학, 철학 그리고 "라틴어 구문의 원리", 특히 라틴어의 원리 및 구문론 등이었다.[39)]

입학허가권을 획득한 학생들은 그들의 기숙사비로 연간 150달러를 납부해야 했다. 그러나 Gallaudet은 많은 학생들이 이 돈을 지불할 수단이 없어 학교가 시작되면서부터 학교는 욕망과 능력이 있는 모든 농학생들을 돈이 아닌 대학 공부를 추구할 수 있도록 지원할 방법을 찾으려고 노력했다.

예비과정의 개시와 대학의 풍부한 재정적인 원조는 미국 농사회의 광범위한 영역에 걸쳐 유용한 고등교육을 만들어 내기 위한 Gallaudet대학의 공약을 의미했다. 그가 세운 대학은 대학의 예비과정을 제공하는 자원들을 가진 몇몇 기숙제 학교에 다녔던 학생들에게 대학교육을 제한하려는 것도 아니며, 대학의 기숙사비, 식비, 수업료 등의 비용을 부담할 수 있는 부잣집 출신 학생들에게만 입학을 허가하려는 것도 아니다. 학생들을 받아들이는 기본적인 기준은 학생의 능력과 욕구이지 입학 전 학력이나 재정적인 수단이 아니었다.

펜실베이니아의 Agatha Tiegel은 Gallaudet대학의 제1회 졸업생 중의 한 사람이었다. 그는 1893년 미네소타농학교의 교사가 되었고, 거기에서 그의 미래의 남편 Olf Hanson을 만났다.

그러나 한편 국립농아대학은 평등주의는 아니었다. 처음에는 네 명의 여학생을 예비과정에 받아들인 후 22년 동안 Gallaudet은 더 이상 여학생의 수용을 거절하였다.

그러나 결국 1886년 그는 젊은 여자농인들의 요구를 받아들였으며, 그래서 여자농인들은 비록 최초로 실험적이지만 그들의 입학이 받아들여 졌다.[40] 19세기말 이전에 미국 농인들은 대학교육을 받고 있는 밝고 원기 왕성한 남녀 청년학생들을 가짐으로써 과거 그 어느 때보다 미국 농사회를 강력하고 탄력성 있게 만들고 발전시킬 가능성이 있는 특별히 튼튼한 위치에 놓여 있었다.

CHAPTER 8

조직활동

19세기에 미국 농인들은 기숙제 학교와 도시 센터에 모임으로써 사람들이 당황스러우리만치 조직의 대열을 만들어 나가기 시작했다. 그 첫 번째가 뉴잉글랜드Gallaudet농인협회였는데 이것은 1854년에 정식으로 조직되었고, 그 후 125년 동안 12개 이상의 농조직(聾組織)이 만들어졌다. 그 중 보다 유명한 것들은 미국농인협회, 주(州)농인협회, 기숙제 학교와 Gallaudet대학 동창회, 미국농우협회, 미국농인체육회, 미국유대인농인의회, 미국농인전문직협회들이다. 여기에 더하여 대부분의 미국의 큰 도시에 있는 농인들은 오로지 그들만을 위한 문학협회, 종교협회, 체육협회들을 창립하였다. 심지어 중 · 소 도시까지 농인사교클럽이 개설되었으며, 이리하여 농인들은 그들의 직업이나 취미와 관련된 조직에 함께 모였다.[1)]

미국의 농조직이 동시다발적으로 사방에 생겨나고 있다. 그러나 보다 더 중요한 것은 — 농조직의 특이성 때문에 — 이들이 농인을 위한 집단이라기보다는 농인들의 집단이 되어 왔다는 사실이다. 미국에서 농인들은 그들 자신의 협회를 만들었고 기금을 만들어 조

20세기 초까지 미국의 많은 대도시에는 여기 1910년의 사진 상의 Brooklyn Guild와 같은 농조직이 하나 또는 그 이상 있었다.

직을 운영했다. 이러한 점에서 미국 농인들의 경험은 다른 나라 농인들의 경험과는 극적으로 대조된다. 왜냐하면 다른 나라의 대부분의 농사회는 역사적으로 볼 때 농인들을 위해 청인들이 창립했기 때문이다. 외국 농조직에 대한 가부장적인 온정주의는 종종 그들의 선의의 행정가들과 기본적인 초점은 청인들의 농인들에 대한 기대와 필요성에 놓여 있었다는 것을 의미했다.

그와는 달리 미국의 농조직들은 종종 그 대부분이 농인 회원들의 자각적인 필요에서 직접적으로 성장해 왔다. 이러한 농조직 중 으뜸가는 것은 비슷한 의사소통 방법, 문화적 가치와 경험들을 나누는 사람들과의 결합이었다. 다른 필요사항은 보다 구체적이었다. 예를 들면 미국농우협회는 기본적으로 보험회사였다. 한 남성 농인단체는 청인들이 운영하는 생명보험회사들이 농 고객들은 —

미국농인협회가 된 조직의 제1회 전국대회.

기적소리나 혹은 자동차 경적소리와 같은 청각경보장치에 응답하려고 하지 않는 — 너무 많은 위험을 나타내면서도 이에 대비한 보험에 들기는 거절한다고 믿고 있던 1907년에 공식적으로 보험회사를 만들었다.[2)]

가끔 한 가지 목적을 가지고 설립된 조직들이 결과적으로는 여러 가지 많은 기능을 하게 되었다. 세계에서 가장 오래되고 가장 강력한 힘을 가진 전국농인집단인 미국농인협회가 바로 그 좋은 예다. 1880년 오하이오주 신시내티에서 매우 엉성하게 첫 모임을 갖고 조직된 이 단체는 영구적인 사무실, 정규보수를 받는 집행부 사람들, 수백만 달러의 예산을 가지고 국가적 및 국제적인 농인들의 중요문제들에 대한 광범위한 영향력을 행사하는 대 의회교섭 및 소비자 권익을 위한 조직이 될 만치 성장하였다. 그럼에도 불구하고 미국농인협회는 농인들 스스로 시작해서 백 년이 넘도록 농인들 스스로 운영하는 조직으로 남아있다. 오늘날 이 조직은 농인들 상호 간에 협동하고 공통된 이익을 이해하고 이를 위해 활동하기 위해 농인들을 함께 끌어 모음으로써 회원들을 위한 봉사를 계속 하고 있다.[3)]

1. 뉴잉글랜드Gallaudet농인협회

Thomas Hopkins Gallaudet을 위해 이름지어진 뉴잉글랜드 Gallaudet농인협회는 비슷한 단체들인 다른 협회들이 뒤따르게 되는 선례들을 만들었다. 그것은 1853년 미국농학교 동창생들의 모임으로부터 비공식적으로 단체활동이 시작되었다. 1854년 이 학교 동창회원들은 "우리 농인들의 지적, 사회적, 도덕적, 시대적, 정신적 복지를 증진하기 위하여 협회를 만드는 것이 바람직하다"고 보고 미국 농인들을 위한 농인들에 의한 최초의 농인조직 규정을 만들어 승인하였다.[4)]

이 규정에는 회원들의 가입과 탈퇴에 대한 원칙이 기술되어 있다. 남녀 공히 회원으로 가입할 수 있다. 남자는 연간 1달러 또는 평생회원으로서는 10달러의 회비를 납부해야 하며; 여자들은 (수입이 있을 경우) 그 수입이 남자들 수입보다 적은 사람은 연간 50센트나 평생회비로서는 10달러를 납부해야 한다. 규정에서의 대부분의 용어는 "아인(啞人, 농인)"들로, 즉 말을 할 수 없거나 하지 않는 사람으로 회원들을 배려하고 있었다. 그러나 회원의 자격문제를 다루고 있는 조항 2에는 "오직 농인이거나 어떤 다른 아인(啞人, 농인) 단체에 가입한 적이 없는 사람"은 소정의 회비만 납부하면 조직에 참가할 자격이 있다고 명백히 서술되어 있다. 청인들은 정기구독

료를 납부함으로써 조직의 간행물에 그 명단이 등재될 수는 있었으나 회원 자격에서는 제외되었다.[5)]

"말을 못하는 아(啞)"와 "단지 듣지 못하는 농(聾)"을 규정상으로 차별한다는 것은 오늘날의 관점으로 본다면 시대착오적인 것으로 보인다. 그러나 19세기 중엽에는 중요한 차별을 하고 있었다. 그 당시 미국에서는 대부분의 농인들이 기숙제 학교에서 언어훈련을 받지 못했다. 유아기나 아주 어렸을 때 심한 청각장애가 된 사람들은 분명한 말을 만들어 내는 것이 불가능한 것으로 추정되었다. 이러한 농인들에게 언어의 결핍은 그들의 정체성을 나타내는 중요한 특징이며 또 그들은 그들 자신을 "아(啞)"라고 스스럼없이 불렀다. 그들은 이 용어 때문에 그들의 가치가 손상될 일은 전혀 없다고 보고 그런 말을 자랑스럽게 사용했다. 예를 들어 Laurent Clerc는 한번도 이에 대한 말을 한 적이 없으며, 오히려 다른 농인들 중에서나 청인들 중에서 공히 훌륭하게 교육받고 널리 존경받는 사람으로 여겨지고 있었다. "단순히 농(聾, 못 듣는다고 하는 이유)"만 있는 어떤 사람들은 그들이 청년기나 또는 성인이 된 후에 청력을 잃었기 때문에 청인들이 능히 알아 들을 수 있는 말을 기억하고 사용한다는 사실을 지적하고 있다. 농사회 안에서, 그리고 농인들과 일했던 교사나 목사들 중에는 잘 들을 수는 없으나 말은 알아듣기 쉽게 할 수 있는 사람들을 "반아(半啞)"라고 불렀다.

그러나 뉴잉글랜드Gallaudet농인협회는 이러한 구별을 강조하고 싶어 하지 않았다. 조직의 새로움과 결과적인 취약성을 깨달음으로써 협회의 창립자들은 말을 들을 수 없는 모든 사람들을 회원에 포함시키고자 하였다. 어떤 사람이 전에는 말을 들었거나 혹은 농학교에 결코 다닌 적이 없었다고 해서 그를 회원에서 제외시키지 않았다. 청인들이 하기 쉬운 구별에 의해서 분리되지 않고 농인과 청인들이 조화 속에서 활동하는 것이 모든 농인들에게 이익이 된다는 사실을 협회는 깨달았다. 농이라는 사실만으로도 19세기 중엽에는 농사회 안에서 그 사람의 정체성을 확인하는 특성으로써 충분하였다. 농인으로 태어난 사람, 젊었을 때 청력을 잃는 사람, "반아(半啞)", 그리고 심지어 "반농(半聾)"으로 불리는 사람 — 오늘날 "난청인(難聽人)" — 모두 농사회에서 환영하였다.

청인들은 비록 농인협회 회원에서 제외되어 회의에서 투표권이 허락되지 않았어도 Gallaudet협회 활동에서는 동참할 수 있도록 허락되고 있었다. 1857년 뉴햄프셔주 Concord에서 개최된 제1회 정기총회 때에는 몇 명의 청인도 참가했었다. 동 총회에서의 주요"기조연설"은 Laurent Clerc, 감독목사인 Thomas Gallaudet에 의해 수어로 이루어졌으며 참석한 청인들을 위해 Thomas Hopkins Gallaudet의 아들이 통역으로 봉사하였다.[6] 이후 구어로 번역되는 수어에 유창한 청인들이 동참하는 이와 유사한 회의가 뒤따라 개최되었다.

Gallaudet협회의 최초 몇 차례의 회의에서 다루어진 주요 논제는 출판에 관한 것이었다. 조직이 신문이나 정기간행물을 뜻하는 "협회지"를 발간할 것을 규정으로 정하였다. 몇몇 농인들은 미국농인연보를 읽었다. 그러나 1859년 Gallaudet이사회에서 지적한 바와 같이 미국농인연보는 대부분의 농인에게 보다는 "교사들의 이익과 활용에 보다 더 적합하였다".[7] Gallaudet협회 회원들은 오로지 미래의 농조직의 독립적인 대변지로서 그들의 특수한 관심사를 반영해 줄 정기간행물을 출판하여 읽기를 원했다. 연보가 주로 농교육에 관심 갖는 반면 성인 농인들은 정기간행물에 의해 도움을 받을 수 있기보다 훨씬 더 광범위한 관심을 가졌다.

결과는 'Gallaudet의 안내자요 농인의 동반자'였다. 1860년 1월에 시작된 월간 '농인의 동반자'는 신문발행의 경험이 있는 William Martin Chamberlain이라는 농인에 의해 편집되어 보스턴에서 출판되었다.[8] 그것은 겨우 5년 간 발행되었는데, '농인의 동반자'는 농인들 스스로 독자적으로 간행물을 창간하여 출판하고 시판한 여러 가지 시도 중 최초의 것으로 기록되고 있다. 간행물 출판을 후원한 조직처럼 '농인의 동반자'는 농인들의 자각이 발달하고 있다는 데 대한 인식이며, 또한 미국 농인들이 청인들과 다르다는 사실과 그들 자신의 노력을 통해 가장 훌륭한 이익을 갖게 된다는 사실의 실현이었다.

2. 주(州) 단위의 조직활동

뉴잉글랜드Gallaudet농인협회는 코네티컷, 메사추세츠, 로드아일랜드, 뉴햄프셔, 버몬트 그리고 메인에서 온 사람들을 끌어 모은 지역성을 띤 조직이었다.[9] 이들 주의 농시민들은 코네티컷주 Hartford에 있는 같은 기숙제 학교인 미국농학교를 여러해 동안 공유하고 있었다. 그래서 그들이 주간(州間) 경계를 가로지르는 하나의 조직에 함께 모이는 것은 자연스러운 일이었다. 그러나 보다 더 공통적인 것은 멀리 떨어진 사람들끼리 만나기 위한 여행의 어려움과 경비, 다른 주의 농인들과의 사회적인 유대의 결핍, 기숙제 농학교들이 거의 독점적으로 한 주의 주민들을 위한 역할만 하는 경향성 등은 성공적인 농조직들은 지역성을 띠게 되거나 아니면 대부분의 주마다 하나씩 존재했었다는 것을 의미하고 있었다. 주 전역에 걸친 농조직 중 가장 최초에 만들어진 것은 Empire State(뉴욕州)농인협회였다.

8년 간이나 뉴욕농인협회 회장을 지낸 Henry Rider는 1877년 농인들이 농인집회에 모이는 절대적인 이유에 대해 말하였다. 가슴 깊이 느끼는 농인들의 사회적인 결핍을 묘사하면서 그는 2년마다 한번씩 하는 주립농인협회 총회는 "대사막의 오아시스가 굶주린 여행자의 것인 것처럼 우리 농인들의 것"이라고 말했다. Rider는 캐나다 국경 근처인 주의 북동쪽으로 멀리 떨어져 있는 조그마한 도시인 뉴욕주 Malone에 살고 있었는데, 그들 주의 농인협회가 개최하는 대회로 인해서 보다 작은 시골 농인들의 "지루하고 단조로운" 삶이 활력을 되찾게 된다고 그는 잘 묘사해 주었다. 그는 인디아나의 농부 P. F. Confer처럼 몇몇 사람들과 같이 인기 있는 Flournoy의 농복지(聾福祉)계획을 만든 고립과 고독에 대한 감정을 강조하였다. Rider는 또한 의사소통의 어려움때문에 농인들을 청인들로부터 부분적으로 격리시키게 되면, 그것이 곧 청인들로 하여금 "한 계층으로서의 농인"들에 대한 동정심의 결핍을 가져 오게 되는 원인이 된다고 믿었다. 그러나 그들끼리의 모임인 이러한 대회에서 농인들은 그들의 불만을 터트리고 그들의 당면문제와 차별에 대해 마음이 맞는 친구들과 토론할 수 있었다.

농인들은 비록 고립과 고독감을 느끼지 않는다고 하더라도 그들은 여하튼 함께 모이게 될 것이라고 Rider는 믿었다. 그는 농인들은 그가 "공동사회"라고 부르는 농인들 고유의 집단사회 속에서 형성된 청인집단과 다른 집단이며 문화적 실체라고 그는 생각했다. 그의 말과 같이 농인들은 "[그들] 특유의 속성을 위하여 자연적이고 지배적인 기호를 가지고 있다"고 그는 생각했다.

농인들의 협회를 지향하는 자연적인 경향은 주립 기숙제 학교제도에 의해 고무되고 있다는 사실을 Rider는 흔쾌히 인정하였다.

실제로 그는 학교 경험의 중요성을 강조하였다. 학교 기숙사 생활을 하고 있는 학생들 상호 간의 일반적인 정서는 학창시절에 서로 돈독해 지고 졸업한 이후 그들의 생활 속에까지 스며들고 있다고 Rider는 말하였다. 기숙사 생활의 경험은 "비록 서로 만나 즐길 수 있는 친구들과의 사교기간이 매우 짧을 지라도 서로 만나고 싶은 그리운 마음과 참을 수 없는 충동이 마음 속에서 일어난다"고 Rider는 보다 강한 어조로 말을 계속했다.[10]

역설적으로, 19세기 후반에 농인들은 지나치게 배타적으로 되어가고 있었고 또한 너무 자주 근친결혼을 하고 있다고 믿는 청인들은 Rider가 말한 것을 틀림없이 실천하기 위한 기숙제 학교제도를 공격하게 될 것이다.[11]

3. 미국농인협회

미국농인협회는 장애인들에 의해 창립된 전국 규모의 조직 중 가장 오래된 조직이다. 첫 번째 84년의 존속기간 중에는 청인들을 회원으로 받아들이기는 했지만 농인들만 회원으로 수용하였으며, 농인들은 협회의 관리 속에서 굳건하게 살아남아 왔다.[12] 미국농인협회가 창립되던 제1회 대회는 농인들에게 위험한 시기였던 1880년 8월 오하이오주 신시내티에서 개최되었다.[13]

1880년 농인들은 두 가지의 도전에 직면하였다. 하나는 미합중국이 농촌의 농경사회에서 도시화된 산업국가로의 전환이었다. 국가형태의 변화는 농인들로 하여금 새롭게 만들어지고 있는 세상살이를 위해 직업으로나 사회적으로 준비를 갖출 수 없게 하였다. 또 다른 하나의 도전은 농아동들을 가르치는 전통적인 방법에 대한 결정적인 타격이었다. Alexander Graham Bell, 많은 농아동들의 부모들 그리고 그 세력이 커져 가고 있는 청인교사 집단들은 수어의 기숙제 학교 체제가 농인들과 미국 사회에 해로운 영향을 미친다고 주장하면서 수어와 기숙제 학교를 공격하기 시작하고 있었다. 요컨데, 미국 농사회의 제1세대들에게 알려진 조건은 소멸되어 가고 있었다.

최소한도 이러한 사실에 대한 최소한의 직관적인 각성과 농인들이 보다 넓고 넓은 지역으로 흩어지고 있다는 것을 알면서 몇 명의 농인들은 전국적인 농인대회의 필요성을 생각하게 되었다. 전국에서 22개 주의 농인 대표들이 참석하여 3일 간 열린 전국 규모의 농인대회에서는 존경받는 70세가 된 Edmund Booth가 최초의 의장이 되어 진행했으며 모든 미국 농인들에게 중요한 현안문제들이 논의되었고 또한 미국농인협회가 창립되었다.[14] 대회의 목적과 약속은 뉴욕의 맨하탄 농인문학협회에서 온 두 대표 중 하나인 Theodore A. Froehlich에 의해 명백하게 발표되었다. Froehlich는 농인들이 교육을 받게 되고 사회적, 교육적 문제에 있어서 서로 간에 상호작용을 하기 시작함으로써 미국의 주류사회에서 벗어난 나머지 사회 사람들과 별개의 정체성이 확실한 집단인 하나의 계급이 되어 가고 있다고 하는 본질적인 문제를 이해했다. 내가 이 "대회의 목적을 이해하는 한" "이 대회는 미국의 서로 다른 지역에 있는 농인들을 서로 가까이 접촉할 수 있도록 불러 모으며 그들 스스로에 의해서 하나의 계급으로서 농인들의 필요 위에서 협의하는 것"이라고 그는 기록을 남겼다.[15]

농인들은 미국농인협회를 창립하였을 때 그들 자신을 하나의 계층으로 특징짓고 있었을 뿐만 아니라 그들 자신의 운명을 통제할 필요성을 주장하고 있었다. Florehlich는 농인들은 "[그들의] 문제를 지적으로 다룰 수 있는 능력을 획득해야 한다"고 썼으며, 또한 그는 공동협회는 이러한 목적을 위한 최선의 수단을 마련해 준다고 믿었다. 미국농인협회의 후원 속에서 이루어진 그의 연설 역시 하나의 목적은 "모든 농인들로 하여금 그들의 생애 중에 만나게 되는 직업이면 무슨 직업이든 그 직업 속에 뛰어들 수 있는 능력을 갖추어 주는 것이 되어야 한다"고 주장하였다. 이러한 목표는 또한 "많은 농인협회를 만들고 키워 나감으로써 가장 훌륭하게 달성될 수 있다"고 Florehlich는 믿었다.[16)]

미국농인협회의 창립은 압박과 변화의 국면에서 농사회에 의한 변화의 전환점을 점치게 하였다. 농인들은 그들의 최고의 이익에 대한 적의를 나타내는 환경과 맞서는 데 필요한 지도성과 힘을 기르기 위해 그들 스스로를 돌아 보았다. 아이오와의 Booth, 뉴욕의 Edwin Hodgson 그리고 오하이오의 Robert McGregor와 같은 그들의 지도자들은 권력은 조직과 개체에 의존한다고 이해하였다. 교육받은 농인들의 숫자는 기숙제 학교의 확산과 국립농아대학의 개교로 착실하게 증가하나, 그들을 공통된 목표를 위해 단결시켜 주는 국가적 조직체가 없어 그들은 넓고 넓은 미국 땅 전역으로 흩어지고 고립되게 되었다. 실제로는 농인들의 지방조직이 그들의 일상생활에 필요한 일과보다 긴밀한 관련성을 맺고 있지만 미국농인협회는 국가조직으로서의 소임을 다해 왔다.

4. 농인연맹

미국농인협회, 뉴잉글랜드Gallaudet협회 그리고 수많은 주립 농인협회들은 모두 미국 농사회의 장기적인 안정과 결속에 중요했다. 그러나 보다 큰 도시들에서는 지방조직이 더 인기 있었다. 그들은 19세기 말에 미국으로 쏟아져 들어오는 농인들에게 집단 거주지를 마련해 준 소속감과 동료의식을 농인들에게 제공해 주었다. 미국 도시에 사는 농인들은 종종 육체적으로나 언어에 있어서 그들의 가족과 떨어져 있었다. 농인들은 그들의 청인 이웃과 동료 노동자들로부터 고립되어 있었기 때문에 결혼할 가능성이 있는 배우자를 찾거나 함께 운동을 하거나 지적 추구를 하기 위하여, 또는 보편적인 박애적, 종교적인 봉사에 동참하기 위하여 그들 서로간의 사회적인 상호작용을 모색하였다. 문서로 잘 정리되어 있는 19세기 말 농인사교클럽 중의 하나는 뉴욕농인연맹이었는데, 이는 1886년에 창립되었다.

그 연맹은 표면적으로는 가장 유별난 농인클럽처럼 보였다. 그 연맹의 회원들은 교육방법이 선진화된 농학교 졸업생들이었는데 뉴욕시에 위치하고 있었기 때문에 보통 Lexington가(街) 학교라고 불렀다. 즉, Lexington가(街) 학교는 순수한 구화학교였으며 수업시간에 수어나 지문자를 사용하지 않았다. 미국에서 최초로 설립된 그 학교는 오스트리아에서 이민 온 Bernard Engelsmann에 의해서 설립되었는데, 그는 1864년 미국으로 이민 오기 전에 이미 Vienna에 있는 유대인 학교에서 농학생들을 가르친 경험이 있었다. 그 학교는 1867년 3월 1일 개교되었는데, 1869년에 학부모단체와 후원자들이 합동하여 사적 자선단체를 만들어 학교를 도왔다. 1년 후 뉴욕주 의회에서 존경하는 Isaac Lewis Peet 교장이 이끄는 뉴욕농학교와 같은 기초 위에서 이 학교를 지원하기로 동의해 주었다.[17)]

대부분의 미국 농인들과 달리 Lexington가(街) 학교 졸업생들은 그들 스스로 말과 독순술을 선호하여 수어와 지문자를 버린 구어주의 농인들이었다. 그들이 조직한 클럽은 그들의 유별난 모습을 드러내 보였으며 미국에서 가장 오래된 구화학교 동창회원으로서의 그 자격을 제한하였다. 그러나 그 밖의 모든 다른 면에 있어서 농인연맹은 전형적인 하나의 농인클럽이었다.

그것은 1886년 1월 3일 대단히 소박하게 시작되었다. 4명의 Lexington가(街) 학교 졸업생들은 모두 남자들이었고(그래서 남자클럽이었고 또한 남자클럽으로 존속하려고 했었기 때문에) 이들은 어느 한 졸업생의 집 거실에서 만나 Lexington가(街) 학교 동창회를 창립하기로 결정했었다. 1주일 후 그들은 정관과 내규를 만들었고 그들 자신을 모두 운영자로 선출하였다. 1년 안에 몇몇의 농인들이 더 동참하였다. 처음 네 사람이 회동했던 응접실은 더 커진 집단이 회동하여 일하기에는 이제 너무 그 공간이 작았다. 그래서 그들은 1915년 Madison가(街)로 이사를 하였는데, 이곳은 새로운 회원 중 한 사람인 Arthur Bachrach의 돈 많은 아버지인 David Bachrach네 집 당구장이었다. 새로운 환경과 늘어난 회원을 가지게 된 조직은 기존의 정관과 내규가 적절치 않다는 것을 깨닫고 클럽이 필요로 하는 새로운 기능을 수행하기 위한 위원회를 설치하는 새로운 규정으로 바꾸었다. 1887년 4월 17일 이 조직은 농인연맹이라는 이름을 공식적으로 제정하였다.

연맹에서는 회원들의 지적 사회적 삶의 질을 높여 주기 위해서 여러 가지 다양한 활동을 신속히 전개하였다. 토론과 강의를 위한 위원회에서는 한 달에 두 번 개최되는 정규회의에서 독서물과 토론을 주선하였다. 연맹에서는 1888년 가을에 제1회 무도회를 개최하였는데, 이는 뉴욕의 Wappinger's Falls라는 곳에 있는 늙고 허약한 농인들을 위한 Gallaudet관을 짓기 위해 200달러의 헌금 수입을 올린 공식행사였다. 조직의 창립을 기념하기 위한 연례 축하연이 1889년 1월 3일에 개최되었다.[18] 같은 해 이 연맹에서는 오늘날 Gallaudet대학교 교정 앞을 아름답게 장식하고 있는 Thomas Hopkins Gallaudet과 Alice Cogswell의 동상을 건립하기 위한 기금 모금을 도왔으며, 워싱턴에 있었던 미국농인협회 대회에 대표자를 파견하였으며, 그리하여 7월 26일 워싱턴에 이들의 동상이 봉납되었다.[19] 1900년에 이르자 동 클럽에서는 회원의 한 사람인 Francis Nuboer를 파리에서 개최되는 국제농인대회에 파견할 수 있을 만치 재정이 튼튼해 졌다. Nuboer가 귀국하자 동 연맹에서는 5번가에 있는 상류층 Martinelli에서 연회를 베풀었다.

연맹은 회원수와 활동이 늘어나자 새로운 장소를 구했다. Bachrach의 당구장에서 Lexington가(街) 학교 공연실로 옮겼다가 그 후 다시 67번가에 있는 중앙오페라하우스로 옮겼다. 이곳에서 이 연맹은 젊은 사람들이 정식으로 모여 사교활동을 할 수 있는 보다 적절한 장소를 만들어 주기 위해 가구와 집기 등을 비치하였다. 오페라하우스가 쇠망할 때 동 연맹에서는 — 재정적으로 보다 안전했기 때문에 — 브로드웨이에 있는 건물 전체층을 연간 500달러에 임대할 수가 있었으며, 그래서 그 곳에서 회원들은 또 다시 개인클럽의 집기와 복장 등을 갖추게 되었다. 그 후 2년 동안 동 연맹에서는 회원들의 일부를 동 연맹에서 떨어져 나간 Lexington체육클럽이라고 하는 집단에 빼앗겼다. 2년 후 이 조직은 해산되고 그 회원들은 다시 동 연맹에 동참하게 되었다.

20세기 초까지 농인연맹은 견실한 조직이었다. 동 연맹은 약 2,000달러의 은행예금, 정규회의 장소, 연중 계속되는 사회봉사활동, 기나긴 회원명부, 미국농인협회 제2대 회장 및 농인잡지 편집인을 지낸 Edwin A. Hodgson, 그리고 프랑스 조각가 Ferdinand Hamar와 같은 명예회원들이 있었다.[20] 다른 지방의 농조직처럼 동 연맹은 농인들이 필요한 것을 만족시켜 주기 때문에 소멸되지 않고 살아 남을 수 있었다. 연맹은 농인들을 끌어 모아 서로 어울려 사귀며 공통적인 이익을 위해 함께 일하도록 하는 것이었다. 강의, 토론회, 수영게임, 연회, 무도회 그리고 모든 사람을 위한 자선모금들은 농인들의 삶을 풍요롭게 하였다. 농인들 간의 이런 종류의 상호적인 활동이 필요하다는 것이 그들 간의 의사소통 방법이 어떻든 간에 완전하게 그리고 역설적으로 연맹에 의해서 논증되었다.

역설적인 현상은 연맹의 회원들은 모두 구어로 교육받았다는 사실이다. 그 당시나 지금이나 그 지지자들에 따르면 구어교육의 커다란 장점은 아마도 농인들로 하여금 청인들과 사회적인 교분을 나눌 수 있게 해 준다는 점이다. 입술에서 나오는 말이 무슨 말인지 읽어 내고 분명하게 말소리를 발음할 수 있는 능력을 갖춤으로써 Lexington가(街) 학교와 같은 구화학교를 졸업한 사람들은 마치 그들 자신이 말을 듣고 있는 것처럼 청인사회 속에 뛰어 들어가 활동하게 될 것으로 기대되었다. 그들은 보다 큰 청인사회 속에서 그들의 친구와 배우자를 선택하는 것이 기대되었으며; 결코 마음이 오그라들어 다른 농사회를 찾아 가기를 바라는 것이 아니었다. 그러나 연맹은 소속 회원 모두가 Lexington가(街) 학교 졸업생들이었고, 그들 모두가 구어로 교육받은 것을 자랑스럽게 생각했으며, 마치 수어를 사용하는 농인들의 보다 많은 지방조직들이 농인들을 끌어 모으는 것처럼 구어주의 농인들과 함께 단결하였다. 그러나 아무리 농인들이 구어주의 교육을 받았고 몇몇 청인들과 조직에서 구어교육을 받은 농인들을 청인사회에 동화되도록 최선의 노력을 기울인다고 하더라도 20세기가 시작된 오늘날 미국 농인들이 정서적으로 밀접한 유대를 형성하여 그들의 이익을 위해 상호 협력하고자 하는 성향은 피할 수 없는 필연적인 현상인 것 같다.

CHAPTER 9 문화적 연대

1849년 노스캐롤라이나농맹인협회는 부지부식간에 일종의 농문화의 중요한 전통을 이끄는 선구자가 된 '농인'이라고 하는 정기간행물을 발행했다. 남북전쟁이 끝난 다음 노스캐롤라이나의 선례를 따라 1868년에 오하이오주, 1870년에 일리노이주, 1873년 켄터키주, 1874년에 버지나아주, 미시간주 그리고 네브라스카주 등등에서 그들 자체의 간행물을 발간하였다.[1] 19세기 후반에 이르러서는 기숙제 학교들의 정기간행물이 여기저기서 동시에 발행되었다. 'the Texas Mute Ranger'로부터 'the Silent Hoosier'에 이르기까지 약 50여개 학교의 간행물들이 발행되었다.[2] 집합적으로 "작은 가족신문" 또는 단순히 "작은 신문들"로 알려지면서 마침내 이 신문들은 그들의 발행부수만큼의 그 중요한 역할을 했다.

작은 신문들은 대단히 실질적인 이유에서 발행되기 시작했다. 기숙제 학교의 학생과 교사들에 의해 학내에서 쓰여지고 편집되고 인쇄됨으로써 그들은 농학생들을 위한 직업교육을 준비하게 해 주었다. 자동식자 기계시대에 있어서 인쇄업은 농인들을 위한 가장 중요한 단일의 직업이 되었다. 인쇄업은 농인과 청인들의 폭넓은 독자들에게 접근할 수 있는, 그리고 이 일에 종사하는 농인들에게 실질적인 재정적 수입과 위신과 고용 가능성을 제공해 주는 직업이었다. 19세기 후반에서 20세기 초에 있어서 농사회의 지도자들 대부분은 인쇄업으로 생계를 유지하는 사람들이었다. 그러나 작은 신문들은 19세기 후반에 있어서 새롭게 일어나는 농사회를 위한 또 다른 중요한 기능을 하고 있었다. 즉, 그들은 농인들이 단체를 만들어 유지해 나가게 하는 집단 응집력을 갖게 하는 문화적 연결고리의 역할을 하였다.

1. 문어(文語)의 중요성

농인들의 가장 두드러진 특성이 그들의 비문어적 동작언어의 사용이라고 하더라도 19세기 말에 이르러서 영어로 쓰여진 간행물들은 본질적으로 다른 미국 농사회의 회원들을 서로 친밀하게 연결시켜 주었다. 모든 미국인들처럼 농인들은 일자리와 보다 나은 사회적인 기회를 찾아서 돌아 다녔는데; 심지어 그들은 농인들이기 때문에 오히려 청인들보다는 학교 친구들 및 그들의 문화적인 특성을 함께 하는 사람들과 유대를 맺고 싶어 했다. 그렇게 하기 위한 하나의 수단은 앞장(章)에서 언급한 종종 실시되는 주 단위, 지역 단위, 국가 단위의 농조직의 대회를 통한 것이었다. 그러나 이들은 일관된 정보교환을 유지하기에는 적절치 못했다. 정보교환을 위해서는 분명히 농인들을 위해, 농인들에 의해 쓰여진 신문과 간행물들이 그 해답이었다.

미국농인협회 제2대 회장인
Edwin A. Hodgson은
뉴욕농학교에서 탁월한 'Deaf-Mutes' 지를
발행했고 인쇄술을 가르쳤다.

출판물은 일반적으로 두 가지 형태였는데; 그 하나는 뉴욕에서 Hodgson의 'Deaf Mutes', 시카고에서 O. H. Regensburg의 'National Exponent' 그리고 보스턴에서 Philo Packard의 'National Deaf Mute Gazette'와 같은 독립신문이거나 또는 작은 소식지들이었다. 그 수명이 오래 가기로는 작은 소식지가 더 성공적이었다. 그들은 비록 신문발행에 소요되는 비용을 기부금으로 다 충당해 낼 수 없었지만 이 필요한 재원을 기숙제 학교의 후원자들에게 의존할 수 있었으며 또 한편 이 신문발행을 위해 무보수로 열심히 일하는 학생들의 도움을 받을 수가 있었다.

기숙제 학교들은 이 작은 소식지가 복합적인 목적에 기여하게 될 것이라고 그 초판 신문에서 언급하였다. 그러한 목적 중 하나는 언제나 학생들에게 인쇄술을 가르치는 것이었다. 그러나 그 밖의 목적들은 학교활동의 후원자들이 누구누구인지 알리는 일, 학생들에게 문학공부를 돕는 일, 글 읽기를 가르치는 일, 학교 교육프로그램과 교육목표를 그때그때 알리는 일 등과 같이 광범위하였다. 그러나 농인들의 삶의 측면에서 가장 중요한 기능은 농인들과 농인들

Oscar H. Regensburg는 1890년 Gallaudet대학을 졸업했는데 1894년부터 1896년 사이에 발행된 농인독립신문인 'National Exponent'를 경영했다.

개인 간 및 집단과 집단 간의 소식을 교환하는 일과 농인들을 위한 문화적인 길잡이를 제공해 주는 일이었다.

2. 문화적인 길잡이

19세기 말에서 20세기 초의 교육받은 농지도자들은 그들과 같은 처지에 있는 농인 친구들의 공적 활동에 관해서 깊은 관심을 가졌다. 그들은 농인 한 사람의 행동이 농인들은 다 저럴 것이라는 하나의 부정적인 시각으로 비칠 것이 두려워 청인들이 농인들을 경멸하는 원인이 될 만한 일은 아무 것도 하지 않는다는 사실을 확인하고 싶어 했다. 한 사람의 청인에게 투영되거나 그 사람의 편견 탓으로 잘못 간주된 농인들의 행동은 청인들에 의해 그것이 들을 수 없는 모든 농인들의 특성인 것처럼 인식됨으로써 농인들의 행동은 청인들이 수용하기 힘든 잘못된 행동으로 해석될 수 있었을 것이다. 이러한 관점에서 농인들은 많은 다른 사람들의 경우처럼 소수인종의 하나처럼 보인다. 그래서 아일랜드 사람 한 사람의 대중 앞에서 부리는 술주정이 — 그 시대의 보편적인 현상이었는데 — 아일랜드에서 온 모든 사람들은 술을 너무 많이 먹는다고 지적하는 말을 듣게 되었다. 농인 한 사람의 무식함, 게으름, 난폭함 그리고 부도덕함은 농인계층 전체를 무지, 나태, 난폭 및 부도덕한 사람들로 간주할 수 있게 하였다.

그래서 농인들의 작은 소식지 편집인들과 작가들은 그들의 칼럼을 통해서 농인들에게 올바른 행동을 하도록 충고하였다. 예를 들면 1891년 아칸소주의 'Optic' 신문은 "젊은 사람들에 대한 충고"와 "친구를 지키는 방법"[4]이라는 주제들로 짤막짤막한 의견이나 사례들을 연재하는 "악마의 여신"이라는 장문의 기사를 가지고 하나의 현안문제를 다루기 시작했다. 작은 소식지 중 가장 유명한 뉴저지농학교의 'Silent Worker(침묵의 농인노동자)'는 1888년 12월 "맥주와 담배"라는 주제의 긴 논설을 다루었다. 한 농인의 개인생활이 좋지 못한 악습을 더하지 않고 살아 가기가 매우 어렵다는 것이 이와 같은 매우 나쁜 습관에 대한 우리들의 견해였다. "우리들은 우리 소년들을 위해서는 [아마도 소녀들은 이러한 유혹에서 면제됐을 것으로 보고] 맥주나 포도주나 혹은 위스키는 담배와 같이 어떤 형태로든 피하는 것이 최선의 방법"이라고 이 기사는 주장하였다. 이렇게 중요한 행동지침을 가정으로 끌어 들이기 위해서는 "농인은 무거운 장애를 딛고 인생의 행로를 달려가지 않으면 안되며 그 밖의 어떤 형태의 무거운 짐도 더 이상 추가해서 함께 짊어지고 갈 수는 없다"라고 작가는 계속 주장했다.

농교육의 기본적인 목적 중의 하나가 농인들이 직업에 적응토록 하는 것이기 때문에 사회가 바라는 행동과 직업생활에서의 성공간의 관계의 중요성이 작은 소식지를 통해 강조되었다. 술과 담배의 해독에 대한 '침묵의 농인노동자'지의 강론은 이 둘 간의 연계 관계가 중요함을 분명하게 밝혀 주었다. "많은 [청인들]은 현실적으로 농인들을 고용하고 싶어 하지 않는다"고 이 기사는 주장하였다. 그러므로 농인은 그의 청인 직장동료보다 처신에 주의하지 않으면 안 된다. "술 먹고 담배 피우는 사람을 고용주에게 추천하는 사례를 결코 찾아 볼 수 없을 것"이며, "다른 것은 다 똑같은 경우 술과 담배를 먹지 않는 사람이 술과 담배를 즐기는 사람보다 고용되는 데 있어서 더 좋은 기회를 갖게 된다"는 사실을 이 신문에서는 농인 독자들에게 가르쳐 주고 있었다.

3. 가십

가십 중에서 우리들에게 친숙한 특별한 내용을 가진 것은 없다. 그러나 사실 가십은 집단행동의 기준을 유지하거나 개인에게 어떤 일에 대한 주의를 집중시켜 준다든가 개인 차원의 뉴스를 제공해 주는 일에 있어서는 중요한 역할을 한다.

작은 소식지들은 가십의 이러한 기능을 알고 이들 신문에 가십을 다루었다.

대부분의 작은 소식지들은 "The Exchange" 또는 "Exchanges"라고 하는 특집기사 속에 교양 있고 결코 악의가 없는 가십을 실었다. 이들은 편집인들이 지방 독자들에게 흥미 있을 것이라고 생각한 것을 다른 작은 소식지들에서 발췌한 것들이었다. 그들은 농인들이 미국의 다른 지역에서 무슨 일이 일어나고 있으며 특히 여러 다른 기숙제 농학교에서는 무슨 일들이 일어나고 있는지를 깨닫게 해 주었다. 농인들의 결혼, 출생, 죽음 그리고 승진과 같은 사건에 대한 뉴스들은 재인쇄되었으며, 학교의 교육방침과 교육과정에 관한 뉴스도 재인쇄 보도되었다.[6] 기사의 교환은 또한 작은 소식지 편집인들이 자유롭게, 그러나 예의 바르게 서로 간의 작품에 대해 논평함으로써 자기 비판에 도움을 주었다.

1892년 5월 26일자 '침묵의 농인노동자' 지(紙)는 신문 간의 기사교환의 많은 기능을 말해 주는 다음과 같은 기사를 실었다.

> '*The Silent Press*(침묵의 신문)'는 공장을 시카고로 옮길 계획을 알린다. Greenberger박사의 학교[농교육법 개선학교]는 5월 14일 아침 화재로부터 구사일생으로 살아 났다. 화재는 Nuboer 장학관[농인]과 기사에 의해 발견되었는데, 그들이 몇 양동이의 물을 부어 불을 껐다. 화재의 원인은 밝혀지지 않았다.
>
> 텍사스주 Waco에는 Tom Williams라는 이름을 가진 농인 이발사가 있다. 우리는 지난 해 2월 뉴욕농학교 인쇄소에서 발행된 'Fanwood Quad Club Journal' 지를 즐겨 받아 보고 있다. 이 신문은 이 유명한 신문사의 변화를 가져 올 능력이 있는 질적 우수성을 잘 말해 주고 있다.
>
> 성 루이스농인클럽은 7월 16일, Upper Creve Coeur 호수에서 소풍을 할 예정이다.

농인신문은 일리노이에 거주하는 George W. Patton이라는 이름을 가진 농인이 있는데, 그는 현재 감독주의 교회의 교인으로서 목사가 되기 위해 공부하고 있다고 보도하고 있다. 그는 인디아나주 Terra Haute에서 그가 할 수 있는 한 자주 농인들에게 설교하도록 되어 있다고 알려져 있다.

'*The Silent World*(침묵의 세계)' [펜실베니아농학교]는 심한 병고를 치르고 있었던 Van Allen[교사]가 위기를 넘기고 이제 완전히 회복될 것으로 기대된다는 기쁜 소식을 보도하고 있다.

F. McGray는 잘 알려진 농인인데 아칸소주 Searcy에서 장사가 잘 되고 있는 잡화상을 경영하고 있다.[7)]

얼핏 보기에 이런 것들은 별 대단찮은 일처럼 보일 것이지만 그들은 회원들이 널리 흩어져 있고, 서로 대립되어 있고 또 쉽게 고립되어 있는 농사회에게는 그렇지가 않았다. 이러한 정보의 교환은 농인 개개인들로 하여금 그들의 문화적 특성을 나누는 다른 사람들의 존재와 활동을 알 수 있게 해 주었다. 그들은 농인들이 많은 직업 선택의 기회를 갖고, 이발사와 잡화상인이나 혹은 목사 또는 유능한 신문편집인이 될 수 있다는 사실을 점잖게 지적하였다. 이러한 소식은 작은 소식지를 읽는 청인들과 농인들에게 전달될 필요가 있었다. 그렇지만 때로는 이 작은 소식지들은 농사회의 문제점에 대해 보다 직접적으로 다루기도 하였다.

4. 논쟁

논쟁을 불러일으킬 수 있는 주제들에 대해 작은 소식지들의 대응은 필연적으로 불확실했다. 농인 편집인들은 종종 농사회의 중요한 문제들에 대해 언급하고 싶었으나 그들의 위치는 신분이 보장되어 있지 않았다. 많은 농학교들이 농인 개인들에 의해 설립되었지만 19세기 말까지 모든 학교의 대부분의 교장은 청인이었으며, 사립학교나 주립학교들의 학교운영회나 또는 이사회들이 다 같이 완전히 청인들로 구성되었다. 그러한 학교의 교장과 그러한 문제에 대한 갈등에 대한 견해를 신문에 보도하는 편집인들은 그의 직업을 잃게 될 위험이 있었다. 1911년 '네브라스카 저널'의 지면은 농인들의 작은 소식지 편집인이 당면한 자리 보존이 어려운 한 사례를 제공해 주고 있다.

1911년 네브라스카 농학교는 주(의회)에서 — 수어와 지문자보다 말과 독순술이 — 학교의 모든 교육을 위해 구어식 언어교육 방법을 사용하게 하는 법률을 제정했을 때 전국적인 주목의 대상이 되었다. 네브라스카농인협회 회장은 네브라스카농학교 교감인 동시에 그 학교 작은 소식지 편집인인 J. W. Sowell이었다. 구어교육법이 의회를 통과하기 전에 Sowell은 이에 대해 네브라스카 저널을 통해 신랄하게 비판하였다. 그는 제안된 법률은 교육적, 정신적 그리고 심지어는 "과거 그 어느 때도 이렇게까지 위험해 본 적이 없는 자활의 관점에 이르기까지 농아동의 복지를 위협한다"는 기사를 썼다. 그 법안이 법률이 되었을 때 Sowell은 그에게는 지나치게 다른 극단적인 자리를 지켜 왔었다는 것을 깨닫고 그 자리를 사퇴했다. 그 법률의 의도는 단순히 "구어교육을 조금 더 강화해 주기 위한 것

네브라스카 저널의 편집인이면서도 교사인 James W. Sowell은 네브라스카농학교가 열렬한 구어주의자였던 Frank W. Booth를 새 교장으로 맞이하였을 때 그 신문편집인 자리를 사퇴해야 했다.

에 불과하며; [주지사]는 수어에 의한 교육방법이 이루어 질 것에 대한 제안을 하지 않았다."[8] Sowell의 직위는 새로운 교장이 임명되자 훨씬 약화되었다. 이 사람은 뜻밖에도 미국농인협회 창립자의 한 사람인 Edmund Booth의 청인 아들인 Frank Booth였다.

Booth는 미국농인언어교육증진협회(AAPTSD) 사무총장이었으며, 그는 수어를 극단적으로 적대시하는 사람으로 잘 알려져 있었다. 그는 교실에서 수어와 지문자를 완전히 철폐할 생각으로 네브라스카농학교 교장직을 적극적으로 수용했다. 그가 학교 교직원들에게 이 점을 분명히 밝혔을 때 농교사들은 그들의 교사직이 안전하지 않다는 것을 깨달았다. Booth와 같이 주장하는 것은 전문직의 자살이 될 것이라고 그들은 생각했다. 결과적으로 Sowell은 한때 말과 독순술의 배타적인 사용을 반대하는 운동의 지도자로서 지금 그에 반대되는 어떤 입장도 반대하고 있었다. 그 후 네브라스카 저널의 논설 역시 구어주의에 대해 아무런 비판을 하지 않거나 혹은 구어주의를 찬성하였다.[9]

작은 소식지 편집인들은 종종 쟁점 이슈를 조심성 있게 다루었다. 19세기 말경 농인들에게 가장 화나게 하고 귀찮게 하는 문제는 수어 사용과 근친결혼에 대한 비난이었다. 예를 들어 '침묵의 농인노동자' 지(紙)는 1890년 이 두 가지 문제에 대한 연속기사를 다루었다. Alexander graham Bell의 의견은 (극소수의 농인들만이 의견에 동의했으나) 일리노이농학교의 교장 Philip Gillett와 Edward Miner Gallaudet의 의견처럼 이 두 가지 문제를 반대했는데, 이런 의견들이 인쇄되었다.[10] Gallaudet은 가장 호의적으로 받아들여졌다.

'침묵의 농인노동자' 지(紙)에 게재된 긴 기사는 Gallaudet이 'Science(과학)' 잡지 기사에서 작성했던 요점을 정리한 것이었다. 이 기사에서 Gallaudet은 대부분의 농인들은 그들이 원하는 사람이면 그 누구와도 결혼해야 한다고 주장하였다. 그러나 그는 결혼에 관한 하나의 단일규범이 모든 개인에게 적용될 수 있다고는 믿지 않지만 "사회 일반적인 규범원리"로 보아 농부모와 농친척이 있는 농인들 간의 결혼은 반대한다고 주의를 촉구하였다. Gallaudet은 수어문제에 대한 그의 가장 강력한 주장을 견지하였다. 여기서 그는 비록 독순술로 말을 하고 읽을 수 있는 능력은 가치있는 특성이라는 사실을 부정하지는 않지만 수어는 대부분의 농인들을 위한 가장 확실한 교육적 수단이라고 하는 대부분의 농인들의 입장을 지지하였다. 요컨대, 그는 소위 농교육의 연합체제를 지지하였다. 즉, 특별한 학생들의 필요에 가장 적합한 수어 또는 언어의 사용을 허용하는 교육체제를 그는 지지하였다.

농사회가 당면하고 있는 논쟁에 대한 작은 소식지들의 반응이 그 무엇이든 간에 이러한 간행물들은 미국 농인들을 위한 동일체의 근원이 되었다. 농인들의 생각과 정보의 교환을 통해서 농인들은 각자 서로 다른 행동을 함께 나란히 하며 나갔다. 그들은 청인들 세상 속에서 생활문제에 부닥쳤을 때 외롭지 않았다. 그들이 만든 신문들은 농인들은 동 시대에 함께 살아가는 청인들과 다르며, 그들만이 만족할 수 있는 특유의 필요한 일들이 있음을 강조하면서 그들 특유의 문화적 규범을 창조하고 유지하는 것을 도왔다.

CHAPTER 10

수어에 대한 박해

언어는 많은 소수집단들의 가장 중요한 자산이다. 그리고 그것은 미국 농인들에게도 그러해 왔다. 미국 수어는 조잡한 영어가 아니라 독특한 것이다. 미국 수어는 그 구문과 어휘에 있어서 영어와 다를 뿐만 아니라 그 시각적인 형태는 청인들에게 매우 낯설기 때문에 수어는 수십 년 동안 하나의 언어로 인식되지 않았다. 농인들에게 있어서 수어가 중요한 의미를 갖게 된 것은 그들의 역사가 시작되면서부터 분명하다. 극히 몇 가지의 예외를 제외하고는 미국 농인들의 결혼, 클럽활동, 협회활동, 대회집회들에 있어서는 한결같이 이러한 의사소통 방법을 사용하는 것이 중요하다는 것이 반영되었다. 그들은 수어가 말이나 독순술과는 다르게 빠르고, 쉽고, 정확하다는 것을 알았다. 그러나 수어가 농인 어른들에게 중요함에도 불구하고 이 수어는 19세기 후반에서 20세기 초반에 Laurent Clerc에 의해 미국에 들어와서 미국농학교 교사들과 학생들에 의해 수정됨으로써 농학교에서의 지배적인 위상을 잃어가기 시작했다. 1920년까지 80%의 농학생들이 수어나 지문자 없이 교육받았다고 미국의 학교들은 보고하였다.[1)]

19세기 전반기 동안 수어는 미국에서 폭넓은 지지를 받은 후 후반기 말에 이르러서는 수세에 몰리게 되었다. Alexander Graham Bell, 농자녀를 둔 청인 학부모, 수어에 대해 잘 모르는 정치인 그리고 많은 청인 교사들과 그들의 전문직협회에서는 수어를 공격하였다. 그들은 수어는 해로운 것이며 그래서 수어는 학교에서 추방되어야 한다고 믿었다. Bell은 수어로 의사소통을 하게 되면 미국 농인들을 말하는 청인 친구들과 다른 사람을 만들게 되고, 협소한 농문화의 성장을 촉진시키게 되며, 농인들의 부정적인 유전적 특징을 영속시키게 된다고 주장했다.[2] 청인 학부모들은 수어의 사용은 그들의 자녀들이 말을 사용하지 못하게 하며 그래서 결국 "말 못하게" 된다고 믿기 때문에 수어를 반대했다. 정치인들은 수어를 수단으로 해서 교육하게 되면 농교육은 불필요하게 비용이 많이 들게 된다고 생각했다. 청인 교사들과 그들의 전문직협회에서는 수어 사용은 영어가 아닌 다른 언어를 사용함으로써 이민 온 아이들의 사회화를 방해하듯이 농아동들의 사회화를 방해한다고 주장했다. 수어를 반대하는 이러한 비난은 미국에서 끝없이 이어졌다.

1. 유럽학교들에서의 수어

유럽의 몇몇 농학교에서는 농아동들의 교육에 있어서 수어를 결코 사용하지 않았다. 이러한 학교들 중 가장 선두에 서 있었던 학교는 18세기 교사 Samuel Heinicke에 의해 창안된 구어주의 교육방법을 따랐던 독일 학교들이었다.[3] 19세기에 있어서 구어주의는 (즉, 말로 모든 수업을 진행하여 학생들이 독순술만을 통해서 말을 배우도록 요구하는 방법) 보통 독일식 방법이라고 불렀다. 이 교육방법을 채택한 최초의 미국농학교인 뉴욕농교육발전연구원(1867)은 독일어를 하는 오스트리아에서 이민 온 사람에 의해 뉴욕에 설립되었고; 또한 독일어를 쓰는 사람들이 1878년 초에 독일인들의 집단 거주지인 위스콘신주 Milwaukee시에 구화로 교육하는 농학교를 세웠다.[4)]

다른 나라들, 특히 프랑스는 한 때 농학생들의 교육에 있어서 수어와 지문자에 거의 전적으로 의존했던 것으로 유명했다. 18세기에 스페인과 포르투갈에서 이민 온 Jacob Rodrigues Pereire라는 사람이 돈 많은 프랑스 농학생 몇 명을 구어식 방법으로 가르쳐왔었다. 그러나 그 방법은 프랑스의 Abbe Charles Michel de I' Épée에 의해 최초로 창안된 기술로 알려졌다. 파리농학교 설립자 Épée는 프랑스에서 수어교육의 전통을 세웠다. Samuel Heinicke와 Épée는 Pereire나 혹은 그의 동료들과 달리 농인들에게 말을 가르치는 것은 순전히 기계적인 것이라고 믿었다. 학교에서 이 교육방법을 실천하기 위해서는 학생들이 보통 인문교과 공부에 필요한 시간이 걸린다고 생각했다.[5)] 이탈리아에서 최초로 농학교를 설립한 사람 중의 하나인 Épée와 그의 추종자들의 견해는 19세기 깊숙이 프랑스와 이탈리아에 보급되었으며 이리하여 수어로 가르치는 것은 프랑스식 방법이라고 알려지게 되었다.

스칸디나비아의 여러 나라와 영국, 스페인 그리고 네덜란드의 학교들은 19세기 대부분의 기간 동안 프랑스식 교육방법이든 독일식 교육방법이든 그 어느 것도 공식적으로 채택하지 않았다.[6)] 그러나 이러한 수업방법은 1870년대 후반에 가서 변화하기 시작했다.

2. 밀란회의

농인들의 조건 개선을 위한 국제회의라고 부르는 거대한 1878년 파리회의에서는 농아동 교육에 있어서 수어와 지문자로 교육하기보다는 "똑똑한 발성법과 독순술을 해야 된다"고 선언하였다. 불과 27명만이 참석했었지만 이 회의는 19세기 후반 농교육에 있어서 수어의 지지자들과 말과 독순술의 옹호자들 간의 논쟁이 증가하고 있었기 때문에 일반대중들의 관심을 끌었다. 수어를 좋아하는 교육자들과 말로만 교육해야 한다고 믿는 사람들 간의 논쟁을 해결하기 위해서 파리의회는 2년 후 보다 큰 회의의 소집을 요구했다. 스위스 출신 전 구어주의 교사였던 Joseph Marius Magnat는 밀란회의라고 하는 보다 큰 대회를 조직하기 위해 Pereire의 돈 많은 자손들로부터 지원을 받았다.[7)]

그러는 동안 프랑스와 이탈리아의 구어주의자들은 이 회의의 기초를 마련하고 있었다. 프랑스 구어주의자들은 수어는 문법이 결핍되고 농인들의 프랑스 말의 이해를 방해한다는 보고서를 내도록 정부를 설득시켰다. 그래서 내무장관은 모든 정부 지원을 받는 모든 학교는 수어나 지문자가 아닌 프랑스 구어를 사용하라고 명령했다. 이로 인해 수어교육을 지지했던 파리농학교 교장은 파면됐고, 의사인 이과 의학자(耳科醫學者)를 임명했는데 그는 수어를 전혀 이해하지 못하고 또 관심도 없었다.[8)]

이탈리아에서는 가톨릭 신부들이 농교육계를 완전히 지배해서 밀란회의에 구어주의 깃발을 가져 갔다. Como에 있는 농학교 교장인 Abbe Balestra와 Siena학교의 Tommasso Pendola 신부는 다른 학교들을 구어주의 학교로 전환하기 위한 노력을 1870년대에 시작했다. 전

Thomas Hopkins Gallaudet과 Sophia Foeler Gallaudet의 장남인 Thomas Gallaudet은 뉴욕시에 St. Ann 교회를 창립한 감독주의 목사였다. 그는 밀란회의에 참석한 미국 대표 중의 한 사람이었다.

에 수어의 옹호자였던 Pendola는 말과 독순술의 열렬한 지지자가 되었다. 그는 구어주의에 대한 그의 신념을 확신시키기 위해 간행물을 만들어 세상에 배포하였으며, 또한 이탈리아의 농학교에서 수어교육을 없애기 위한 그의 기도에 대한 지지를 이끌어 내기 위해 제1회 이탈리아농교육자대회를 조직하였다. 그와 더불어 프랑스와 이탈리아의 구어교사들은 밀란에서 있을 국제대회를 계획하였다.[9)]

밀란회의에는 유럽 여러 나라와 미국에서 164명이 참석했는데, 그 중 다수를 이룬 143명은 이탈리아와 프랑스에서 온 사람들이었다. 청인 대표들이 163명이었고 워싱턴에 있는 Kendall 학교 교장인 James Denison만이 유일한 농인 대표였다.

밀란회의에 참석한 미국 대표는 — Denison, Edward Miner Gallaudet, 그의 형 Thomas gallaudet, Isaac Lewis Peet 그리고 뉴욕농학교 이사 중의 한 사람인 Charles A. Stoddard 등 다섯 명이었다. 이탈리아와 프랑스 대표들로 넘쳐난 이 회의에서 농아동교육에 있어서 수어가 사용되어야 한다고 믿는 미국 대표들은 거의 소외되었다.

미국농학교 졸업생 James Denison은
1869년 Kendall 농학교 교장이 되었으며,
1909년까지 교장직을 수행했다.
그는 1880년 밀란회의의 유일한 농인대표였다.

(농인들에 대한 언어교육) 방법 문제는 "그 밖의 모든 것을 제외한 채 회의의 모든 시간을 독점했다"고 Edward Miner Gallaudet는 썼다.[10] 12명의 연사들이 이 문제에 대한 의견을 발표했는데 그 중 9명은 수어 사용을 반대했고; 단 3명(Gallaudet 형제와 영어교사인 Richard Elliot)만이 수어 사용을 주장했다. 대회의 의장인 Abbe Guilio Tarra는 말을 옹호하고 수어를 비판하는 데 2일 간의 장구한 의장 연설을 활용했다. 그는 또한 회의에 참석한 대표들에게 다음과 같은 운동을 제안했다.

> 수어보다 말(언어)이 우수하다는 데 대해서는 논쟁할 필요조차 없다고 생각하는 동 대회에서는 (1) 농인들을 사회생활에 복귀시키기 위해 또한 (2) 농인들에게 언어라는 도구를 제공해 주기 위해 농교육과 수업에 있어서 말을 가르치는 것이 수어를 가르치는 것보다 우선되어야 한다고 선언한다.[11]

그것은 거의 만장일치로 통과되었다. 미국인 다섯 명과 Richard

Elliot를 합쳐 불과 여섯 명만 반대 투표를 했다.

그래서 밀란회의는 농아동들은 수어로 의사소통을 해서는 안 된다는 생각에 대한 국제적인 승인을 해 준 것으로 보였다. 영향력 있는 런던타임스는 사설에서 크게 다루었다. 동 사설은 밀란회의에서는 농학생들을 가르치는 교사들 중에서는 "구어로 가르치는 것을 거의 만장일치로 찬성하였다"고 했다.[12] 회의에서 보여 준 모습은 구어식 교육이 얼마나 성공적인가를 보여 준 것이라고 동 신문은 보도했다. 이탈리아 농학생들은 "마치 그들이 농아가 아닌 것처럼 구어로 말했으며 그들은 모두 구어로 대답했다"고 동 기사는 말했다.[13]

밀란회의에서 보고 들은 것에 대한 타임스지의 열정적인 보도는 구어주의에 대한 대중매체의 보도 상의 특징이었다. 보통 "농인"이라고 하는 농인들을 가르치고 그들과 말하는 방법을 찾는다는 것은 현대교육에서는 불가능한 일로 보였다. 구어식 교육방법은 감동적인 뉴스거리가 되었으며 사회가 정말 발전하고 있으며 고통을 받고 있는 장애인들이 이를 극복하는 방법을 배우는 것임을 알림으로써 사람들을 안심시켜 주었다.

신문기자들과 그들이 보도한 내용에 속아 넘어가기 쉬운 독자들은 농인들이 말을 똑똑히 하거나 말하는 입술 모양을 보고 무슨 말을 하는지 알 수 있는 것 같이 보일 때 실제로 무슨 일이 일어나고 있는지 평가할 수 있을 만치 농인들이나 혹은 농(聾)의 특성에 관해서 그 실상을 좀처럼 잘 알지 못했다. 이와는 대조적으로 그들의 직업생활을 농교육에서 보냈던 밀란회의 참가자 3명은 ─ Edward Miner Gallaudet, Richard Eillot와 James Denison ─ 독순술 능력을 시연해 보였던 이탈리아 학생들은 학생들에게 질문한 사람이 질문을 다 마치기도 전에 질문에 대한 대답을 시작했다고 보고하였다. 그러므로 이 세 사람은 모두 질문과 대답이 미리 연습을 통해서 암송된 것이라는 결론을 내렸다.[14)]

구어식 교육방법에 대한 보도에 감동을 받았던 타임스지 기자들과 그 밖의 대부분의 독자들은 농인들 중에 여러 유형의 사람들이 다양하게 존재하고 있다는 사실을 이해하지 못했다. 이러한 모든 정황으로 미루어 볼 때 밀란회의에서 말을 했던 이탈리아 학생들은 맑은 목소리를 가지고 말도 쉽게 이해하는 학생들이었다. 그러나 이것이 구어교육 방법은 이와 같은 유용한 언어능력을 발달시킬 책임이 있다는 것을 의미하는 것은 아니다. 타임스 지는 이 아이들이 농으로 태어났는지 혹은 청력을 잃기 전에 사실상 말을 배웠는지에 대해 먼저 물어 봤어야 했다. 만약 후자(청력을 잃기 전에 말을 배웠을 경우)가 사실이라면, 그래서 가르치는 방법이 아니라 오히려 학생들의 말을 설명해 주는 청력을 잃기 전에 가지고 있던 청력 상의 문제인 것이다. 이와 비슷하게 구어교육 방법의 놀라운 효과를 주장하는 사람들은 그들의 농(聾)학생들의 청력 손실 정도에 대해 논의해 보지 않았던 것이다. 그러나 말의 빈도에 있어서 청력이 좀 남아있는 사람은 완전 농인보다 훨씬 쉽게 말을 배울 것이라는 것은 평범한 상식이다.

밀란회의에서 타임스 지의 보도를 이끌어 냈던 농인 개개인이 가진 여러 가지 다른 특성에 대한 정통한 지식의 결핍과 같은 종류의 감각론은 미국에서 가열된 교육방법에 대한 토론거리로 널리 유행하였다.

3. 수어에 대한 초기의 도전

Thomas Hopkins Gallaudet과 Laurent Clerc의 지휘 아래 미국농학교는 농학교에서 수어를 사용한다는 확고한 전통을 미국 내에 수립했다. Gallaudet과 아마 어쩌면 Clerc도 마찬가지로 학교의 기본적인 목적은 농학생들에게 종교적 진실을 전해 주고 모든 사람들이 점점 복잡해져 가는 세상에서 살아가는 데 필요한 지식을 갖추어 주는 것이라고 믿었다. 이러한 목적을 위해서는 수어를 수단으로 해서 가르치는 것은 이상적일 것이라고 보았다. 수어는 문어나 구어에 익숙지 못한 사람들에게 빠르고 확실하고 쉽게 익혀 졌다.

그러나 1840년대에 보스턴 출신 교육개혁가인 Horace Mann은 수어에 시비를 걸며, 농학생들을 위해서 미국학교에서는 구어방법을 쓸 것을 요구했다. 독일을 방문하여 구어방법을 실제로 보고 돌아 온 Mann은 그런 방법이 미국에서도 사용되어야 한다고 주장했다. 뉴욕농학교의 George E. Day와 미국농학교의 Lewis Weld는 이에 동의하지 않았다. 그들도 역시 1844년에 독일을 방문했고, Isaac Lewis Peet는 1851년에 방문했는데 그들은 모두 구어식 교육방법의 효과를 주장한 Mann의 주장은 과장된 것이라는 데 의견을 같이 하게 되었다. 그리하여 Mann의 주장은 무시되었다.[15)]

남북전쟁이 끝난 후 얼마 되지 않아서 Mann이 주장하는 구어주의가 침입해 들어오기 시작하면서 새로운 관심을 끌게 되었다. 말과 독순술만으로 가르치는 것에 대해 사립학교에서는 교육전문가들이 경영하는 주립 기숙제 농학교에서 보다 학부모들의 영향력이 더 컸다. 1867년 뉴욕시에 최초의 구화학교가 문을 열었다. 이와 거의 같은 시기에 기본적으로 그들의 농아동들에게 말을 가르

미국에 설립된 두 번째 구화학교, 그리고 현재 남아있는 몇 개 학교 중 하나는 1867년 설립된 메사추세츠주 Northampton에 있는 Clerke농학교이다.

쳐야 한다고 생각하는 돈 많은 뉴잉글랜드 사람들의 한 단체에서 메사추세츠주 Northampton에다가 Clerke농학교를 설립했다. Clerke는 그 학교 학생들의 모든 생활 속에서 수어나 지문자 사용을 금지하는 구화학교였다.[16] 이러한 사건은 수어의 가치를 믿는 사람들에게는 무시되고 있었다.

1868년 유럽의 여러 농학교들을 직접 방문하고 막 돌아 온 Edward Miner Gallaudet은 미국농학교 교장들에게 그들의 학교에서도 말을 가르치기 시작해야 할 것이라고 경고했다. 너무 오랫동안 미국 사람들은 손짓에 의한 교육방법에 전적으로 의존해 왔다고 그는 주장했다. Gallaudet은 미국의 교사와 행정가들은 이제 구어와 수어를 함께 가르치는 것이 최선의 방법이라는 시대가 왔다고 말했다. 그는 또한 교사들이 농학생들이 영어 배우는 것을 도울 수

이 회의에서 Edward Miner Gallaudet(앞줄 가운데)은 수어를 가르치는 학교행정가(교장)들에게 그들의 학교에서 말과 독순술 교육에 보다 많은 관심을 기울일 필요가 있을 것이라고 경고했다.

있는 곳이면 그 어디에서나 수어보다는 지문자를 사용하라고 주장했다.[17] 그러나 농인들의 어려움을 해결해 줄 만병통치약으로서 말과 독순술의 교육방법을 옹호하는 데 가장 큰 책임이 있는 유일한 사람은 Gallaudet이 그러한 경고를 전했을 때 아직 서반구(西半球)에 도착하지 않았다.

4. Alexander Graham Bell

Alexander Graham Bell은 1870년 영국에서 캐나다로 이민 왔다. 청인들에게 있어서 Bell은 최초로 전화를 성공적으로 발명한 사람으로 가장 잘 알려져 있다. 그러나 19세기 말에서 20세기 초에 그는 수어에 대한 논쟁에 있어서 농인들의 가장 강력한 적수로 알려져 있었다. 미국농인협회 회장을 두 번이나 역임한 총명한 농지도자인 George Veditz는 Bell을 "미국 농인들에게는 가장 두려운 적"이라고 묘사했다.[18] 역설적으로 Bell의 어머니는 난청인이었다. 그는 귀에 관(원시적인 보청기)을 끼우고 보통 일대일의 대화를 나눌 수 있었으며 심지어 피아노까지 칠 수 있었다. 그러나 그의 청력은 매우 약해서 Bell은 자기 어머니가 말을 들을 수 없는 상황에서 어머니와 대화하기 위해서는 양손을 쓰는 영어 지문자를 사용하면서 성장했다.[19] Bell의 부인은 전혀 듣지 못했다.

Bell은 그의 아버지가 발명한 방법으로 발성법을 가르치기 위하여 1871년 4월 초에 처음 미국에 왔다. "시화법(視話法)"이라고 부른 이 방법은 농인들이나 청인들이나 간에 언어의 모든 소리를 완전하게 만들어 낼 필요가 있는 정확한 입 모양과 움직임을 만들어 내고 또 이를 이해하게 할 수 있다고 생각되었다. 미국에서 Bell은 공립 구화학교(후에 Horace Mann학교로 개명된)인 보스턴농학교에서 처음 그의 아버지가 창안해 낸 방법을 채택하였으며 그는 또한 사립학교 학생들도 가르쳤다. Bell은 이러한 그의 초기의 경험 속에서는 독순술은 효과가 있다고 믿지 않았으며 처음에는 이를 농학생들에게 사용하지 않았다. 그는 그의 아버지에게 한 편지에서 "자기가 하는 [시화법]에서는 수어, 흑판 또는 지문자 중 하나를 사용한다"고 했다.[20] 그러나 시화법은 모든 농인들을 위한 알기 쉬운 열쇠를 가지고 있으며 이를 증명하기 위해 1871년 11월 28일 시연회를 개최했다.

그 시연회는 "보스턴의 영향력 있는 모든 교육자"들을 포함한 많은 청중을 끌어 모았다고 Bell은 말했다.[21] Bell은 그들에게 감명 깊은 모습을 보여 주었다. 그의 아버지, 할아버지 그리고 아저씨(삼촌)가 청중들 앞 무대 위에서 글을 읽고 강의를 실연해 냄으로써 극작가로서의 역할을 수행해 냈으며, Bell은 그들과 함께 좋은 효과를 내도록 자기의 경험을 드러내 보였다. 그는 우선 그가 상상한 시화법의 과학적 원리를 설명해 주었고 그런 다음 학생 세 명이 이를 "실연했다". 이 세 학생들은 모두 어린 여자들이었는데 이들의 실연은 확실히 Bell의 연출이 압도적으로 많은 남자 관객들에게 특별히 매력적인 것으로 만들어 주었다. 그리고 여학생 세 명은 각기 다른 역할을 했다. Alice Jennings는 여덟 살 때 성홍열을 앓기 전까지는 정상적으로 말을 듣고 하였으며 말을 맑고 명료하게 해서 아마도 청력 손실이 심한 농인들에게 분명한 발음으로 말하는 것을 보여 줄 수 있었을 것이다.[22] 두 번째 학생인 Isabel Flagg는 노래를 부르며 이상한 말소리로 바꾸어 개똥지빠귀와 찌르레기에 관한 이야기를 재미있게 했다. 그래서 Bell은 Flagg가 "그들 목소리를 잘 해 냈다"고 자기 부모에게 편지로 말했다.[23] 그러나 Flagg는 농인이 아니었다. 그는 보청기를 사용해서 말을 분명하게 잘 들으며 천천히 말하는 것은 어떤 기계나 시각적 도움 없이 잘 할 수 있었다.[24]

그러나 Bell은 허풍을 떠는 사기꾼은 아니었다. 그는 비록 난청학생 하나와 말을 배운지 오래된 다음 농인이 된 학생 하나를 기민하게 선 보여 주었지만 이들은 정상적으로 말을 하는 농인들이었기 때문에 그는 시화법이 완전 농(聾)으로 태어난 사람들에게 말하는 법을 가르치는 데 효과적일 것이라고 생각했다. 그는 이 점을 증명해 보여 주기 위해 Theresa Dudley를 내세웠다. 그가 그렇게 보여 준 태도는 그가 청중들을 감동시키는 놀라운 재주가 있었다는

전화기를 발명한 Alexander Graham bell은 미국의 모든 농인들이 말을 배우게 하려는 노력을 했다. 그는 또한 비록 그의 어머니가 난청이고 그의 부인이 농인이었지만 미국의 농사회가 커가는 것은 미국에 손해가 될 것이라고 생각했다.

것을 보여 준 것이었다.

Dudley는 메사추세츠의 돈 많은 Northampton 집안의 딸이었다. 태어나면서부터 심한 농인이었던 그는 Hartford에 있는 미국 농학교와 후엔 그의 아버지가 설립하는 데 도움을 준 Clarke농학교에서 교육받았다. 그의 나이 17세가 되는 1871년 9월에 그의 부모는 Clark농학교에서 습득한 언어능력에 만족치 못했기 때문에 Bell과 같이 공부하게 하기 위하여 그를 보스턴으로 보냈다. 그들은 언어능력을 향상시킬 수 있는 방법이 발견되기를 계속해서 희망했고 Bell 또한 시화법으로 그렇게 할 것이라고 약속했다. 기본적으로 글씨를 써서 그와 의사소통을 하면서 Bell은 그가 시화법 기호를 지적하는 어떤 소리를 만들어 낼 가능성을 그에게로부터 개발해 내기 위해 노력했다.[25] 이러한 노력의 결과를 그는 그의 11월 28일 시연회에서 무대에 올려 놓았던 것이다.

Bell은 특이하면서도 그들이 느끼는 친근감 속에서 청중들의 흥미를 이끌어 냈다. 첫째, 그는 Dudley가 다양한 외국어에서 개개의 단어들을 발음하게 하였다. 그런 다음 그는 청중들에게 어떤 단어를 발음했느냐고 물었다. 그 다음 그는 시화법의 기호로 그들이 내는 혼성음을 기록했고, Dudley는 Bell이 그를 위해 써 준 기호를 보고 — 그 외국어가 무슨 단어인지 써 내게 되거나 혹은 최소한도 그에 가까운 비슷한 소리를 내게 되었다. 이것들은 시화법은 반드시 영어가 아니거나 또는 보다 더 보편화된 서구(西歐)의 말이 아닌 그 어떤 언어의 소리를 대표하는 데 쓰일 수 있다는 것을 보여 주는 줄루어(역자 주: 아프리카 남부의 줄루사람이 쓰는)의 "딱소리"와 같은 것일 거라고 그는 말했다.[26]

이런 관점에서 Bell은 청중들의 주의와 관심을 끌었다. 그 다음 그는 Dudley로 하여금 단어를 말하게 할 뿐만 아니라 실제로 시화법 기호로 문장을 암송하게 함으로써 청중들의 동정과 감탄을 불러 일으켰다. 그가 선택해 읽은 것은 전부터 미리 완전하게 연습해 놓았던 주기도문이었다. 그러나 Bell 자신이 솔직히 고백하듯이 Dudley의 말은 유창하지도 분명하지도 않았지만 그것은 문제될게 없었다.[27] 청중들은 누구든지 Dudley의 말 솜씨가 아무리 서툴더라도 그것에 상관치 않고 이 가장 보편적인 주기도문을 따라 할 수 있었을 것이다.

Bell은 종교인이 아니었다; 그는 교회에 다니지 않는 신의 존재에 대한 회의론자였으며 하나님에 대한 기도의 가치를 믿지 않았다. 그럼에도 불구하고 청중들에게 이미 잘 알려져 있었기 때문에 Dudley가 암송하도록 주기도문을 선택하였다. 그렇게 함으로써 청중들에게 잘 알려져 있지 않는 문장보다 분명하게 말하게 될 것이며 그렇게 함으로써 청중들의 동정심에 호소하게 될 것이기 때문이었다. 이 시연회를 통해 Bell은 그의 믿음에 대한 주의를 이끌고 많은 개종자를 얻는 천부적인 재능을 연출해 보였다. 불과 몇 사람을 제외하고는 그의 농인 적수들은 그러한 재주가 없었다.

Bell의 연출은 성공이었다. 그것은 농교육 분야에서 그의 경력을 쌓아 올리는데 도움이 되었다. 그는 보스턴에서 영향력 있는 사람들에게 소개되고 그의 아버지가 창안한 시화법은 농인들에게 말을 가르치는 새롭고 과학적인 방법으로 환호를 받았다. 미국농학교와 Clark농학교는 두 학교가 다 Bell을 초청하여 자기네 학교 학생들에게 그 방법대로 따라 하도록 가르치고 또 교사들에게도 그 방법을 가르치게 했다. 1872년 봄에 그는 두 학교에 가서 각각 두 달간씩 그렇게 가르쳤다.

지칠 줄 모르게 진기하고 정력적인 사람인 Bell은 미국농학교에서 그의 시간을 잘 활용했다. 그는 그 학교 도서관에서 농교육 역사에 관해서 그가 할 수 있는 것을 모두 다 읽었다. 그는 또한 미국수어를 쉽게 사용할 수 있을만치 충분히 배웠다. Bell은 Clark농학교에서는 약간의 저항을 받고 있다는 것을 알게 되었다. 왜냐하면 그 학교 교사들이 자기네 학생들에게 지문자 사용하는 것을 거절함으로써 충격을 받았기 때문이다.[28] Bell은 처음에는 그의 어머니와 함께 한 경험으로부터 농인들은 손으로 나타내는 알파벳을 위해 독순술을 대신하기에 충분한 입술을 보고 말을 알아내는 방법을 배울 수 없다고 믿었다. 그러나 그 후 그는 이러한 견해를 수정했다.

Northampton과 Hartford에서의 생활을 마치고 보스턴으로 돌아 온 Bell은 독순술을 쉽게 할 줄 아는 농인 몇 사람을 알게 되었다. 그 중 가장 중요한 것은 Mabel Gardiner Hubbard라는 한 젊은 농인이었다. 보스턴의 한 돈 많은 변호사이자 실업가인 Gardiner Greene Hubbard의 딸 Mabel은 성홍열로 다섯 살 때 농인이 되었다. 그와 그가 사적으로 가르치는 다른 농인 몇 명, 특히 로드아일랜드의 주

지사 Josey Annon의 딸 Jeannie Lippit는 Bell이 전에 알았던 농인들보다 독순술을 훨씬 더 잘 할 수 있었다.[29)]

Bell은 Mabel Hubbard와 사랑에 빠졌고 결국 결혼을 하였는데, 그가 그녀와의 결혼생활을 통해 얻은 보다 더 중요한 경험은 그로 하여금 독순술이 실용적인 농인들의 대체 언어라는 확신을 갖게 했다. Bell은 말과 독순술 운동에 그 자신을 바쳤다. 그는 농인들은 구어법을 사용함으로써 수어를 사용하지 않고도 청인들처럼 말을 할 수 있으며, 청인사회의 모든 활동에 충분히 참여할 수 있는 청인과 같은 사람이 충분히 될 수 있다고 믿었다. 그는 남은 그의 50년의 생애 동안 전화기 발명으로 벌은 이 어마어마한 명성과 재산을 이 일을 하기 위해 사용했다.

5. 통학제 주간학교

19세기 후반 수어에 대한 공격은 두 가지 방법을 택했는데 그 중 하나는 농아동들을 위한 통학제 주간학교의 지지였다. 1880년대 초와 1890년대 말에 이르러 Bell과 몇 명의 미국 구어주의자들은 그들이 농아동 교육의 미국식 제도에서 본 문제들의 해결책으로서 통학제 주간학교를 제기하였다. 통학제 주간학교는 기숙사 시설이 없었다. 비록 실제 상황에서가 아닌 이론적으로만 보면 학생들은 일반 청인학생들이 그들의 지역사회 학교에서 하는 것과 똑같이 하루종일 집에서 부모와 함께 생활을 하며 단지 낮에만 학교에 다녔다. 그래서 통학제 주간학교는 일반 청인들의 학교처럼 인구가 많은 지역으로 확산되어 그 숫자가 늘어났다. 19세기 초의 이 아이디어는 농(聾)의 발생률이 떨어지자 농인들만을 위한 학교 설립을 정당화시킬 만치 농아동을 충분히 확보한 도시는 불과 몇 안 되었다. 기숙제 학교가 지리적으로 넓은 지역에서 학생들을 끌어모아 집을 떠난 아이들의 숙식문제를 제공해 줌으로써 이 문제를 극복했다.

Bell과 몇몇 다른 구어주의자들이 1880년대에 기숙제 학교에 대한 이론적 근거에 도전하기 시작했다. 그 무렵 미국은 청인과 농인 등 보다 많은 사람들이 도시 중심으로 떼 지어 모여 들어 급속히 도시화되고 있는 나라였다. 그러자 통학제 주간학교의 주창자들은 소규모의 중 · 소 도시에도 농아학급이 만들어질 수 있다고 주장했다. Bell은 이 농아학급은 — 통학제 주간학교 — 따로 설립할 필요없이 그 지역 청인학생들이 다니는 공립학교에 부설될 수 있을 것이라고 했다. 어떤 농학생들은 대부분의 교과교육을 그들의 전담교사로부터 교육받게 되나 학생들이 교사의 말을 정확하게 이해하지 못해도 할 수 있는 휴식시간, 운동, 미술, 직업교육 그리고 그 밖의 다른 활동들은 일반 청인학생들과 함께 통합교육을 받게 될 것이다. 이런 방법에 대해서 농아동들은 이론적으로는 그들의 목소리와 독순술에 의해서 청인들과 의사소통하는 데 익숙해질 것이다. 수어 사용에 훈련된 성인 농인들과 교사들로부터 멀어짐으로써 농아동들은 치명적으로 해로운 수어 습관을 익히지 못하게 될 것이며, 농사회보다 청인사회에서의 생활이 더 편안하게 느껴질 것이다. 그들이 커서 지적 능력이 충분히 길러지게 되면 정규 공립학교에 다니게 될 것이다.

통학제 주간학교의 실험은 위스콘신에서 시작되었다. 위스콘신음성학회와 자선단체에서는 농아동들의 구어교육에 헌신하였으며, 위스콘신주 내 모든 시의 모든 학교에 농아동 5명당 1학급에 교사 1명씩 배치할 수 있는 재정지원을 하도록 주정부를 설득하기 위해 두 배의 노력을 기울였다. 음성학회에서 이 두 가지 시도에서 다 실패를 하자 그 정력적인 음성학회 회장인 Robert C. Spencer는 위스콘신을 방문하기 위해 Bell은 초청했다.[30]

Spencer는 1880년대에 세계적으로 유명하고 정력적이고 돈 많은 부자인 Bell은 주의회와 주정부로 하여금 이 통학제 주간학교를 지원하도록 설득하기 위해서 그의 영향력과 명성을 활용할 수 있을 것이라고 생각했다. Bell은 Spencer의 초청을 수락하여 1884년 여름과 1885년 겨울에 다시 주도(州都)인 Madison을 방문했다. 그의 첫 방문기간 중에 그는 미국교육협회 회의에 참석하였으며 통학제 학교의 장점을 주장하는 연설을 했다.[31] 그의 두 번째 방문에서 그는 주의회의 교육위원회에 농아동들을 위한 통학제 학교의 가치를 설명하는 장문의 보고서를 준비해 가지고 가서 설명을 했다.[32] Bell의 노력은 결실을 보게 되었는데; 즉, 1885년 위스콘신은 위스콘신주 내의 어떤 통학제 주간학교이든 원하는 학교는 재정지원을 해 주는 최초의 주(州)가 되었다.[33]

기대했던 바대로 통학제 주간학교는 1880년대와 1890년대에 위스콘신주 내의 모든 도시에 확산되었고, 이들 학교에서는 수어를 사용하지 않았다. 이들 학교 교사 대부분은 위스콘신음성학회가 운영하는 청인 대상의 일반학교에서 훈련을 받았다. 그들은 모두 젊은 청인여성들이었으며, 농인들은 그들의 청인 또래 친구들과 통합되어야 하고 또한 그들만의 사회를 만들거나 혹은 수어를 사용하지 말아야 한다는 생각에 공감하였다.[34]

통학제 주간학교에 대한 주장은 주(정부)에서 통학제 주간학교를 이끄는 남자 청인 행정가(교장)의 비교적 높은 봉급과 학생들의 숙식을 위한 재정지원을 할 필요가 없게 되고 다만 여교사들에 대한 낮은 봉급만을 지불하게 되자 통학제 주간학교는 기숙제 학교에 대한 저비용의 대안으로서 조장되게 되었다. 예를 들면, 1990년에 있어서 위스콘신 기숙제 학교의 농학생 1인당 교육비는 연간 316달러인데 비해 위스콘신 통학제 주간학교에서는 불과 150달러에 불과했다고 Robert Spencer는 주장했다.[35] 통학제 주간학교는 또한 거의 모든 사람들이 여기에 속해 있다고 믿는 가정에서 어린 아이들을 부모들과 함께 생활하게 하는 장점이 있어 보였다. 그 당시 기숙제 학교에 다니는 학생들은 종종 몇 달씩 그들의 부모를 보지 못했다. 부모들과 위원들 양쪽 다 아이들의 이러한 부모들과 별리에 따른 결과로 부모교육과 애정결핍의 병폐를 우려하였다.

그러므로 통학제 주간학교의 이념은 어디에서나 환영받게 된 것이 놀랄만한 일이 아니었다. 1890년대에 있어서 위스콘신의 것과 유사한 통학제 주간학교법이 캘리포니아, 일리노이, 오하이오 주에서 채택되었으며 또한 이런 법은 그 밖의 다른 몇몇 주에서도 고려되고 있었다.[36] 그럼에도 불구하고 구어주의는 주립 기숙제 농학교를 바꾸지 않았었다면 성공하지 못했을 것이다. 이 통학제 주간학교 행정가(교장)들과 교사들은 정치적으로 힘이 있었고 그럼으로 때로는 영향력이 있었으며, 더 나아가서 많은 사람들이 ― 때로는 Bell을 포함한 ― 지방의 작은 통학제 주간학교들은 대부분의 농아동들이 사회인으로서의 그 역할을 충분히 하고 세금을 내는 시민이 되는 데 필요한 다양한 교육과정과 자원을 제공해 줄 수 없기 때문에 기숙제 학교는 완전히 없앨 수는 없다는 것을 깨달았다.

6. 탈바꿈하는 교육기관들

농인들에게 말하기를 가르치려는 Bell의 노력은 처음에는 많은 기숙제 학교 교사들과 대부분의 농인들 속에서 회의에 부닥쳤다. 비록 많은 교사들이 Edward Miner Gallaudet처럼 난청인이나 혹은 말을 배운 후에 청력을 잃은 사람들은 그들의 말소리를 발달시킬 수 있을 것이라고 생각했을지라도 농인들의 대다수, 특히 선천성 농인들을 위한 말이나 독순술의 가능성에 대해 그들은 회의적이었다. 이러한 후천적 난청인 및 선천적 난청인들에게 수어와 지문자 사용을 포기하고 순수히 구어방법을 사용하도록 설득하기 위한 Bell의 노력은 처음에는 별반 진전을 보지 못했다. 이러한 교사들 가운데서 구어주의자들의 위치를 강화시키기 위하여 Bell과 다른 구어주의자들은 조직을 만들었다.

미국의 구어주의자들은 19세기 말에 Edward Miner Gallaudet이 농학생들을 가르치는 주요 전문직 교사단체인 미국농교사협회(CAID)와 미국농학교교장회를 거느리고 있다는 것을 알았다. 그래서 Bell과 그의 지지자들은 미국교육협회(NEA)의 제 16부와 미국농인언어교육증진협회(AAPTSD)라는 두 개의 경쟁집단이 있다는 것을 알게 되었다.

Bell은 1884년 미국교육협회와의 교섭을 시작했다. Robert Spencer의 권고에 의해 미국교육협회의 회장은 7월에 개최되는 미국교육협회 총회에서 회원들과 같이 공립학교에서 농교육을 실시하는 문제를 논의해 보자고 다른 농교육전문가들을 초청했다.[37] 이 대회에 이어서 "농교사들을 위한 비공식 원탁회의"가 1897년까지 미국교육협회 총회 때마다 개최되었다. 그 때 Bell과 다른 구어주의자들은 미국교육협회의 제 16부를 "농 · 맹 및 정신지체인들을 가르치는 교사"를 위한 영구적인 부서로 만들라고 설득했다.[38)]

미국교육협회를 통해서 구어주의자들은 저변에 폭넓게 깔려 있는 그들의 지지자들이 수어 사용을 반대하고 통학제 주간학교를 지지하는 세력을 키울 수 있었다. 미국교육협회 회원들은 정규 청인학교 교사 및 행정가들이었다. 그들의 심정은 자연적으로 통학제 주간학교를 선호했으며, 기숙제 학교보다 통학제 주간학교에 더 친근감을 느꼈으며, 또한 그들은 통학제 학교에 근무하든 기숙제 학교에 근무하든 이미 밝혀진 구어주의자들의 목표를 강조할 수 있었다.

구어주의자들은 농학생들의 사회적인 능력을 발달시켜 주기 위한 방책을 찾았다. 그들의 기본적인 목표는 학생들에게 사실과 분석력을 전해 주는 전통적인 감각에서의 교육이 아니라 가능한 한 농아동들을 청인아동들과 비슷하게 만들어 주고 미국 사회 속에서 적응할 수 있게 하는 것이었다. 이와 같은 맥락 속에서 1890년대 정규학교 교사들은 그들의 주요 기능이 그들의 학생들을 사회화하는 것이라고 믿기 시작했다.[39)] 1911년 미국교육협회 회장인 Carroll G. Pearse는 모든 교육의 목적은 농인이든 청인이든 간에 "어린 사람들을 교육시킴으로써 그들이 살아 갈 직장을 가질 수 있고 사회 속에서 유능하게 되는 데 있다"고 했다.[40)] 또 혹은 한 사학자가 청인 교사들의 태도를 요약해 말한 바와 같이 "오늘날 어린이는 학교에 의해 발달되어야 할 인간으로서가 아니라 교육되어야 할 시민으로 여겨졌다."[41)] 구어주의자들도 이에 동의하였다.

구어주의자들은 또한 말과 독순술이 모든 농아동 교육에 있어서 수어를 대신해야 한다는 것을 미국교육협회 회원들에게 확신시키기 위해 그들의 공적 관련 사람들의 힘을 이용했다. 이것은 미국교육협회의 제16부를 창설한 1897년 Milwaukee 회의에서 가장 극적으로 시범을 보였다. 위스콘신과 일리노이에 있는 구화통학제 학교들은 수많은 교사들을 동 대회에 보냈으며, 그리고 그보다 더 중요한 것은 Bell이 구어교육방법의 성공을 보여 주기 위해 "학생들과 학급을 계속 공급하겠다"고 말한 점이었다. 이 시범학급에서 영리한 어린 농아동들이 그들의 청인 교사들의 말을 이해하고 또 따라 말하는 효과는 대단한 것이었음이 틀림없었다. 대부분의 미국교육협회 회원들은 농아동들의 언어능력에 대해서는 확실히 잘 모르고 있었다. Bell 자신은 수어 옹호자들이 그들의 학생들을 데려와 그 농학생들이 청인 교사의 말을 이해하고 따라 말할 수 있는 그들의 교육적 성취를 시연해 보여 주는 데 실패한 것에 놀랐으며, 그는 이것이 전술적 오류임을 인정했다. 그는 그의 부인에게 다음과 같은 편지를 썼다.

> 일반적으로 학생들의 취학율이 떨어지게 된 수어를 가르치는 학교와 교육기관들은 앞으로 구어교육 체제의 도입을 현저히 증가시켰다. 국가의 모든 학교는 구어교육 체제에 참가하도록 권장되었고 구어를 하는 학생들의 급속한 증가는 공립학교 교사들을 징발하는 기회의 혜택을 갖게 만들었는데, 이것은 수어를 가르치는 학교들의 실패에 기인한 것이었다.[42]

비록 구어주의자들이 수어와의 투쟁에서 미국교육협회의 지지를 성공적으로 얻었다고 하더라도 말과 독순술의 이로움을 옹호하기 위한 그들의 기본조직은 오늘날의 Alexander Graham Bell

농인협회인 미국농인언어교육증진협회(AAPTSD)였다. 1890년 미국농교사협회(CAID)회의에서 창립한 미국농인언어교육증진협회는 미국의 순수 구어주의 운동의 선구자가 되었다.[43] Bell은 조직의 기금으로 — 1890년에 엄청난 돈인 — 25,000달러를 기부했으며 또한 조직의 운영비로 보다 많은 돈을 정기적으로 기부했다. 미국농인언어교육증진협회는 그의 경쟁 단체인 미국농교사협회처럼 연례회의를 개최했으며, 또한 1899년에는 *미국농인연보*와 대적하기 위해 *협회지*(오늘날 *Volta지*)라고 하는 준 전문지를 창간하였다. 그러나 그것은 수어를 좋아하는 사람들에 의해서 간행되었다.[44] 미국교육협회의 제16부와는 달리 미국농인언어교육증진협회는 Clerke학교와 뉴욕농교육개선연구원과 같이 전통적으로 구어교육을 실시해 온 대규모 기숙제 학교의 구어주의 교육을 지지하는 교장과 교사들에게 또한 구어주의교육에 흥미를 갖고 있는 전통적인 수어교육을 실시해 온 학교의 교장과 교사들에게 호소하였다.

Bell의 기민한 지도력 아래에서 미국농인언어교육증진협회는 단순히 농학생들을 가르치는 교사들만이 아니라 폭넓은 일반대중들에게 그들의 영향력이 미치도록 노력했다. 협회지는 보다 특별히 농교육에 초점을 맞춘 기사들과 함께 일반적인 관심사에 관한 기사를 다루도록 노력했다.[45] 미국농인언어교육증진협회와 Bell의 개인 연구실인 Volta연구소는 농 관련 현안문제들에 관심이 깊은 농자녀들의 부모와 주의회 의원 및 언론인들에게 즐거운 마음으로 정보를 제공했다. 이렇게 해서 구어주의자들은 그들의 정책과 신념에 대한 폭넓은 일반대중의 지지를 받기를 희망했으며, 대체로 그들은 이에 성공을 거두었다.

7. 제도적 변화들

Bell과 그의 동료들의 노력은 농학교 교사들과 행정가들이 수어와 말의 상대적인 가치에 대한 그들의 태도를 바꿈으로써 1880년대와 1890년대에 이어 20세기로 들어 오면서 착실한 발전을 보여주었다. 예를 들면, 1882년 미국농학교의 7,000명의 학생들 중 불과 7.5%의 학생들만이 구어로 (즉, 수어나 지문자가 아닌)[46] 배웠다. 그러던 것이 1900년에 가서는 그 비율이 47%로 증가했다. 1905년은 – 미국 역사상 최초로 농학생들의 대다수가 Clerc와 Thomas Hopkins Gallaudet이 그들에게 물려 준 수어를 쓰지 않고 공부를 하게 된 분수령에 도달한 해였다. 수어와 지문자보다 말, 독순술, 쓰기가 미국의 대부분의 농학생들을 가르치는 데 사용된 의사소통 방법이었다.[47] 구어주의교육의 영향이 정점에 이르던 1919년에 이르러서는 농학생들의 약 80%가 어떤 형태이든 간에 손으로 하는 언어를 쓰지 않고 그들의 교사들과 의사소통을 하고 또 수업을 받았다고 학교에서는 보고했다. 농아동들의 수어 사용을 쉽게 막을 수는 없기 때문에 이상과 같은 수치가 다소 과장된 것이라고 하더라도 미국농학교의 전통적인 의사소통 방법에 대한 지지율이 급속히 흔들렸다는 것은 사실이었다. 이러한 변화는 기숙제 학교에 대한 외부의 압력과 학교 내부의 의사결정을 통해서 일어났다. 학교 내부의 의사결정의 경우는 펜실베이니아농학교를 한 예로 들 수 있다.

1900년까지 대부분의 기숙제 학교에서 메릴랜드주 Frederick에 있는 메릴랜드농학교에서처럼 학생들에게 말을 가르쳤다. 자기가 하는 말을 느끼기 위해 목 위에 손을 얹고 거울을 사용하는 소녀를 주목해 보시오.

1820년에 설립된 펜실베이니아농학교는 미국농학교들 중 세 번째로 오래된 학교였다. 불안정한 상황 속에서 개교한 후 초대교장 David Seixas가 한 여학생을 괴롭혔다는 비난 속에 사임을 하는 동안 Clerc 자신이 직접 교장직을 맡아 교육프로그램을 만들었다. 미국농학교에서 차관을 얻어 Clerc는 수어를 교수방법으로 채택하고 독립하여 학교를 세웠다.[48] 남북전쟁이 끝났을 때 펜실베이니아농학교는 국내 최초의 농학교 중 하나이며 급속히 성장하는 학교 중 하나라는 좋은 평판을 받았다. 1870년 그 학교는 최초로 언어교육 실험을 하기로 결정했다.

펜실베이니아농학교의 순수 구어주의 학교로의 변신은 19세기 말 수어를 경원시하는 일반적인 동향과 형평을 이루면서 서서히 이루어졌다. 처음에는 교사 한 사람이 말을 배운 다음 청력을 잃었거나(半啞) 또는 난청(半聾)인 학생들을 대상으로 한 발음법을 가르치는 1개 학급만을 맡아 가르쳤다. 1876년에 언어교육부가 설립되었으며; 그 부서 책임자로 임명된 Edward Crane이라는 사람은 보스턴대학교에서 Bell과 같이 시화법을 공부했다.[49] 그러나 그 실험은 만족하지 못한 것으로 판명되어 1881년 그 학교는 말을 하는 대부분의 학생들을 수어를 사용하는 환경으로부터 격리시키기 위해 구어부서를 물리적으로 손으로 말하는 수어부서와 분리하기로 결정했다.

1885년까지 펜실베이니아농학교는 세 가지 다른 배경에서 말과 독순술을 가르치고 있었다. 본부 건물에서 몇몇 학생들은 매일 30분 또는 45분 간씩 언어학습을 했으며, 그 밖의 다른 교과목은 수어를 쓰는 학생들과 같이 공부했다. 본관의 다른 학생들은 모든 수업을 말로 받았으나 기숙사에서 식사 때 그리고 또 다른 일반적인 활동에서는 수어를 쓰는 학생들과 섞여 사귀는 것이 허용되었다. 구어를 하는 제3의 집단은 완전히 분리되었다. 그들은 최소한도 이론적으로는 수어나 지문자를 쓰지 않는 본관에서 떨어진 건물에서 수업을 하고 식사를 하고 잠을 잤다.

언어교습을 받으면서 수어를 쓰는 학생수가 서서히 감소되자 펜실베이니아농학교는 학생들을 엄격하게 구어만을 쓰는 부서와 수어를 쓰는 부서로 나누었다. 학생들은 말과 독순술을 배우든지 혹은 모두 수어와 지문자를 배우든지 둘 중의 하나를 선택해 공부했다. 1892년 학교는 필라델피아 교외의 Airy산(山) 아래의 새로운 넓은 부지로 옮겼으며, 그리하여 말하는 사람들을 수어를 하는 사람들로부터 완전히 분리시켰다. 새로운 교정은 그 넓은 부지 위에 손으로 말하는 학생들을 위한 시설 하나와 입으로 말하는 학생들

David G. Seixas라는 청인이 펜실베이니아농학교 교장직을 사퇴했을 때 Laurent Clerk가 학교경영권을 승계받아 1890년대까지 계속된 수어쓰기의 전통을 만들었다.

을 위한 시설 하나 등 두 개의 시설을 완전히 갖추었다. A. L. E. Crouter 교장에 따르면 수업시간 이외에 수어로 말하는 아이들과 어울리도록 미리 허용된 구어로 말하는 학생들은 수어를 사용하는 학생들과 분리된 학생들보다 그들의 말과 독순술 및 전반적인 학업 성취의 질에 있어서 결정적으로 뒤떨어졌다는 사실을 교사들은 발견했다. 이러한 비교는 "말하는 방법과 수어 및 손짓언어 방법은 연합체제라고 알려진 방법으로 교육받은 학생들의 혜택을 누리지도 누릴 수도 없다는 것을 증명했다"고 Crouter는 생각했다.[50] 환언하면 순수한 언어교육 환경은 그들의 최대의 성공을 달성하기 위하여 구어교육방법이 필요했다.

학생들 모두가 구어교육 부서에서 성공한 것은 아니었다. 처음부터 구어교육반에 배치되었던 학생들 중 약 10%는 1881년부터 1899년 사이에 만족스러운 발달을 이루어내지 못했으며 수어교육반으로 재배치되어야 했다. 이것은 "이러한 실패는 수행해 온 교육방법에 기인된 것인지 아니면 그러한 학생들 자신의 지능이 낮은 결과인지" 잘 모르겠다고 한 Crouter의 말 속에 분명한 의문을 제

A. G. Bell의 미국농인언어교육증진협회의 지도자인 A. L. E. Crouter는 펜실베이니아농학교를 수어를 강조하던 학교에서 말과 독순술을 수단으로 해서 가르치는 학교로 전환하였다.

기했다. "손짓언어 방법에서는 평균적인 성취를 이루어 낸 반면" "구어교육 방법에서는 비록 적은 비율이지만 실패자가 있다는 것은 교육방법에 문제가 있는 것이 아니라 학생들의 지능조건이 잘못되었기 때문"이라고 Crouter는 결론을 내렸다.[51]

그래서 펜실베이니아농학교에서는 앞질러서 거의 전체를 순수 구어교육 체제로 바꾸었다. 1910년에 이르러 펜실베이니아농학교는 전 세계에서 가장 큰 기숙제 학교가 되었는데, 532명의 학생들은 수어 사용이 허용되지 않는 구어교육 부서에 속해 있었고, "구어교육에 실패한" 71명만이 수어와 지문자로 교육을 받았다.[52] 펜실베이니아농학교에서는 수어의 선택을 거절했다. 1893년의 법이 비록 신입생들은 모두 그들이 수어가 아니고는 배울 능력이 없다는 것을 보여 주지 않는 한 구어로 배워야 한다는 것을 요구하고 있지만 학교는 이미 수어 없이 교육할 것을 스스로 다지고 있었다. 이사회와 미국농인언어교육증진협회의 집행위원이었던 Crouter는 양쪽 다 말과 독순술의 가치를 믿었으며, 수어의 사용은 구어능력을 기를 농학생들의 의욕과 가능성을 방해한다고 생각했다. 그러나 다른 학교에서는 수어를 기꺼이 포기하지 않았다. 수어에 대한 반대는 종종 학교 밖에서 일어나 학교 교사들과 행정가들의 희망에 반대하여 수어 사용을 중지하고 말과 독순술로 바꾸도록 몇몇 농학교에 압력을 가했다.

학교에 대한 가장 중요한 외부의 압력은 학부모들이었다. 그리고 농학생들의 청인부모들은 특히 구어주의자들의 주장에 동감하였다. 학부모들은 그들의 자식이 그들과 같이 정상적으로 되기를 바랐으며, 구어주의는 이러한 가능성을 실현시켜 줄 것처럼 보였다. 만약 그들의 농아동들이 말을 배울 수 있고 또 독순술을 배울 수만 있다면 그들은 가족과 어울리게 되고 부모들이 이해하는 사회와 문화의 한 부분을 남길 것이라고 그들은 종종 믿었다. 반대로 만약 그들의 농자녀들이 수어를 하면서 성장하게 되면 가족들과 의사소통이 불가능하게 되고 대부분 다른 농인과 결혼하게 될 것이고 그들의 부모가 배제된 사회 — 농사회 —에 합류하게 될 것이다. 이러한 생각의 객관적인 진실이 무엇이든 간에 이러한 생각은 19세기 후반과 20세기 초에 널리 확산되어 있었다. 미국농인언어교육증진협회와 Bell은 개인적으로 부모들의 그러한 생각이 정당하다는 것을 확신시키기 위해 모든 노력을 다 했다.

위스콘신음성학회, Bell 그리고 미국농인언어교육증진협회는 구어주의 교육방법을 위한 의회에 대한 압력 활동을 하기 위해 그들 자신의 협회를 조직함으로써 그들의 농자녀 교육에 있어서 능동적인 역할을 하도록 부모들을 격려하였다.

1911년 네 명의 학부모들이 네브라스카농학교에서 "농인들의 수어와 지문자"보다 "입으로 말하고 귀로 듣는 입술 모양을 보고 말을 이해하는 방법"의 사용을 요구하는 법률을 제정하도록 주 의회와 주 지사를 설득시켰다.[53] 그들은 네브라스카농인언어교육촉진학부모협회를 그들 스스로 창립하고 또한 미국농인언어교육증진협회가 제공하는 자료를 활용함으로써 이 위업을 성취시켰다. Bell의 조직에서 '협회지'를 네브라스카 의회 각 의원들에게 보냈다.[54]

네브라스카농학교 교장과 많은 교사들은 특히 농인이었던 사람들은 이 법안을 반대했다. 결과적으로 학부모협회는 확고한 구어주의자인 새로운 교장을 임명하라고 주 지사에게 압력을 가했다. 주 지사는 학부모들의 압력에 굴복하여 그 교장을 해임하고 학부모협회가 추천한 Frank W. Booth를 고용했다.[55]

Booth는 비록 그의 부모가 농인이었지만 그는 확고한 구어주의자였다. 그는 펜실베이니아농학교에서 농교육에 그의 직업생활을 시작했었는데, 거기서 그는 구어주의로 전환하는 데 조력했다. 그 후 그는 Bell을 위해 일했다. 1910년에 그는 '협회지'의 편집인, 미국농인언어교육증진협회의 상임이사, Bell의 Volta연구소의 국장이었다. 1911년 초 네브라스카에서 있었던 행사에 관계하지 않았다는 이유로 Booth는 미국농인언어교육증진협회와 '협회지'의 자리에서 해임됐다. 그래서 그는 네브라스카에서 제안해 온 일자리를 환영했으며 신속히 새로운 직업을 받아 들였다.[56] 그는 학교에서 수어를 추방해 버리고 1911년 법 조항에서 말과 독순술을 "사용할 능력이 없는 정신지체 학생"만을 위해 지문자를 사용하는 수어언어 부서를 별도로 만들었다. 1930년에 이르러 네브라스카 학생들의 80%가 구어로 그들의 모든 교육을 받았으며, 수어는 이제 더 이상 Omaha 캠퍼스에 존재하지 않았다.[57]

19세기 후반에 시작된 구어주의자들은 농사회의 최고의 핵인 미국 수어의 정당성에 도전하였다. 이러한 노력 속에서 구어주의자들은 전화기가 현대 과학시대와 새로운 종류의 의사소통 방법의 가능성을 상징하는 사람인 미합중국에서 가장 유명한 사람 중의 한 사람에 의해 이끌어져 왔다. 그러나 농사회는 붕괴되지도 않았고 또한 그들의 언어(ASL)에 대한 이러한 모독을 그대로 묵인하지도 않았다. Bell, 음성학회, 미국농인언어교육증진협회, 수를 헤아릴 수 없이 많은 학부모 조직, 주 의회 등의 노력에도 불구하고 미국의 농사회는 그들의 많은 유럽 농사회들과는 다르게 이에 저항하여 끝내 굴하지 않고 참아 냈다. 미국 수어는 결코 미국농학교에서 완전히 사라지지 않았으며, 확실히 농사회 내에서 그 힘을 잃지 않았다.

CHAPTER 11

수어를 살리기 위한 투쟁

미국의 농인들은 수어를 수단으로 해서 그들의 학생들을 가르치도록 학교를 움직일 만한 힘이 없었다. 농교사는 비록 가장 오래된 기숙제 학교에서조차 언제나 소수에 불과했고 학교 경영자나 교장이 된 농인들도 별로 몇 명 안 되었다. 하물며 학교 이사회 이사로 있는 농인은 (만약 있다고 해도) 더더욱 희소했다. 더더구나 미국에 있어서 농교육은 사방으로 분산돼 있었다. 유럽 여러 나라의 정부나 또는 종교단체들은 국가 전체를 위한 교육방법을 지시할 수 있었으나 미국 학교들에서는 그러한 지배권을 가진 단일의 실체는 그 어디에도 없었다. 거의 모든 주정부, 연방정부, 개인적인 자선사업가 그리고 지방 학교 이사회 등이 모두 미국 농학생들을 위한 교육기관을 지원했다. 미국 농교육기관을 지원하는 이렇게 다양한 형태는 그것이 농인들은 결코 그들의 에너지를 그 어디에다 집중시켜야 할지 알 수 없다는 것을 뜻하며 또한 수어의 반대자들도 역시 그들의 목표를 쉽게 달성할 수 없다는 것을 뜻하며; 그래서 그것은 많은 영향력 있는 개인과 조직들이 파괴하기를 원하는 언어의 생존을 설명해 주는 데 도움이 될 수도 있다. 그렇지만 미국 수어의 끈질긴 지속성에 대한 또 다른 요인은 미국 농사회의 힘이며 또한 그 지도자들과 대변인들의 능력이었다.

구어주의자들의 수어에 대한 맹공격의 시기도 역시 미국에서의 수어의 생존을 위해서 다행한 일이었다. 농사회는 이미 자체적인 단체를 조직하기 시작했고; 그들의 연락체계도 자리 잡혔으며; 그 조직을 이끌어 갈 교육받은 힘있는 핵심인사들도 확보하였다. 미국농인협회는 1880년 밀란회의 꼭 한 달 전에 회의를 개최했다. 19세기 말에 학교에서 발행하는 작은 소식지는 도처에서 볼 수 있었으며, 그들의 지면에는 수어의 운명과 구어주의의 도전에 관한 기사를 끊임없이 실었다. 보다 강력한 논조의 기사는 독립적인 농인신문, 특히 '농인들의' 신문에 나타났었는데, 이 신문은 19세기에서 20세기로 바뀌는 전환기에 일대 성공을 달성하고 있었다. 미국농인협회의 회장 Robert McGregor, Edwin A. Hodgson, Olof Hanson, Jay C. Howard 그리고 George Veditz와 같은 뛰어난 사람들은 미국 농사회가 가져 온 가장 정력적인 리더십을 보여 주었다. 그래서 도전에 부닥칠 때 농사회는 어느 정도 이에 대응할 준비가 되어 있었다.

1870년대 초 Bell의 시화법이 말과 독순술에 대한 희망을 불러일으키기 시작했을 때 구어주의에 반대하는 주장들이 이미 많이 알려져 있었다. 18세기의 Abbe de l'Épée와 19세기 초의 Thomas Hopkins Gallaudet은 듣지 못하는 사람들을 위한 교육의 목적과 대상으로서 또한 교육학적 방법으로서 언어의 명백한 취약성을 많이 밝혀 냈다. 오로지 말(언어)만을 수단으로 해서 가르치면 그 속도가 미칠듯이 느리고 학생과 교사를 좌절시킨다는 것을 그들은 인정했다. 한 학생에게 말을 가르치는 것은 똑같이 지루하며 종종 학습의욕을 잃게 했다. 더욱이 나쁜 것은 그런 교육방법이 학생들의 지적 능력과 도덕성을 발달시키는 데 필요한 가치 있는 시간을 사용했다는 사실이다.[1] Clarke학교와 뉴욕농교수방법개선연구원의 외견상의 성공을 따르면서 구어주의에 반대하는 이와 같은 몇 가지 비판이 다시 나타났다.

예를 들면 1872년 펜실베이니아농학교의 Benjamin D. Pettingill은 대표적으로 주립 기숙제 학교에 다니는 많은 학생들을 위한 구어교육의 가능성에 대해 의문을 제기했다. 그는 그의 역사적인 기록을 점검하고 그 당시 상황에 대한 관찰을 통해 그의 주장을 했다. 앞의 문제에 대한 논의를 통해 그는

> 농교육 문제에 있어서 개척자들인 Ponce, Carrion, Amman, Pereira 그리고 그 밖의 다른 사람들은 그들이 학생들을 가르치는 데 있어서 어떤 특유하고 놀라운 작업과정을 채택해서가 아니라 가르치는 학생수가 얼마 되지 않았고, 그들을 가르치는 시간이 길었으며 내가 상상한 것과 같이 주로 연습과 관용법에 의해 그들에게 언어를 가르쳤기 때문에; 보통 우리들의 농학교에서 달성한 것보다 학생들이 확실히 높은 단계의 성취를 이루게 하였다고 썼다.[2]

요컨대, Pettengill은 — 비록 그가 말한 모든 교사들이 주로 말과 독순술을 사용해서 가르쳤지만 그것은 구어법 특유의 질적 문제가 아니라 — 그들이 가르치는 학생들이 그들의 성공을 위해 계산된 집중적 계속적인 가르침을 받았기 때문이라는 사실을 주장했다.

Pettengill은 Clarke학교가 독순술을 수단으로 해서 몇몇 학생

들에게 말을 배우도록 가르칠 수 있는지에 대한 가능성은 같은 요인에 기인한다고 믿었다. "Northampton [원문대로] 농학교에서는" "모든 학급이 그 규모가 작았으며 지도방법의 대부분이 개인적이고 개별화되고 있었다는 것이 관찰되고 있다"고 Pettengill은 논평했다. 이것은 그런 학교가 교육방법이라기 보다는 그들이 공적 지원을 받고 있는 기숙제 학교의 보다 큰 규모의 학급에 익숙해 있는 많은 수어교사들이 기대한 것보다 구어식 교육방법으로 보다 더 큰 성공을 거두게 된 이유를 설명해 주는 것이라고 그는 주장했다.[3] 예상되고 있는 구어교육방법이 거두고 있는 성취에 대한 Pettengill의 회의적인 태도는 중요하였다. 그러나 수어를 수단으로 한 교육의 정당성을 개발했을 때 그는 보다 통찰적이었다.

Pettengill은 농(聾)이 된다는 것이 무엇을 뜻하며 또 그것이 농인들을 위한 교육체제에 어떻게 영향을 미치는가에 대한 문제를 최초로 직접 다루었다. 구어주의자들이 종종 농(聾)은 무서운 재앙이라고 하는 주장을 그는 부정하였다. Épée와 연상의 Gallaudet의 전통에 따르면서 Pettengill은 선천적인 농(즉, 출생과 동시의 농)에 기인한 "주된 불행"과 단지 "극심한 병마"는 "지적 도덕적 암흑"이라고 썼다. 그러므로 그것은 가장 좋은 교육제도라는 것은 "가장 빠르게 가장 효과적으로 농아들을 어둠으로부터 밝은 세계로 이끌어내는 것이며, 또한 그의 지적 도덕적 능력을 가장 광범위하게 개발하고 개선하는 것이며 최단 시일 내에 그를 지적, 이성적, 문화적으로 개화된 인간으로 만들어 주는 것이라는 뜻"이었다.[4] 가장 열렬한 구어주의자들을 제외하면 수어에 의한 교육이 Pettengill이 농교육을 위해 세운 목표를 달성할 수 있다는 것을 부정하는 사람은 별로 없다. Pettengill은 농인들이 종종 발음을 똑똑히 하지 못하거나 독순술을 하지 못하는 것은 단순한 "불편"에 불과한 것이라고 무시해 버렸다. 그러나 그는 영리하여 이러한 주장이 농아동들에게 무엇보다도 먼저 영어지식을 전해 주기를 원하는 많은 교사와 학부모들을 위해서는 별다른 큰 의미가 없다는 사실을 충분히 인정하고 있었다. 그는 1873년 기사 속에서 이 문제를 다루었다.

Pettengill은 수어에 대한 지식과 수어의 사용은 영어공부를 방해한다고 하는 구어주의자들의 생각에 도전하였다. 학생들은 "글을 더 많이 쓰고 읽고 지문자도 더 많이 읽어야 한다. 그러나 그들은 현재보다는 수어 사용을 덜 해야 한다는 것을 반드시 따를 필요는 없다"고 썼다. Pettengill은 이러한 아이디어를 개발해 내면서 (농인을 위한 어떤 구어를 뜻하는) "인위적인 언어"를 학습하는 데 있어서 발달의 장애는 자연수어의 사용이 아니라 "인위적인" 언어를 학습하는 데 있어서의 충분한 연습의 실패였다고 그는 주장했다. Pettengill은 이러한 주장을 견고하게 하기 위해서 예리한 관찰을 하였다. 그의 투쟁을 뒷받침하게 될 근 일백 년에 걸친 연구에 의한 기대를 하면서 Pettengill은 "유아기로부터 변함없이 다른 것도 동등하게 우리 학교에서 채택하고 있는 것과 같이 수어를 사용해 온 농인부모의 아이들은 수어를 만드는 연습을 해 오지 않은 다른 농아들보다 문어의 사용법을 더 속히 정확하게 익힌다는 것"을 관찰해 왔다고 그는 쓰고 있었다.[5] 괴상하게도 이 점은 수어의 가치에 대한 다음 일백 년 간의 논의에서 무시되었다. 참으로 구어와 수어에 대한 논쟁 중 어느 한 편에 서 있는 농인과 청인에 의해 사용되고 있는 대부분의 수사(修辭)들은 연구에 의해서 알려진 것이 아니었다.

그러나 수어를 지지하는 농인들은 청인 구어주의자들이 갖지 않는 ― 청력 손실에 따른 개인적인 경험이라고 하는 하나의 무기를 가지고 있었다. 극소수의 예외를 제외하고는 농인들 자신은 그들이 겪은 경험에서 수어는 말을 들을 수 없는 사람들을 위한 가장 쉽고 가장 효과적인 의사소통 수단이었다고 믿었다. 농지도자들은 말과 독순술이 가치 있는 자산이라고 생각하고 있었지만 그들은 많은 수의 농아동들이 낯선 사람들에게 그들이 하는 말을 충분히 이해하도록 분명하게 말할 수 있는지, 또한 교실에서 독순술을 쉽게 배우기 위해 충분하게 공부하게 되는지에 대해 의심하고 있었다. 농인들은 수어의 사용을 허용하는 교육을 찬성하고 이의 사용을 금지한 통학제 주간학교를 반대하는 주장을 하기 위해 그들의 경험을 활용하였다.

예를 들면 1880년대 중반에 통학제 주간학교 운동이 많은 사람들의 지지를 얻고 있을 때 George Wing은 청인아동과 농아동을 같은 교실에 혼성 편성하여 가르쳐서는 안 된다고 경고하였다. Wing은 난청인이었는데, 어릴 때 처음에 공립학교에 다녔다. 그는 거기서 청인아동들이 농인인 자기를 짓누르고 무시하는 경험을 했다. 그는 농아동을 그런 환경에 집어 넣는 것은 하나의 "잔인한 실험"이며 "좋은 결과는 전혀 있을 수 없다"라고 '미국농인연보'에 썼다. 그는 이해할 수 있는 목소리를 가진 명백히 훌륭한 독술자임에도 불구하고 공립학교에서 굴욕과 실망을 느꼈다.[6] 대조적으로 Wing은 그가 수어를 사용할 수 있었던 농인들의 기숙제 학교 생활에 잘 적응하였다. 그는 미국농학교에 다녀 졸업을 했고 후에 일리노이와 미네소타 농학교의 창의적이고 성공적인 교사였다.[7]

Robert P. McGregor는 신시내티 통학제 주간학교(수어를 사용하는)를 세웠고, 미국농인협회의 초대회장이 되었는데, 그는 1910년에 노골적으로 구어주의 교육이 성공한 곳이 도대체 어디에 있느냐고 물었다. 만약 말과 독순술이 청인사회에 맞는 농인을 만들 수 있다면 왜 구어주의자들은 그들의 성취를 입증하기 위해 그런 사람들을 길러낼 수 없느냐고 그는 물었다. 미국농인협회 대회에서 그는 다음과 같이 말했다.

> "사회로 복귀된" 농인은 우리들 속에서는 살아있는 농담이라는 사실을 여러분은 모두 알고 있습니다. 우리는 항상 그가 하는 말을 듣고 있습니다. 그러나 우리는 결코 그를 한번도 본 적이 없습니다. 아일랜드 사람의 벼룩처럼 우리들의 손을 그에게 올려놓자마자 그는 어디론가 사라지고 없어 진짜 구어주의자들이 말하는 "사회로 복귀한" 농인은 단 한 사람도 결코 잡아서 설명할 수 있을만치 오랫동안 붙잡아 둘 수가 없었습니다.

농인들에게 말과 독순술을 가르치는 것은 그들을 사회에 적응하게 하는 것이 아니라 농인들을 "불완전한 말을 배움으로써" "정말 가엾은" 처지에 빠지게 만든다고 McGregor는 비난했다. 이러한 농인들은 "그들의 사회적인 모임에서 다른 농인들과 동등하게 구사해야 할 수어를 듣지도 알지도 못하기 때문에 청인들과 자유롭게 교분을 나눌 수 없다"고 McGregor는 결론지었다.[8)]

심지어 종종 구어법을 지지하는 측에서도 왜 구어를 배운 농인들까지도 공개적으로 말과 독순술을 지지하지 않는지 의아스럽게 생각했다. 미국 서부지역 몇 개 농학교 교장(행정책임자)을 지낸 David Tillinghast의 청인 아들인 E. S. Tillinghast는 1909년 미국농인언어교육증진협회에서 이 문제에 대해 거론하였다. "그들이 배운 구어교육 방법에 대한 가치를 인정하는 농인들을 양성해 낼 수 없는 구어주의에는 그 무엇인가 반드시 근본적으로 잘못이 있는 것 같다"고 Tillinghast는 구어주의 교사들의 모임에서 말했다. 그는 심지어 다음과 같이 더욱 강조하여 말했다.

> 농인으로 하여금... 여기 서서 구두로 구어법을 방어하도록 하는 것이 얼마나 전율을 느끼게 하는 일이겠느냐고 나는 생각했다. 우리는 그러한 농인을 여기에서 보지 않는다... 우리는 농교육에 관해 이야기하기 위해 함께 만났으며, 그런데 농인들 자신은 우리들이 말하고 있는 것을 거부한다. 여기에는 반드시 대단히 심각한 이유가 있다고... 나는 생각한다.[9)]

그 이유는 그렇게 심각한 것은 아니었다: 대부분의 미국 농인들은 수어와 지문자를 사용해서 가장 쉽게 의사소통을 했다. 만약 그들이 농인을 옹호하는 데 좀 더 적극적이었다면 그들은 미국농인언어교육증진협회의 목표를 거부했고 농학교에서 손을 사용한 의사소통 방법을 없애려는 시도에 반대운동을 했을 것이다. 수어를 보존하기 위해 특별히 노력한 사람 중의 하나는 Olof Hanson이었다.

스웨덴에서 출생하여 미네소타농학교와 Gallaudet대학에서 교육받아 1886년 Gallaudet대학을 졸업한 Hanson은 최초의 미국 농인 건축가 중의 한 사람이었다. 그는 또한 목사교육을 받아 감독주의목사가 되었다. 그러나 그는 미국 농사회 역사 속에서 가장 지칠 줄 모르는 농인 옹호자로 기억되고 있다. 미국농인협회의 회장을 3년 간 지냈으며 농인신문에 글을 많이 썼고, Theodore Roosevelt 대통령으로 하여금 공무원이 될 수 있는 문호를 농근로자들에게 개방하도록 설득시키는 일에 도움을 주었다.[10)] Hanson은 또한 농인

Olof Hanson은
20세기 초의 농인건축가인 동시에
미국 농사회에서 가장 힘있는 지도자 중의
한 사람이었다.

들을 위해서는 손을 써서 하는 의사소통 방법이 가치있다고 믿었으며 1889년에는 Bell에게 직접 특별한 제안을 했다.

그 당시 Bell은 특히 농인 상호 간의 결혼을 반대하는 입장이었다. 이것은 그에게 수어를 반대하는 또 다른 이유를 제공해 주었다. 수어의 사용은 농인들의 청인들과의 상호작용을 막고 청인 배우자를 찾기 보다는 농인 상호 간의 결혼을 조장한다고 Bell은 주장했다. 물론 Bell이 생각하는 해결책은 농인들이 그들의 의사소통 방법을 청인들이 선호하는 방법으로 수정하는 것이었다. Hanson은 Gallaudet대학 학생시절 Bell과 서로 알고 지내는 사이였으며, (구어가 아닌) 수어의 사용을 권했었다. 2월 3일자 편지에서 그는 Bell에게 청인들은 농인들과 상호작용을 촉진하기 위해서 그들의 의사소통 방법을 바꾸라고 말했으며 또한 이러한 목적 달성을 하는 데 있어서의 Bell의 도움을 부탁했다.

Hanson의 편지는 매우 조심스러웠고 예절 발랐다. 그 편지는 많은 농인들, 특히 Bell을 개인적으로 아는 농인들은 Bell에 대해 평소에 가졌던 존경심을 보여 주었다. Hanson은 Bell이 때때로 받아 보는 농인신문에서 청인들은 교육받은 농인들의 의견을 반영해 주지 않는다는 것을 Bell에게 확인시켜 주는 보다 극단적인 몇 가지의 비평들에 대해서 사과했다. "최소한 저만은 우리 농인계층을 위한 귀하의 가치로운 노고에 깊은 감사의 뜻을 표하는 바입니다"라고 Hanson은 Bell에게 말했다. Hanson은 농인들은 가급적 농인들끼리의 교제를 줄이고 청인들과 어울리는 것을 늘려야 한다는 데 대해서는 자기도 동의한다고 썼다. 그러나 어떻게 그렇게 하느냐 하는 문제는 어려운 일이라고 말했다.

농인들이 청인학교에 다니게 하고 수어 사용을 포기하도록 압력을 가하는 것으로는 Bell의 목표를 달성하지 못하게 할 것이다. "아닙니다. Bell 박사님," "청인들에 대한 [배타적인 농인들 간의 상호작용 경향]에 대한 뿌리는 Bell 박사님이 바라는 농인들의 언어 사용에 대한 바램보다 훨씬 더 깊습니다. 농인들은 청인들의 언어를 결코 배울 수 없는 청인들 속에서는 이방인입니다."라고 Hanson은 썼다. "독순술은 보다 소수의 사람들에게 신뢰를 받는 시각적 의사소통 방법의 대체물 중 하나에 불과하다. 왜냐하면 농인에게 있어서 말이란 수어의 또 다른 하나의 형태에 불과하며 다른 언어 방법 중 그 어떤 것과 비교했을 때 대단히 빈약하고도 불명료한 언어이기 때문이다"라고 Hanson은 주장했다. Hanson에 의하면, 대부분의 농인들은 말하기와 듣기만으로 사람의 생각을 상호 교환할 수 있는 대체로 보편적인 방법을 결코 배울 수가 없기 때문에 농인과 청인 간의 교제와 결혼을 촉진하는 방법은 "청인들 속에 지문자에 대한 지식을 가능한 한 넓게 보급하는 것"이었다.

Hamson은 이것은 공립학교에서 지문자를 가르침으로써 가능하다고 믿었다. 그는 일리노이농학교 책임자(교장)인 Philip Gillett

Philip Gillett는 일리노이농학교 행정책임자(교장)를 다년간 지냈는데, 그는 농교육에 있어서 수어와 지문자를 사용하도록 주장하는 청인 중의 한 사람이었다.

가 일리노이농학교에서 지문자의 교육을 교육과정에 추가하도록 했다는 사실을 Bell에게 말했다. 그러나 이러한 생각은 Bell과 같은 신분의 사람의 지지가 필요했다. Hanson은 Bell에게 "만약 귀하께서 어떤 집회에서 개인적인 연설을 통해서나 또는 귀하께서 실행할 수 있다고 생각하는 어떤 방법 중 하나로 도와 주실 수만 있다면 농인들은 귀하의 과거의 업적들보다 훨씬 빠르게 감사하게 될 호의를 귀하께서 베풀게 될 것이라고 저는 생각합니다"라고 말해 주었다.[11]

Bell은 결코 이러한 호의를 베풀지 않았다. 그는 후에 Hanson의 충고와 비슷한 충고를 한 어느 청인에게 자기는 다수(환언하면, 청인들)로 하여금 단지 소수의 농인들을 위해서 특별한 의사소통 방법을 배우기를 기대한다는 것은 비현실적이라고 믿는다고 설명했다.[12] 비록 Hanson은 Bell의 생각을 바꾸려는 노력에 실패는 하였으나 농학교에서 수어를 보존하기 위한 투쟁을 계속했다.

1. 네브라스카농학교의 논쟁

미국은 전국 현장교육에 대한 중앙정부의 지휘통제권이 없기 때문에 농사회와 구어주의자들 간의 싸움은 조금씩 조금씩 산발적으로 일어났다. 때로는 원형 회의장이 교사들의 대회장이 되었다. 원형 회의장은 이사회나 학교 행정가(교장)들의 회의장으로 사용되는 경우가 더 잦았으며, 농인에게는 별 영향을 미치는 장소가 못되었다. 이런 유형과 다른 때의 싸움은 농인들의 정기간행물, 작은 소식지, 전문지들의 지면이기도 하였으나 인쇄물에서의 이러한 작은 충돌은 의례적인 일로서 별 의미는 없었다. 미국농인언어교육증진협회의 '협회지'는 예언적이며 압도적으로 말과 독순술을 선호하는 편이었고 손을 써서 하는 의사소통 방법을 모두 반대했다. 그래서 '미국농인연보'는 Edward Allen Fay가 1920년 편집인 자리를 넘겨 줄 때까지 모든 의견을 다 수용할 만치 개방되어 있었으나 농인들이 그들의 언어를 사용할 권리를 충실히 뒷받침하였다. 아직도 다른 원형 회의장은 주 정치의 장소였으며 네브라스카주에서 1911년부터 1915년까지 농사회와 미국구어주의자들은 서로 반목을 취하고 있었다.

그 이유는 부분적으로 다음과 같은 주(州)의 법이었다.

> 앞으로 네브라스카농학교에 입학이 허가된 모든 어린이와 위 학교에서 현재의 교육방법 아래 3년을 월반하지 않은 모든 어린이들은 정신장애나 혹은 음성장애가 있지 않는 한 농인들의 지문자와 수어를 제외한 구두로, 귀로[듣는 것만으로] 그리고 독순술에 의해서 위 학교에서 교육과 훈련을 받게 될 것이다.[13]

요약하면, 그 법은 네브라스카농학교가 그 학교 농학생들을 가르치기 위한 특별한 방법, 대부분의 성인농인들이 부적당하다고 보고 있는 방법, 농교사들을 배제하고 있는 방법을 따르기를 요구했다. 미국의 농인들은 그들의 사회가 개발한 모든 자원을 정리해 보임으로써 이에 응답하였다.

그 첫 번째 응답은 Hanson으로부터 나왔다. 미국농인협회 회장으로서 그는 구어법을 만들기 위한 법안에 반대하기 위한 로비를 하였는데; 이 방법으로 네브라스카주 지사에게 편지를 썼고 미국농인협회의 "공식"성명서를 지사에게 보냈다. 미국농인협회 성명에는 구어주의를 반대하는 수많은 다른 주장들이 포함되어 있었다. 예를 들면 그 법은 그 법의 수혜자(농인)들의 의견의 중요성이나 혹은 효력을 인정하지 못하고 있다고 그 성명은 주장했다. 미국농인들의 95%가 "연합교육체제"를 찬성하고 있으며, 거기에서 구어로 배울 수 있는 학생들은 말과 독순술을 배웠으나 그 밖의 다른 사람들은 수어로 수업을 받았다고 주장했다. 그 성명에서는 심지어 구어학교에 다녀서 구어식 교육방법을 스스로 경험한 사람들까지도 "수어를 배제한 사람들을 신랄하게 비난한다"고 말했다. 또한 이 성명은 네브라스카법은 구어와 수어를 함께 가르치는 "연합교육체제"가 이 나라 농인의 80%의 교육방법으로 사용되고 있는 미국에서 보편적인 교육실제와 일치하지 않는다고 주장했다. 구어주의는 농학생들에게 있어서 하나의 고난이라고 동 성명은 계속했다. 농인들은 설교를 이해할 수 없고 강의를 즐길 수 없고 토론회에 참가할 수 없을 것이다. 결국 미국농인협회의 입장은 농교육은 주 법률이 아닌 전문가들 손에 맡겨져야 한다는 것이었다. "모든 환자들은 의사의 치료를 받아야 한다는 법을 의원들이 만든다면

그것은 현명한 일이 될 것이다."라고 Hanson은 썼다.[14]

구어법이 네브라스카 의회에서 통과되고 지사가 이 법안에 서명했을 때 농인들은 그들의 책략을 바꾸었다. 새로운 법률에 반대하는 대신 그들은 그 법률의 해설서를 만들기로 했다. 우선 그들은 새 교육감 Frank Booth에게 호소했다. Hodgson은 미국농인언어교육증진협회 회장 시절에 보여 준 모습보다 더 넓은 마음을 가진 사람이라는 것을 낙천적으로 시사하는 사설을 Booth는 '농인신문'에 썼다.[15] Hanson은 구어와 수어를 함께 가르치는 연합교육체제를 지지하는 비슷한 주장을 되풀이 하면서 Booth는 네브라스카 법을 융통성 있게 해석할 수 있을 것이라고 설득하면서 Booth와의 서신 왕래를 시작했으나 Booth는 이에 흥미를 갖지 않았다. 그는 가능한 한 신속하고도 전반적으로 네브라스카농학교를 구어방법으로 바꾸겠다고 Hanson에게 말했다.[16] 네브라스카주의 여러 농인협회(그 당시 미국농인협회와 독립돼 있었던)들은 지사에게 영향력을 행사함으로써 네브라스카주 내의 그들의 동배(同輩)들을 도우려고 노력했다. 예를 들면, 미네소타, 미시시피, 사우드 캐롤라이나와 캔자스농인협회에서는 구어주의를 비난하는 결의문을 통과시켰다.[17] 그러나 Booth는 농사회로부터 받는 압력에는 미동도 하지 않았다.

1911년 가을에 그는 미국교육협회 회장 Carroll Pearse를 Omaha에 초청하여 말하게 함으로써 농인협회의 결의에 대한 반격을 가했고 구어주의자들의 기운을 북돋아 주었다. Pearse는 네브라스카교사협회에서 수어에 대해 중상모략하는 공격을 하고 구어교육의 장점에 대한 찬사를 보냈다. 그는 수어로 배운 학생들은 "괴물 – 모조품이 되고", 친구도 없고 훈련 받은 개를 닮아 그들의

Frank Walworth Booth는
농부모인 Edward Booth와
Mary Ann Walworth Booth의
청인아들이었다.
그는 미국농인언어교육증진협회의 총재였다.
그 후 그는 네브라스카농학교 교장이 되어
거기에서 모든 수어나 지문자 사용을 금지하고
순수 구화학교로 전환하기 위해 노력했다.

주인을 위해 행동할 수는 있어도 자기네 자신들을 위한 행동은 할 수 없다고 주장했다. 이와는 대조적으로 구어로 교육받은 농인은 정상화되었다. 구화학교 출신 농아들은 사실상 청인학생들과 구별할 수 없게 하는 "자연스러운" 목소리를 발달시켰다고 Pearse는 말했다. Pearse의 연설은 Booth를 매우 기쁘게 해 주었기 때문에 Booth는 그것(Pearse의 연설내용)을 네브라스카의 작은 신문 '네브라스카 저널'에 게재하여 Pearse의 모욕적이고도 극렬한 견해에 대한 그의 지지의 뜻을 농사회에 알리게 되었다.[18] 그러나 농사회는 그것을 받아들이지 않았다. Veditz는 미국농인협회가 로비스트들을 고용하여 구어법과 싸우기 위해 5,000달러를 모금할 것을 제안했으며 이러한 보급활동이 시작되었다.[19] 1,500명에서 1,700명의 농인들이 그 절대적인 구어주의에 반대하는 항의서에 서명했다. 비록 로비를 위한 기금모금은 Veditz의 희망에 훨씬 못 미쳤지만 미국농인협회는 1912년과 1913년에 네브라스카법에 반대하는 그들의 노력을 지원하기 위한 기금으로 122달러를 모금하였다.[20] Hanson은 Omaha의 3개 신문에 편지를 보내서 농인들의 주장을 위한 정치적 지원을 축적하려고 노력했다. 신문사에 보낸 편지들은 구어와 수어교육연합체제를 찬성하는 주요 요점을 되풀이 해 강조했으며 Gallaudet대학의 입학 실적은 수어로 공부한 학생들이 대학에 접근기회를 얻는 데 있어서 구어로 공부한 농인들보다 성공적이었다는 사실을 덧붙여 설명했다.[21] 그 다음 Hanson은 정치적 압력을 증가시켰다. 그는 새로 선출된 네브라스카주 지사에게 편지를 써서 그에게 농인들의 입장을 이해시키기 위해 노력했으며, 미국농인협회 기금을 써서 Lyman Hunt를 로비스트로 고용했다.[22] 네브라스카농학교 졸업생이고 전직 교사였던 Hunt는 주 수도인 Lincoln으로 즉시 달려가서 '1911년 법'을 폐기하기 위한 입법에 찬성하는 의회 의원들에게 영향력을 행사하는 노력을 했다.[23] Hanson과 함께 밀접하게 일한 적이 있는 Amaha 출신 청인인 William Davis의 주장 속에서 두 의원은 1913년 그 법을 소개했다. 그 법의 개정을 지지함에 있어서 Hanson은 농인들이 왜 합동체제를 지지했는지를 설명하는 "농 · 아 · 맹에 대한 상원의원위원회"의 네 의원 모두에게 편지를 썼다.[24]

그러나 여전히 네브라스카주 의회는 설득되지 않았다. 1913년과 또 다시 1915년에 1911년의 구어법을 폐기하거나 혹은 수정하기 위한 법률 개정안을 폐기시켰다. 근 4년에 걸친 투쟁 끝에 네브라스카농학교는 "구어교육 실패"로 인하여 소규모의 수어부를 가진 구화학교가 되었다.[25]

어떤 의미에서는 미국 농사회는 이 싸움에서 졌다. 1911년, 1913년과 1915년의 개정법안의 파기는 농교육을 지배해 왔던 청인들이 농인들을 대표하는 농인 개개인들이나 농조직들 보다는 — 미국농인언어교육증진협회, Bell, 조직화된 학부모들 그리고 미국교육협회와 같은 — 구어주의자들의 말에만 귀를 기울여 왔다는 것을 지적하는 것 같았다.

그러나 그것이 관련된 이야기의 전부는 아니다. 네브라스카의 충돌은 또한 미국 농인들은 하나의 공동체이며, 그들은 공동이익을 위해 모이며 그들의 믿음을 말할 수 있다는 것을 보여 주었다. 미국 전역에 걸쳐서 네브라스카 상황에서 개인적인 이해관계가 전혀 없는 농인 개개인들은 그들의 동배(同輩, 같은 처지의 농인들)들을 돕기 위해 말로 공헌했고 심지어 몇몇 사람들은 얼마 안 되는 달러로 공헌했다. 미국농인협회는 최초로 미국 정치에 있어서 하나의 조직된 이익집단의 역할을 해 냈다. 미국농인협회는 입법을 지원했고 로비스트를 고용했고, 편지쓰기 캠페인을 전개했다. 1910년대까지 미국농인협회는 후에 발전하게 될 조직의 안정과 힘을 갖추지는 못했으나 장차 그들의 이익을 증진시키기 위해 스스로 일하는 기초를 닦았고 농인들의 선조의 위치를 구축했다. 미국 농인들은 청인들이 그들의 언어를 없애기 위해 노력할 때 침묵하지도 않았고 무관심하지도 않았다.

2. 수어를 구해 번영시키기

수어를 구하기 위한 20세기 초의 투쟁은 미국 수어를 문서로 기록을 남기고 보존하는 두 가지 중요한 실적을 남겼는데: 그 하나는 Joseph Schuyler Long의 '수어: 수어안내서'이고, 다른 하나는 미국농인협회의 영상물 수집물이었다.

수어를 설명하는 Long이 출판한 책의 저작권은 놀라운 것이 아니다. 아이오와농학교와 Gallaudet대학의 졸업생인 Long은 20세기 초 농교육에 있어서 행정가의 위치를 획득하고 유지하기 위해 관리를 했던 농인 중의 한 사람이 되었다. 1902년 그는 또한 그의 모교의 교장대리가 되었고 1908년에는 종신 교장이 되었다. 그는 또한 시를 써서 출판했고 농사회를 위한 간행물을 펴 내기도 했다.[26] Long은 당대의 많은 농사회인들처럼 수어가 만약 전 세대로부터 물려 받은 형태대로 배운다면 그의 표현력과 일관성을 잃게 될지도 모른다는 것을 우려했다. 1918년에 출판한 그의 책 제2판 서문에서 수어는 이제 어떤 학교에서도 "더 이상 가르치지 않으며 더 이상 정확하게 배우고 사용되는 것을 보기 위한 시도는 없다"고 그는 말했다. 그래서 그는 그의 작품이 "농인들이 그 본래의 순수성과 아름다움 속에서 그렇게 많은 은혜를 입고 있는 표현방법이 풍부한 이러한 언어를 보존하는 것을 돕고, 또한 이 책이 국가의 다른 지역에서 비교의 한 기준으로 기여하게 되고 그럼으로써 한 언어로서의 보다 큰 일관성을 유지하기 위한 흐름으로 기여하게 되기를 희망했다."[27]

1909년에 처음 출판된 Long의 책은 현대의 언어학 교재보다 외국어사전에 더 가까운 하나의 참고서였다. 그는 특수한 수어기호가 어떻게 만들어져야 하는지를 예시해 주기 위해 손, 얼굴 그리고 몸의 움직임에 대한 몇몇 개의 사진과 영어단어로의 설명을 해놓았다. Long은 비록 수어는 "개별단어로 된 언어"라기 보다는 오히려 "몇 개 단어가 모여 어떤 뜻을 나타내는 숙어적인 언어"이기는 하지만 영어단어는 마치 수어기호와 정확한 동등성을 갖는 것으로 책에서 정리했다. 더 나아가서 Long은 오늘날 미국 수어의 문법

J. Schuyler Long은
미국 수어를 보존하고 수어안내서를 발행하여
하나의 일정한 형태를 갖추기를 희망했다.

구조에서 중요하게 인정되는 얼굴 표정, 수어기호의 배열 그리고 공간활용에 대해서는 설명하지 않았다. 그러므로 Long의 작품은 미국 농사회의 언어를 뜻하는 거의 최종적인 것이거나 혹은 심지어 전적으로 확실한 것은 아니었다. 그러나 그것은 기록할 만한 가치가 있다는 사실을 인정한 것이었다.[28] 보다 야심적인 노력과 보다 만족스러운 매체를 사용한 것은 당대의 위대한 수어를 하는 주인들을 영화로 만드는 미국농인협회의 사업이었다.

George Veditz가 이 신기한 아이디어를 생각해 냈다. 미국농인협회 회장으로 두 번이나 당선된 Veditz는 구어에 반대하는 강력한 적수였으며 수어의 옹호자였다. 결코 말 솜씨가 좋은 편이 아닌 이 볼티모어 원주민은 구어주의를 "나쁜 것"으로, "악"으로 묘사했으며 수어는 "하나님이 농인들에게 준 가장 고귀한 선물" 이라고 믿었다.[29] 1907년부터 1910년까지 미국농인협회의 회장직을 수행하는 동안 Veditz는 미합중국의 가장 위대한 수어 사용자들인 청인과 농인들의 사례들을 기록하기 위해 새로운 영화기술을 사용하기 위한 기금을 모금하기 시작했다. 이것을 하는 방법에 있어서 미국 수

George W. Veditz는
미국 농사회의 가장 세련되고 총명한
지도자 중의 한 사람으로서
미국농인협회의 사업의 일환으로 수어를
영화필름으로 보존하기 위한 영상사업을
처음으로 착수했다.

어는 유럽 수어의 운명을 피할 수 있다고 믿었다. 유럽 수어들은 학교에서 밀려 난 후 퇴보하여 언어로서의 힘을 잃었다고 그는 생각했다.

미국농인협회의 사업은 1910년으로부터 1920년까지 계속되었다. 미국농인협회는 말 소리나 입술의 움직임이 없는 미국 수어에서 묘사된 시, 강의, 옛날이야기들을 영화에 담았다. 수어를 하는 모델은 Gallaudet대학의 농교수인 John B. Hotchkiss와 Amos G. Draper; 둘 다 Gallaudet대학의 행정가였던 Edward Miner Gallaudet과 Edward Allen Fay; Fanwood에 있는 뉴욕 농학교의 농인 교장인 Thomas F. Fox; 미국농인협회의 초대 회장인 Robert P. McGregor; 농화학자인 George H. Dougherty; 그리고 농인 감독목사인 James H. Cloud가 포함되었다. 가장 훌륭한 모델이며 가장 많이 움직이는 수어 사용자 중의 한 사람은 Veditz 자신이었으며, 그는 "수어의 보존"이라는 제목의 연설을 하였다.[30]

3. 수어는 살아있다

1920년대까지 수어에 대한 토론이 이루어지지 않았을 때 수어는 1960년대까지 극소수의 것을 제외하고는 살아남아 있었으므로 농사회는 살아 움직이고 있었으며 외부 공격에 얻어 맞지 않았다. 농교사들 중 몇 안 되는 핵심인사들이 구어에 실패자로 본 학생들에게 직업교육 교과목을 가르치면서 대부분의 주립학교에 남아 있었다. 몇 가지의 승리를 거두었다. 1905년 일리노이 의회는 기존의 결정을 수정하여 통학제 학교에 대한 주 정부의 지원을 취소시켰으며; 1912년 뉴욕농학교는 농지도자들에 대한 조사를 한 다음 순수 구어주의를 위해 수어를 버리지 않는다는 결정을 하였으며; Long의 수어 교과서와 미국농인협회의 영화는 미래의 농세대(聾世代)를 위한 수어를 기록으로 남겼으며, 미국농인협회와 다른 농조직들은 그 조직이 여전히 튼튼하였고 수어를 기초로 한 교수원리를 계속해서 지지하였으며; Gallaudet대학은 미국의 농인 엘리트들을 위한 수어를 하는 학교로 남았다.[31] 미국 농사회가 일찍이 19세기 초에 발달시킨 힘은 1890년대, 1900년대 초 그리고 그 이후 어려운 여러 해를 지내 오면서 수어를 지켜 왔다.

CHAPTER 12

농인들의 결혼문제

19세기 후반에 미국 농인들은 그들의 개인적인 행복과 집단사회 유지에 대한 새로운 위협에 직면하였다. "결점"을 가진 사람들이기 때문에 그들은 결혼할 권리에 문제가 제기되었다. 때는 농인들이 그러한 문제를 극복하기 위해 청인 사회에 도전하기에 좋은 시기였다. 미국이 특히 격렬한 인종차별주의 시대에 진입했고 또한 청력 상실을 포함한 인간의 행동과 육체적 특성은 유전 가능성이 있다는 견해가 지배적이던 시기에 —특수교회, 학교, 신문, 사교클럽과 같은—농사회의 출현은 확실히 세상 사람들의 주목을 받고 있었다. 이와 같은 사회문제에 대해 논평자들은 범죄와 가난과 같은 다루기 힘든 사회문제는 나쁜 유전인자를 타고난 결과라고 말했다. 미국에서 (Jukes라고 하는 한 집안의 여러 세대에 걸친) 행동특성과 유전에 관련된 최초의 주요 연구는 1877년에 이루어졌다. 선택적 인간번식에 의한 사회발전을 추구했던 우생학적 운동은 영국에서 그 힘을 얻기 시작해서 미국으로 확산되었다. Charles Darwin의 조카인 Francis Galton경이 1883년 처음으로 "우생학"이라는 말을 사용했는데; 같은 해에 Alexander Graham

Bell은 청인사회는 농인 상호 간의 결혼을 방지하는 법을 만들어야 한다는 것을 시사하는 연구인 — '인종에 있어서 농이라는 변종의 형성'에 관한 그의 기록물을 전달했다.[1)]

농과 유전 간의 연계관계는 수십 년 수 세기 동안 인정되어 왔다. 앞 장(章)에서 이미 언급된 바와 같이 버지니아의 Bolling가계(家系)는 두 세대에 걸쳐 농이 있었으며; 미국농학교 설립에서 Mason Cogswell을 도왔던 청인인 Sylvester Gilbert는 다섯 명의 농자녀들의 아버지였다. Gilbert의 딸들 중 하나를 더하여 미국농학교의 많은 다른 학생들은 농의 경향성이 분명한 집안 출신이었다. 1822년에 학교에 입학한 Thomas Brown은 그의 아버지, 누이 그리고 숙모를 포함한 여덟 명의 농인 친척이 있었으며; 1829년에 입학한 David Beard는 농인 형, 농인 여동생, 세 명의 농인 조카가 있었으며; 1829년에 등록한 Abigail Newcomb은 네 명의 남자 형제와 두 명의 자매가 농인이었으며; 1825년에 입학한 메인주 Hartford에 사는 Rebekah Allen은 아마 그러한 농의 기록을 가지고 있었을 것이다. Allen의 네 명의 형제와 네 명의 자매 및 11명의 다른 친척들이 농이었다. 이러한 것과 또 다른 사례들은 미국농학교 당국으로 하여금 농인은 "가족 속에서 생겨난다"는 결론을 내리게 했다.[2)]

메사추세츠에서 떨어져 있는 작은 섬인 Marth's Vineyard에 사는 가족들은 19세기 초 농이 유전된다고 생각하게 하는 많은 자료를 제공해 주었다. 미국농학교와 그 밖에 어딘가의 사람들은 농이 Vineyard 사람들 속에 유별나게 보편화되어 있다는 사실에 대해 주목하고 논평하였다. 19세기 동안 Vineyard의 농 발생률은 미국 다른 지역에 비해 실제 경이적으로 높다는 것을 현대의 연구를 통해 보여 주고 있다. Marth's Vineyard에서 태어난 155명당 1명씩의 어린이는 농아였다. 미국 전체적으로 보면 수천 명 중 단 1명만이 농아로 태어났다.[3] 그러므로 미국농학교와 Marth's Vineyard의 기록은 출생 때 농과 유전 간에는 최소한 확실한 연계성이 있음을 보여 주었다. 그러나 19세기 연구자들은 농이 유전과 관계있다는 사실을 밝혀 내지 못했다.

Vineyard와 그 밖의 어디에서든 간에 농은 때때로 동일 가계에서 발생했으나 그러나 농이 부모로부터 곧 바로 자녀들에게 옮겨지는 것 같지는 않았다. 예를 들면, Vineyard의 농 아동 중 85%는 청인 부모들이었다. 이와 유사하게 Bolling 家系의 농인 모두는 청인 부모들의 자손이었다. 미국농학교의 기록은 농인 친척을 가진 학생들 중에서도 농 부모를 가진 학생들은 거의 없었으며, 농인 친척들은 전형적으로 형제이거나 조카 중 한 쪽이었다는 사실을 보여 주었다. 또한 농과 유전과의 관계에 대한 혼란성은 농이 발견된 때로부터 1851년까지 34년 간의 미국농학교의 결혼에 관한 통계에서도 역시 나타났다. 그 기간 동안 144명의 졸업생들이 결혼을 했고 자녀를 낳았다. 그런데 그렇게 결혼한 144명의 가정 중 다섯 가정에서만 농 자녀가 생겨났고 절대 다수인 139개 가정에서는 정상적으로 듣는 아이들을 낳았다. 그러므로 만약 농이 유전된다면 그것은 분명 직계 가계에서 유전되는 형태는 아닌 것이다. 가족 간의 근친결혼이 외관상으로는 농을 유전시키게 되는 특수한 형태를 설명할 수 있을 것이라는 것은 하나의 가정(假定)이었다.

근친결혼은 그러한 결혼을 통해 태어난 아이들 속에서 나쁜 결과를 낳을 것이라는 통속적인 믿음이 있었다. 1850년대 켄터키주 Louisvill 출신 내과의사 S. M. Bemiss는 근친결혼의 자손인 농 · 아 · 맹 · 정신지체의 비율을 결정하기 위해 노력했다. Bemiss

는 그런 아이들이 부모의 유전 인자와 실제로 관계되어 있는지 결정하기 어렵기 때문에 이 연구가 완전히 성공한 것이 아니라는 사실을 1858년 미국의학협회에 보고했다. 그럼에도 불구하고 선천성 농 아동의 10% 이상이 혈족부모의 아이들이거나 근친결혼을 한 자손들의 아이들이었다고 그는 결론지었다.[6)]

그렇지만 Bemiss의 연구는 농과 유전과의 관계에 대한 초기의 연구자들을 잘못 이끈 몇 가지 함정을 지적하는 데 불과했다. 이것들 중 한 가지는 하나의 논리적인 문제였다. 선천성 농아의 10%는 서로 간에 밀접하게 혈족관계가 있는 부모들의 아이라는 것을 증명하는 발견은 아무 것도 없었다. 혈족관계라는 사실만으로는 — 자료의 부재로 — 근친결혼이 농이 되는 어떤 특별한 원인이 되었다는 것을 뜻하지 않았다. 영국의 캠브리지 대학교 교수인 George Darwin은 19세기 중 또 다른 연구를 통해 이 사실을 경험적으로 증명했다. Darwin의 연구는 영국 학교들의 농 아동들의 비율이 미국의 경우처럼 얼마 되지 않는 것은 첫 번째 사촌 간의 결혼의 결과였음을 보여 주었다. 그러므로 부모의 혈족관계는 설명할 가치가 없었다. 만약 모든 사람들의 어떤 일정한 비율이 혈족 간 결혼의 결과라면 얼마간의 농인들은 또한 자연적으로 부모들과 밀접하게 관계가 있어야 한다.[7)]

또 다른 하나의 장애물은 결정적인 문제와 관련된 정확한 자료가 존재하지 않았으며 종종 이러한 자료는 생산될 수 없었다. 예를 들면 가족관계는 몇 세대에 걸친 결혼과 출생에 관련된 문헌기록이 없는 상태에서 이런 결정을 내린다는 것은 극히 곤란하였다. 그러므로 부모들이 연구자들과 협동해서 연구하기를 원한다고 하더라도 그들의 응답은 믿을만한 것이 아니었다. Vineyard에서는 모든 사람이거나 또는 거의 모든 농인들이 사실상 혈족관계가 있었는데, 그들 개개인들은 광범위한 가족관계나 혹은 혈족관계에 대해 알지 못하였다. 결혼을 해서 농 자녀를 갖게 된 남녀는 사실상 그들의 조상 중 한 사람 또는 그 이상의 사람들이 농의 요인을 가지고 있었는데 그들은 그런 것과 아무 관계가 없다는 것을 믿을 수 있었다.[8)]

또한 어떤 사람이 언제 농이 되었는지 판단하기는 불가능하였다. 지각 있는 부모들은 아동이 들을 수 없다는 것을 짐작할 수 있을지 모르나 청력은 신생아 때 측정할 수가 없었다. 그러나 농에 대한 초기 연구자들은 청력 손실이 일어났을 때 그 사람의 나이가 중요하다고 강조했다. 그들은 선천적인 농은 유전이 원인이고 후천적인 농은 단지 질병이나 사고가 그 원인이라고 믿었다. 그러한 가정(假定)은 두 가지가 다 사실이 아니었으며 지금도 사실이 아니다. 농으로 태어난 사람들은 선천적 혹은 후천적(출생과정에서의) 사고나 질병 때문에 그들의 청력을 잃었을지 모르며, 유전적 농의 개시는 그 사람의 일생 중 어느 때라도 일어날 수가 있을 것이다.[9)] 그럼에도 불구하고 이러한 문제들은 그리고 멘델의 유전학의 무지가 원인이 된 훨씬 더 심각한 문제는 농인 상호 간의 결혼을 허용하는 것이 해롭다는 데 대한 경고를 하고 이론을 만들어 내는 Alexander Graham Bell을 방해하지 않았다.

1. 하나의 변종인간인 농인

Bell은 농(聾)은 농인 그 개인에게 있어서는 하나의 무서운 재앙이라고 믿었다. 어쩌면 이것은 하나의 자연스러운 편견이었을 것이다. Bell은 그 생계를 소리를 만들어 내고 훈련시키는 일에 의존했던 가정에서 성장했으며, 또한 어린 농 아동들을 가르쳐 왔으며; 그리하여 그는 농 아동들이 구어와 문어를 통해 지식을 획득하기 위해 노력하는 과정에서 부닥치는 심각하고 어려운 문제들을 직접 경험했었다. 더욱이 Bell의 이러한 편견은 그가 살아 온 방법에 의해 더욱 강화되었다. 그는 삼십대 초에 부자가 되어 농 사회의 회원으로서 그 농 사회 속에서 행복과 개인적인 만족을 찾는 데 성공한 성인 농인들과의 접촉할 기회를 별로 가져 본 적이 없었다. Bell은 농인들의 그러한 모습을 자기에게는 매우 잘 맞는 사회질서에 대한 하나의 병적 이탈현상인 동시에 위협으로만 보았다.

Bell은 또한 농인들은 그들이 살고 있는 사회를 허약하게 만든다고 믿었다. Bell은 그가 원하면 무엇이든 추구할 수 있는 돈과 여가가 있었던 1880년대에 미국의 농인 숫자가 증가하고 있는 데 대한 걱정이 컸다. 그는 이러한 현상은 그가 바라는 국력을 무너뜨리고 있다고 생각하고 이러한 경향을 바로 잡겠다고 결심했다. 농은 불치의 병이기 때문에 Bell은 농 아동의 출생을 막는 방법을 찾는 데 노력을 기울였다. 그는 몇몇 미국 농학교의 기록을 검토했는데 거기서 그는 놀랄만한 자료를 발견했다. 그는 이들 자료를 '농이라는 한 변종인간 형성에 관한 연구'라는 제목의 연구보고서를 작성하는 데 사용했다.[10] 그 다음 Bell은 1883년 코네티컷주 New Haven에 있는 미국과학아카데미 회의와 1884년 미국농학교교장 회의에서 그 논문을 읽었다.

Bell의 논문의 결론은 깜짝놀랄 만한 것이었다. Bell은 이를 정당화하기 위해 미국 농인들에 관한 세 가지 중요한 사실에 대한 증거서류를 조심스럽게 제시했는데; 첫째, "농인들은 같은 농인들을 결혼상대자로 선택하는 경향이 있으며;" 둘째, 이러한 경향은 19세기 동안 계속해서 증가하고 있으며(즉, 보다 많은 농인들이 같은 농인들과 결혼을 하고 있으며); 셋째, 이러한 경향은 이를 정지시키는 조치를 취하지 않는 한 미래에도 계속될 것이다 라는 것이었다.[11] 이러한 사실은 교육받은 대부분의 미국 농인들과 또한 그들과 비슷한 사람들에게는 놀라운 일이 아니었다. 놀라운 것은 "선천성 농인들의 근친결혼은 인류사회에 농이라는 일종의 변종인간을 만드는 결과를 가져 온다"라고 하는 것이 Bell의 결론이었다.[12] 그래서 Bell은 "인류에 있어서 불완전한 인간의 생산은 이 세상에 대한 커다란 재앙이 될 것"이라고 주장했다.[13] 이 세상이 재앙을 맞고 있다고 발표한 Bell은 그 다음 이러한 현상이 어떻게 더욱 발전되어 왔으며 농인들은 어떻게 서로 결혼하게 되었는지에 대한 이론을 전개하였다. 과거 농인들이 교육받기 전에는 그들끼리 결혼하는 일이 드물었으며 농인 간의 결혼이(만약 있다 해도) 그러한 사실이 실제로 알려지지 않을 만큼 극히 드물었다. 그러나 19세기 중 상황은 바뀌었다. 농인들에 대한 교육이 보편화되자 그들은 농인 상호 간에 결혼하기 시작했다. Bell은 미국 농인들이 상호 결혼하는 비율을 증가시킨다고 보는 — 대부분 교육제도와 관련된 — 일곱 가지 조건으로 (1) 기숙제 학교 (2) 농인협회와 조직 (3) '작은 농가족' 지(紙)를 포함한 농인신문 (4) 수어를 통한 교육 (5) 수어로 글 쓰기 (6) 농인에 관한 잘못된 생각 그리고 (7) 농인들만을 위한 별개의 나라를 창설하고자 하는 농인들의 욕망 등을 그 증거로 제시했다.[14]

Bell이 제시한 일곱 가지 조건 중 다섯 번째 조건과 일곱 번째 조건은 터무니없는 주장이며 중요한 것이 아니었다. 왜냐하면 수어로 글을 쓰는 것은 농인들을 가르치는 아일랜드인 청인교사 한 사람의 지나가는 꿈에 불과하며; Bell이 알고 있는 것과 같이 농인들만이 살고자 하는 별개의 나라를 세우겠다는 환상도 농사회의 지지가 붕괴된지 오래됐기 때문이었다.[15] Bell은 일곱 번째 조건인 농인들은 입으로 그들의 의사를 쉽게 전달할 수 있을만치 말과 독순술을 충분히 배울 수 없다고 하는 사실에 대해 그가 잘못 생각한 것을 보편적인 생각으로 보았다. 그러나 다른 네 가지 조건은 근거가 있는 말인데 이 네 가지 조건을 없애면 미국 농사회를 파괴하게 될 것이다.

그것이 바로 Bell의 목적이었다. Bell은 수어, 농조직, 기숙제 학교 그리고 농인신문이 농인들로 하여금 청인들의 문화보다 오히려 그들의 관심과 흥미를 지배하는 그들 자신의 하위문화를 창조하고 또 이를 영속시키도록 돕는다는 사실을 정확히 알고 있었다. 농사회제도는 대부분이 청인가족 출신인 농인 개개인들로 하여금 서로 서로 찾고 사귀고 결혼하도록 허용했다. 만약 농인들 간의 조직적 문화적 연계가 없다면 미국 농인 개개인들은 고립시키고 청인들과 사귀고 결혼하게 하거나 혹은 청인들과 전혀 사귀지도 결혼하지도 못하게 했을 것이다. Bell은 농인들을 각각 따로 떼어 놓음으로써 농인들을 고립시키게 되면 그들은 청인들과 같이 생각하고 행동하며 그리하여 어쩌면 그가 그렇게 걱정하는 "농인이라는 변종인간"이 생산되지 않도록 압력을 가하게 될 것이라고 믿었다.

Bell은 그의 연구논문에서 미국에서 "농이라는 변종인간"의 생성을 피할 수 있는 두 가지 가능한 방법이 있다고 말했다. 그 중 하나는 억제책을 개발하는 것이었다. 즉 모든 농인들이 농인 상호간의 결혼을 못하게 하든지 또는 최소한도 선천성 농인 상호 간의 결혼을 못하도록 금지하는 법을 제정하는 것이었다. 그러나 이 아이디어는 실현되지 못할 것으로 그는 생각했다. 사실 Bell은 농인들에 대한 결혼금지법은 성 생활의 혼란과 사생아의 출산이라는 사회악을 유발시키게 될 것을 두려워 했다. Bell은 또한 농인이 선천성 농인지 어릴 때 농인이 됐는지 증명하는 것이 불가능하며 또한 농인 간의 결혼을 금지한다고 해서 반드시 농부모들의 자녀 출산을 막을 수는 없을 것임을 알고 있었다. 성인 남녀 농인들이 성인생활에서 함께 어울리는 한 농인 간의 결혼을 법적으로 방해한다는 것은 단지 부도덕성만을 조장하게 될 것을 Bell은 깨닫고 있었다.[16] Bell은 농인 상호 간의 결혼 억제책이 성공할 수 없을 것 같기 때문에 그 대신 성인 농인들 간의 결혼 욕구를 줄이기 위한 "결혼예방조치법"이라고 하는 것을 제정토록 제안했다.

Bell은 기숙제 학교의 철폐, 농교육에 있어서 수어 사용의 금지, 성인 농인의 농아동 교사 금지 등의 세 가지 조치안을 제안했다. Bell은 이러한 조치는 농인들이 구어를 쓰고 또 구어기술을 발달시키도록 고무시켜 주고 그리하여 그들에게서 상징적으로 농인으로서의 속성을 줄여 주고 청인사회에 보다 쉽게 동화되도록 해줄 것이라는 글을 썼다.[17] Bell의 이러한 관점에 따라 이 농인 상호 간의 "결혼예방조치"는 교육개혁을 유도하는 호소력이 있었다. 그러므로 그들은 강제를 통해서 도달할 수 없는 사회적인 목표를 달성하기 위해 학교를 이용하는 미국의 전통 범위 안에서 건강을 지키고 있었다.

2. 농인 간의 결혼에 대한 논쟁

19세기 후반 농인 간의 결혼을 예방하고자 하는 Bell의 희망은 전체적으로 비현실적인 것으로 보이지 않았다. Perkins맹아원에 따른 정책에는 그가 만든 "예방조치법"을 위한 선례가 있었다. Perkins라고 하는 매사추세츠맹아원을 설립하여 44년 간 운영해 온 Samuel Gridley Howe는 맹인 성인들끼리 서로 사귀고 결혼하는 것을 조장하게 될 것이 두려워 맹인 졸업생들의 재 연합의 허락을 거절했다.[18] Perkins맹아원의 Howe의 후계자는 Michael Anagnos라는 그의 사위였는데 그는 맹인 상호 간의 결혼을 더욱 강력하게 반대했다. 비록 맹과 유전에 관한 연구에 대한 통계나 출판물은 없었으나 Anagnos는 "신체조직 상의 어떤 장애"에 따라 맹인이 된 사람들의 자녀들은 "예외 없이 보지 못한다"고 믿었다. 그가 Perkins맹아원을 운영할 때는 남녀 학생들을 그들 간 정서적인 유대를 맺을 수가 없도록 완전히 분리시켜 놓았다. 그러므로 여기에서는 남녀 학생들을 함께 가르치는 공동학습은 없었으며 "최소한의 남녀 간의 상호 교제나 결혼"도 없었다. 더욱이 Anagnos는 1833년부터 1870년까지 뉴잉글랜드에서는 불과 다섯 건의 맹인 남녀 간의 결혼사례가 있었을 뿐이며, 1870년부터 — Perkins가 남녀 학생들 간의 완전한 성적 분리를 시작했을 때인 — 1883년까지 뉴잉글랜드에서는 혼인서약을 한 맹인부부는 단 한 건도 없었다.[19] 농인 남녀 상호 간의 결혼을 방해하는 직접적인 법적 조치 가능성도 역시 빠뜨릴 수 없었다. 농인 상호 간의 결혼을 방지하기 위한 우생학적 운동이 19세기 초까지 미국에서 비록 힘을 얻지는 못했으나 1896년 코네티컷에서는 아마도 유전이 되는 어떤 결점이 있는 사람의 결혼을 반대하는 법률 제정의 길을 열었다. 코네티컷 뿐만이 아니라 몇몇 다른 주에서도 비록 농인들의 경우가 아니더라도 장애인 간의 상호 결혼을 반대하는 그들 주 나름대로의 금지조치를 취하였다.[20)]

Bell의 기록물은 1880년대 중에 농인들의 결혼을 금지시키지는 못했으나 그의 제안은 많은 농인들의 분노와 공포를 자극하고 농인 간의 결혼문제에 대한 토론을 활성화시켰다. 그의 아이디어에 대한 지지를 이끌어 내기 위해 Bell은 1884년 그의 연구물을 인쇄하여 미국과 해외에서 농교육과 관련된 헤아릴 수 없이 많은 사람들과 미국 국회의원, 미국과 캐나다의 농학교 교장들에게 보냈다. Bell의 자료와 주장이 모든 사람을 감동시키지는 못했다. 주립기숙제 농학교 교장들은 Bell의 주장이 옳은지 그른지 의심스러웠다. 일례를 들면, 그들은 그의 자료가 부적절하고 의심스럽다고 믿었다. 그들은 그들의 개인적인 경험을 통해 농 부부들의 자녀들이 농인 경우는 좀처럼 드문 일이며, 그들이 가르치는 학생들의 절대다수는 부모가 청인들이라는 사실을 믿었다.[21)] 예를 들면 1818년부터 1883년까지 뉴욕 농학교에 취학한 2,993명 중 불과 51명만이 부모 중 한 쪽만 농인이었다. 그 51명 중에서도 전교생의 1%의 10분의 1도 안되는 불과 22명만이 양쪽 부모가 농인이었다. 교장들도 다른 문제점을 제기했다.[22)]

콜로라도 농학교의 David Dudley는 농 부부들은 한 쪽은 농인이고 한 쪽은 청인 부부들보다 더 행복하다는 것을 그의 경험을 통해 주장했다.[23)] Isaac Lewis Peet는 어쩌면 이것이 가장 타당한 일이나 이때까지 이를 이해하는 청인은 별로 없다고 말했다. 비록 농 부부들에게서 농 자녀들이 태어나는 경우가 가끔 있기는 하지만 이것이 Bell과 다른 구어주의자들이 주장하는 재앙은 아니라고 그는 주장했다. 그는 "농인의 경우보다 더 나쁜 인간의 재앙"은 "얼마든지 많이 있으므로 결혼을 못하게 하는 일은 다른 방향에서 더 깊게 이루어져야 한다"는 글을 썼다.[24)]

농인들은 청인들에게 그들이 좋아하는 사람이면 그 누구와도 결혼할 수 있는 권리가 있는 한 농인들도 그들이 좋아하는 사람이면 그 누구와도 결혼할 수 있어야 한다는것은 당연한 일이지 이를 금지해야 한다는 생각에는 거의 이구동성으로 거부하고 있다.[25)] 시카고 출신 난청인 교사인 James E. Gallaher는 "Bell이 듣고 말하는 부모들에게서 농아로 태어나고 있는 아이들에 대한 그 원인을 찾아내는 데 실패하지 말았으면 좋겠다"는 것을 그는 희망했다고 썼다. 사람이 농인이 된 것을 농 부모 탓으로만 돌리고 그 밖의 다른 측면은 따져 보지 않고 그냥 지나쳐 버린다는 것은 적절치 못하다.[26)] Gallaudet 대학 졸업생인 James L. Smith는 농인들은 청인들 속에서 일하며, 청인들과 이웃에서 살고 있으며, 청인들과 똑같은 오락을 즐기며, 그리하여 이것으로서 농인들의 삶은 청인들의 삶에 비해 뒤질 것이 없을 만큼 충분하다 라는 사실을 미국농인연보에 털어 놓았다. 농인들은 최소한도 그들의 가족관계 속에서 그들이 쉽게 의사소통할 수 있는 사람들 속에 있고 싶어 하는 것은 당연한 일이다.[27)] 필라델피아 농인인 Hiram Phelps Arms도 또한 농인들은 청인 배우자를 선택해야 한다는 생각을 반박하는 — '농인 간의 상호 결혼: 그 정신적, 도덕적, 사회적 경향'이라는 — 책을 출판했다.[28)]

그러나 농인들은 대부분 1884년 12월 말일 워싱턴포스트지(紙)에 난 한 기사를 보고 깜짝 놀랐다. 그 기사는 Bell이 국회에서 농인들의 결혼할 권리를 제한하는 법을 제정하도록 촉구했다는 것이었다. 비록 그 기사가(그의 연구기록물 속에 언급된 것이기 때문에 Bell은 결코 그런 말을 한 적이 없는) 거짓이었다고 하더라도 농인신문은 그 기사를 뽑아 내어 널리 확산시켰다.[29] 농인들의 분통이 억수같이 터져 나왔다. Bell의 부정에도 불구하고 많은 농인들은 농인들의 결혼을 반대하는 청인들이 있다는 것을 계속해서 의심하고 있었다.

Bell은 농인들로부터 받은 비판들은 분명히 재미있는 것임을 발견했다고 그의 서신에서 지적하고 있으나 그의 생각은 청인들로부터 오히려 더 지지를 못받고 있었다.[30] 농인 상호 간의 결혼이 나쁘다는 그의 주장을 강화하기 위해서 Bell은 1880년대 말에 보다 철저한 농 관련 우생학적 조사를 시작했다. 그는 다양한 연구보조자들과 함께 농의 발생률이 높은 뉴잉글랜드의 몇 개의 작은 지역사회와 Marth's Vineyard의 기록물을 찾아 다녔다. 그리고 그는 학교 교장들로 하여금 그들의 졸업생들의 자료를 수집하도록 설득시키기 위해 노력했다. 수 년 동안 그는 농의 원인에 있어서 유전의 역할을 증명하기 위한 노력에 엄청난 정력과 돈을 썼다. 그러나 결국 그는 실패하고 말았다. 농인들과 청인들은 똑같은 조각보 이불 속에서 농 아이들과 청인 아이들을 생산함으로써 Bell의 분석이 틀렸음을 보여주고 있었다.[31] 그가 발견할 수 있었던 모든 것은 ― 그가 미국에서 찾아 낸 사람이 607명으로 계산하고 있는 ― 어떤 농인들은 실제로 그 부모가 농인들이었으며 기혼 미국 농인들의 90% 이상이 농 배우자를 선택하였으며, 어떤 가정은 "농의 원인에 있어서 유전적인 경향"이 있었다는 것이 나무랄 데 없는 완전한 사실이었다.[32] 그러나 Bell이 비록 "농의 변종"이라고 하는 그의 주제를 증명해 보이는 데 실패하기는 하였지만 그의 이 논문은 농인들끼리 서로 사귀고 결혼하는 것을 기피하게 하는 힘을 계속 발휘하게 되었다.

3. 자료의 입수

1880년대와 1890년대에 있어서 농인 상호 간의 결혼에 대한 논쟁은 하나의 유익한 결과를 가져왔다. 그것은 Edward Allen Fay로 하여금 지금까지 이루어졌던 어떤 다른 것보다 더 철저하고 세심한 연구를 하도록 했다. Gallaudet대학의 외국어 교수이자 부학장이며 '미국농인연보'의 50년 간의 편집장이었던 Fay는 신기에 가까운 학자였다. 그는 농인들의 결혼과 유전문제에 대한 토론을 하기 위해서는 자료의 뒷받침이 필요하다고 생각했다. 농인 상호 간의 결혼에 대한 Bell의 비판과 농인들의 반박은 그 아무 것도 명쾌한 해답을 제시해 주지 못하고 있었으며 그들은 농인들이 결혼을 하기 위한 현명한 선택을 하는 데 필요한 정보를 농인들에게 제공해 주지 못했다. 더욱이 Bell의 자료는 다른 나라에서 수집된 정보와 상충되었다.[33] 그래서 Fay는 1889년에 19세기의 미국 농인들과 캐나다 농인들의 결혼 사례의 결과를 모두 다 점검하고 기록하는 일을 착수하였다.

그렇게 한 결과 그는 "농학교 교장들, 농인 자신들 그리고 농인들의 친척과 친구들 그 누구에게도" "농인 상호 간의 결혼이 유전과 관계 있다는데 대한 정보"를 아무 것도 제공해 주지 못했다.[34] Fay는 농인들이 결혼 상대자의 결정을 돕는 데 중요하다고 믿는 네 가지 현안문제에 대한 해답을 찾아내기 위해 받아들인 자료를 사용하기로 하였다. 해답을 얻기 위한 네 가지 현안문제는 첫째, 농인 상호 간의 결혼이 청인과 청인 간의 결혼보다 농 아동을 낳을 가능성이 더 많은가? 둘째, 두 농인 상호 간의 결혼이 한 쪽 농인이 청인과 결혼하는 것보다 농아 생산 가능성이 더 높은가? 셋째, 농인은 누구와 결혼을 하든 간에 농인이 아닌 다른 사람들보다 농 아동을 낳을 가능성이 더 높은가? 넷째, 두 농인 간의 결혼이 한 쪽은 농인이고 다른 한 쪽은 청인이 결혼한 경우보다 더 행복한가 아니면 더 불행한가 등이었다.[35] 4,471건의 놀라운 숫자의 농 부부가 Fay의 질문에 응답해 주었다.[36]

Fay가 얻은 해답은 황당해 진 Bell을 조용하게 만드는 데 도움을 주었다. Fay는 농 부모들은 청인 부모들보다 농 자녀를 가질 가능성이 더 높다고 하는 사실을 미국농인연보에 최초로 출판된 대특집 연구물에서 보고 했고 그 다음 Bell 개인이 운영하는 Volta연구소에서 책자 형태로 만들어 보고 했다. 부모 중 한 쪽이 농인이거나 혹은 양 쪽이 다 농인인 경우를 포함한 모든 결혼 중에서 일반 사람들의 경우에서 보다 상당히 높은 비율인 9.7%가 농 자녀를 생산하였다.[37] 그러나 두 농인 간의 결혼은 — "인류에 있어서 농의 변종에 대한 Bell이 가정한 원인" — 농인과 청인 간의 결혼보다 농 자손을 낳을 가능성이 더 높은 것이 아니라는 결론이었다. 더욱이 결혼한 사람 중 한 사람이 농인이거나 혹은 두 사람이 다 농인이거나 상관없이 그 자녀들이 청인인 경우가 열 배나 더 높았다. 부모 한 사람이 농인이거나 혹은 둘 다 농인인 경우 그 자녀들의 불과 8.6%만이 농인이었다.[39] 그러나 Fay는 한가지 중요한 경고를 했다. 친족 간에 결혼한 농인들은 그 당시 30%의 농 자녀를 생산했다는 사실을 그의 자료에서 보여 주고 있었다. 그래서 Fay는 "혈족의 특성이나 정도가 어떻든 간에, 또한 그 혈족이 농인이든 청인이든 상관없이 농인의 혈족 간의 결혼은 대단히 위험하다"라는 결론을 내렸다.[39)]

농과 유전에 관한 현대지식 수준에 비추어 보면 Fay의 통계는 놀랄만한 것이 아니다. 농의 아이를 낳은 유전자 소인이 높은 사람은 — 비교적 그 발생률이 희귀한 일이지만 — 그들이 결혼한 상대가 누구이든 간에 평균적으로 그런 유전적 소인을 절반의 자녀들에게 옮겨 줄 것이다.[40)] 그러나 "변종의 생성 가능성"과 "가변적인 변종"과 "유전자의 발현도"라고 부르는 요인들 때문에 이런 아이들 전부가 실제로 농이 되는 것은 아니며 다만 그 절반은 농의 원인이 될 유전자를 옮겨 줄 것이다.[41)] 유년기에 농의 정도가 심각한 경우는 유전적 요인과 관련이 있을 때 청각 기능에 영향을 주는 자동적 퇴행성 유전자가 그 원인이 되는 경우가 더욱 잦다. 이러한 사례가 많이 있기 때문에 이 원인으로 해서 농인이 된 사람은 그 부모들이 농인이든 아니든 간에 똑같은 퇴행성 유전자와 관련이 되고 그래서 그런 소인을 나누어 가진 부모들의 자손인 경우가 증가하고 있다.[42)] 그렇지만 Fay는 이 빈약한 과학적 정보만으로 그의 연구를 끝내지 않았다. 왜냐하면 그는 또한 농인들의 행복에 대한 흥미가 많기 때문이었다.

Fay는 농인들끼리의 결혼이 평균적으로 농인과 청인 간의 결혼의 경우보다 더 행복하다는 결론을 내렸다. 이혼이나 영원한 부부 간의 이별의 비율은 농 부부들보다 농인과 청인 부부의 경우에 거의 세 배나 더 높았다. 이것은 농 부부 또는 농인과 청인 부부가 서로 비슷한 조건에서 성장한 데 따른 "강력한 상호 유대의식과 의사소통이 쉽고 자유로운 점, 가정환경 밖에서의 그들 간의 사회적인 관계와 조화들에 따른 것"이라고 Fay는 믿었다.[43)] 환언하면 미국 농인들은 그들끼리 있을 때 가장 행복하다는 것을 그들 스스로 알게 됐다는 사실을 Fay는 발견했다.

4. HYPATIA BOYD REED의 사례

이루 헤아릴 수 없이 많은 사례들이 Fay의 결론을 뒷받침하기 위해 제시될 수 있었다. 그러나 그런 수많은 사례들 중에서도 위스콘신에 사는 Hypatia Boyd라고 하는 여자의 이야기는 특별한 사례라고 할 수 있다. Milwaukee의 원주민인 Boyd는 말을 배우고 영어 구사능력을 습득한 후 생후 6년 반이 되었을 때 성홍열을 앓은 후 청력을 잃었다. 그래서 Boyd는 구화학교에서는 수어와 지문자 사용을 금지했기 때문에 Milwaukee 통학제 주간학교에 다녔다. Bell과 또 다른 사람들은 농교육이 어떻게 되어야 한다는 데 대해서 Milwaukee 통학제 주간학교를 한 사례로 들었다. Bell은 통학제 주간학교는 농인들을 일반대중과 통합되게 하고 이에 따라 청인들과 결혼할 수 있도록 이끌 것이라고 위스콘신주 입법부와 그 밖에 어디에서나 주장해 왔다.

Boyd는 농인들은 농인 상호 간 분리시켜서 청인사회에 완전히 통합할 수 있도록 준비시켜 주는 데 있어서 이러한 형태의 교육이 완전한 하나의 상공사례로 보였다. 그는 학교에서 특별한 학생이었던 Milwaukee 통학제 주간학교를 졸업한 후 이어서 Milwaukee에 있는 정규 청인학교에 다녔다. 그는 홀로 독순술에 의지하여 통역이나 혹은 어떤 다른 특별한 도움없이 그 고등학교 과정을 마쳤다. 미국농인언어교육증진협회의 전신인 위스콘신음성학회와 Bell은 구어로 교육받은 농인들은 성공할 수 있다는 증거로서 Milwaukee고교의 Boyd의 성공을 크게 내세웠다. 그는 공립학교에서 매우 잘 해 냈기 때문에 고교를 졸업하던 1895년에 위스콘신대학에 입학이 허가된 최초의 농학생이 되었다. Boyd는 대학에 1년 동안 다니면서 독순술과 그가 배운 말을 함께 사용하면서 동료 학생들 및 교사들과 의사소통을 했다. 후에 그는 Milwaukee가 발행하는 "Milwaukee의 파수꾼"이라고 하는 간행물에 기사를 썼으며, Milwaukee 통학제 주간학교의 은사님을 기리는 책도 썼다.[45] 1900년까지 Boyd는 농사회 밖에서 성공했고 농인들을 서로 떼어 놓은 교육방법의 효과를 증명한 농인으로서의 길을 잘 걸어온 것처럼 보였다. 그러나 Boyd의 생활은 이상하게 변했다. 그는 농사회에서 벗어난 강요된 생활을 계속하는 대신 위스콘신농학교 교사가 되었다. 1903년 그는 지금까지 해 온 그 어떤 것보다 더 극적인 일을 했다.[46] 통학제 주간학교 다음 청인들의 생활환경인 공립고등학교와 위스콘신대학교를 졸업한 배경에도 불구하고, 또한 독순술을 쉽게 구사할 수 있는 능력이 있음에도 불구하고, 사람들의 말소리를 쉽게 이해할 수 있는데도 불구하고, 그는 말을 못하고 독순술도 할 줄 모르고 수어를 사용하는 Reed라고 하는 농인과 결혼했다.[47] 비록 Boyd는 유년기에 받은 적절한 훈련이 언어능력에 있어서 청인들과 구별할 수 없을 만치 말을 잘하는 농인을 길러 낼 수 있다는 증거를 일반사람들과 교육자들에게 보여 주었지만 그 후의 Boyd의 경험은 그와 다른 면을 증명해 보인 것 같다. 그의 기록은 청인들이 농인들이 그들의 가장 튼튼한 자연적인 유대를 맺고 있는 이성농인들과 결혼을 하지 못하도록 막는다는 것이 어려운 일이라는 것을 보여 주었다.

Boyd와 같은 사람의 생애 역사나 Fay의 연구에서 보여 준 증거는 그 어느 것도 농인들 간의 상호 결혼을 막기 위한 선동을 완전히 멈추게 하지는 못했다. Bell은 그의 남은 생애 동안 이 문제에 계속 관여했으며, 20세기 후반에는 결론이 잘못된 그의 연구물이 아무런 제제를 받지 않고 Alexander Graham Bell농인협회에 의해 재인쇄되어 배포되었다. 그러나 Fay의 '농인의 결혼'은 농인들이 농인 간의 결혼을 할 수 없게 됐을 때에 부닥치는 당황스러움을 막아 주고, 이에 따를 두려움을 조용히 잠재워 주었다. 20세기 초에 농인들은 그들의 새로운 농 사회의 복지를 위해 점진적으로 중요해지는 다른 문제들에 관심을 집중할 수 있었다.

CHAPTER 13

농인들의 고용문제

19세기의 대부분의 기간 동안 농인들의 고용문제가 농 사회의 발전을 이끄는 지도력을 위한 두 번째로 중요한 현안문제였다. 비록 기숙제 농학교들은 항상 직업교육을 해 왔지만, 노동에 관한 관심은 농인들 가운데서 공적 논의와 토론 상의 중요한 위치를 차지하지 못했다. 아마도 그 이유 중 하나는 미국 농인들은 첫째 그들의 교육 가능성을 만들어 주는 동시에 그들을 속박하고 있는 부모들의 온정주의의 멍에를 벗어 던질 필요가 있다는 것이었다. 그들이 자비의 대상으로 머물러 있는 한 직업이나 장차 살아 갈 생애와 같은 문제는 그들이 후일 실제 부닥치게 될 상황만치 별로 중요한 것이 아니었다. 그러나 19세기 후반에 이르러서 농학교들은 농학생들에 대한 자선적인 손길을 벗어던져 버렸으며, 농인들은 사회가 그들 스스로 자립하기를 기대하는 교육받은 독립된 시민이 되도록 스스로를 만들어 나갔으며 그들 또한 그렇게 하기를 원했다.

고용문제가 19세기 후반에 갑자기 중요해 진 두 번째 이유는 경제적인 변화가 미국에서의 노동의 성격을 혁신시켰기 때문이었다. 19세기 상반기 동안 대부분의 노동자들이 종사했던 농사일과 수세공 일은 말소리를 듣지 않고서도 할 수 있는 기술이었다. 사람들은 농사일과 수세공 기술을 눈으로 관찰해 보고 오랫동안 해 보고 가르치는 교사나 함께 일하는 동료들과 인간적으로 친숙해 짐으로써 농사에 대한 지식이나 수세공에 대한 기술을 습득할 수 있었다. 그러나 남북전쟁이 끝난 다음 이러한 종류의 직업은 미국 경제에 별로 중요하지 않게 되었다. 그들의 일자리는 미국의 새로운 비개인적인 임금노동을 받는 공장 형 경제체제에서 도시산업 직업으로 급속히 흡수되었다.[1] 농인들은 고유의 기술을 가진 개인으로 남기보다는 오히려 그들을 기계의 단순한 톱니바퀴로 평가하는 산업정책과 공장 일을 찾아 집단이주 하는 산업사회를 맞아 경쟁할 수 있었다. 그리하여 농인들은 그들의 말을 빼앗고 중류 수준의 직업교육을 금지하는 구어주의자들과 농인 상호 간의 결혼을 방해하는 우생학자들로부터 그들 스스로를 지킬 수 있었기 때문에 그들은 또한 농 사회의 주목과 행동이 요구되는 경제적인 복지를 실현했다.

1. 공직 취업을 위한 투쟁

1883년 Pendleton공무원법은 하급직 공무원 선발을 위한 새로운 방법을 만들었다. 이러한 법적 조치로 농인들에게 새로운 고용기회를 제공해 주었고 또한 직업적 차별대우에 관한 그들의 관심을 증가시켜 주었다. 이러한 법적 조치가 있을 때까지 연방정부의 모든 일자리는 집권당의 나눠먹기식 일자리였다. 대통령 후보나 정당이 선거에서 승리하도록 공을 세운 사람들은 그 보상으로 연방정부의 일자리를 얻었으며, 또한 현 정부의 기분에 따라 어떤 사람은 고용될 수도 있었고 어떤 사람은 해고될 수도 있었다. 그러나 새로이 제정된 공무원법 아래에서는 3인으로 구성된 공무원인사위원회에서 그들의 소속 정당에 관계없이 누구나 응시할 수 있는 표준화된 공채시험에 의해서 책임지고 공무원을 채용하게 되어 있었다. 농인들은 보통 정치적으로 활동하지 않았고 정치에 대해서는 직접적인 관심도 없었기 때문에 공직에 대한 이러한 매관매직(賣官賣職) 체제 아래에서의 연방정부의 일자리에서는 제외되어 왔었다. 그러므로 공무원은 농인들에게 정부 공무원이 되기 위한 경쟁에 참여할 수 있는 기회를 제공해 준 것으로 간주되었다.

그러나 Pendleton의 조치가 거의 법제화되자마자 농인들은 그 법이 그들의 고용기회를 제한하고 있는 데 대해 우려하기 시작했다. 1885년(권력으로부터 소외된 소수집단 중에서 하나의 비상한 절차라고 할 수 없는) 풍문을 듣고 행동하는 Empire State(뉴욕주)농인협회에서는 공무원인사위원회로 하여금 농인들의 공무원 채용시험 응시를 금지하지 않도록 확신시키기 위해 위원회를 임명했다. Edward Allen Fay가 제기한 이 문제를 조사한 답변에서 공무원채용인사위원회는 Empire State농인협회는 사실을 잘못 알고 있었다고 응답했다. 동 인사위원회 사무총장 R. D. Graham은 "공무원법이나 동 시행규칙 속에는 농인들의 취업을 금지하는 조항이 없다"고 회신해 주었다.[2] 참으로 이것은 이론에 있어서나 실제에 있어서나 틀림없는 사실이었다. 왜냐하면 1880년대에는 공무원이 된 농인들이 실제는 몇 명 있었기 때문이었다.[3]

그러나 1890년대 초까지 농인들은 또 다시 연방정부 공무원이 되기 위해 일반 청인들과 동일한 자격으로 지원하여 경쟁하는 것이 허용되지 않았다. 미국농인협회는 1893년 시카고에서 회의를 개최하여 "정부 공무원의 자격기준이 농인들에 대해서는 불공평하게 차별화되고 있으며 농인들에게는 시민으로서의 권리를 박탈하고 있다"고 선언하는 결의문을 통과시켰다. 이 문제를 시정하기 위해 농인들은 또 다시 그들의 입장을 바꾸어 정부 인사위원회와 접촉하였다. 그 결과 그들은 처음에 그랬던 것처럼 그들의 정보가 불확실했었다는 것을 알게 되었다. 그러나 철도와 우정청 사무총장의 결정이 아마도 안전문제 때문에 이러한 정부직에 농인들은 임명될 수 없다는 것을 선언한 것은 사실이었다. 어느 농인은 그럼에도 불구하고 농인들에게 공무원이 되려고 하지 말라는 충고를 했다. 그는 "그러한 유형의 공무원직"은 "적극적이고 정력이 넘치는 젊은 사람에게는 최고의 좋은 직업이 아니라"고 주장했다.[4)]

이러한 보편적인 정서가 정당하든 않든 간에 1906년 공무원법이 농인들을 연방정부 공무원직에서 제외하는 규칙을 채택했을 때 농인들은 당연히 이에 놀랐던 것이다. 동 조항은 어떤 결점이 있는 사람들은 — 정신이상자, 결핵환자, 소아마비환자, 간질환자, 맹인, 농인과 같은 — 공무원시험 응시를 금지한다"고 되어 있다. George Veditz, Olof Hanson을 비롯한 농 지도자들은 Theodore Roosevelt 대통령에게 공한을 보내 이 차별조항에 대해 항의했다. 이에 대해 루스벨트 대통령은 공무원인사위원회에 왜 그러한 결정을 했는지 설명을 요구했고, 인사위원회는 1908년 2월 28일 괴상한 답변을 보내 왔다.

동 인사위원회에 따르면 농인들에게 공무원시험 응시자격을 허용하는 것은 그들에게 적절치 못할 것이라는 것이었다. 이것은 첫째, 공무원시험에 합격하는 농인들이 거의 없고, 둘째, 실제 공무원시험에 합격한 소수의 사람들만이 공직에 임명되는데, "비록 농인들이 공무원시험에서 적격검사에 합격했다고 하더라도 그들은 시험에 합격하기 위해 겪은 고통과 비싼 대가만을 치른 다음 공직으로부터 거부당하게 된다는 것을 불만으로 생각하기 때문에 공직에서 거부당한 사람들의 끝없는 불평불만을 초래하게 된다는 것이 사실이었다"고 그들은 말했다.[5] 이 주장의 혼란스러운 논리는 그들은 공무원시험에 합격한 사람이 얼마 안 된다고 말하지만 실제로는 너무나 많은 농인들이 합격하고 있음을 뜻하는 것인데, 그럼에도 불구하고 Roosevelt 대통령을 흔들어 대통령이 인사위원회의 결정을 승인하게 되었다.[6]

신기하게도 공무원 통계에 따르면 1908년 공무원 직류에 채용된 25,000명 중 28명이 농인이었다.[7] 얼핏 보기에 이 숫자는 별로 중요한 것 같지 않지만 그렇지가 않았다. 청인 근로자들 1,000명에 1명이 넘는 농인의 고용비율은 미국 청인에 비한 농인 전체의 비율보다 더 큰 것으로 이것은 정부가 실제로 농인들의 고용비율을 불균형하게 높게 잡고 있다는 것을 가리키고 있었다.

그래서 미국농인협회 회장인 Veditz는 인사위원회에 호소했고 뒤이어 동 인사위원회는 정부에서 농인들에게 공무원 채용시험 응시기회를 허용해 주도록 그들의 입장을 약간 완화시켰다.[8] 그러나 이 정책은 농인들에게 불공평한 부담을 주었다. 그들은 어떤 특별한 정부 부서에서는 이러한 규범에서 벗어나 솔선해서 농인 지원자들에게 공채시험 응시기회를 제한하지 않으면 안 되게 했고, 아마도 몇 개 부서에서는 무엇인가 그렇게 할 뜻이 있었다.

Roosevelt로부터 대통령직을 승계 받은 William Howard Taft 대통령은 전임자보다 더 폭넓은 생각을 가졌다. Taft가 대통령 후보 당시 이 문제를 거론했던 Veditz의 압력에 직면한 Taft는 Edward

Miner Gallaudet과 의논한 후 Roosevelt의 결정을 뒤집었다. Taft 대통령은 1909년 4월 7일자 행정명령을 통해 "몇몇 행정부서장의 관점에서 그들의 직무가 수행 가능하다고 생각되는 미국 내 모든 공직에 채용될 시험에 농인들의 응시가 가능하다"고 선언했다.[9)]

이 명령으로 Taft는 농인들에 대한 직업 선택의 기회를 다시 열어 주었을 뿐만 아니라 농인들은 하나의 단체로서 공공정책 집행에서 다른 "장애인(심신장애인)"들과는 구별되어야 한다는 사실을 알고 있었다. 농인들은 그들이 정신이상자나 간질병자 혹은 전염병으로 고통을 받고 있는 사람들과 동일하게 취급되어서는 안 된다는 것을 성공적으로 주장해 왔다. 이렇게 해서 농인들은 미국의 한 독립된 계층으로서의 그들의 특수성을 주장해 왔다. 그래서 그들은 비록 청인들과 다르지만 — 그리고 그들은 청인들과 다르다는 것을 주장했고 — 고용에 있어서 열등하거나 불가능하지 않다는 것을 주장했다. 그들은 고용기회 면에 있어서 다만 미국의 다른 노동자들과 같이 공평하게 취급되기를 원했다.

2. 산업체의 농인 고용문제

1890년과 1900년의 농인들의 고용실태조사 결과를 보면 비록 전적으로 정확한 것은 아니지만 남자의 경우 농업직에 고용된 숫자가 가장 많았으며 여자들은 가정주부나 하녀가 대부분인 것으로 나타났다. 그러나 미국의 농 사회와 관련해 보면 이 자료는 무엇인가 잘못된 것인지도 모른다. 어떤 면에서 그 대부분을 농 사회의 일원으로 보지 말았어야 하는데도 불구하고 청력 손실이 심한 사람들 모두를 농인으로 동 조사에서는 계산해 넣었다.[10] 농의 발생률은 연령이 높아 갈수록 극적으로 증가한다. 나이가 들어 농인이 된 성인들은 태어날 때부터 농이거나 어려서 청력을 잃은 사람들(중도실청인들)이 겪은 것과 똑같은 문제점에 직면하지만 그들은 농학교에 다니지 않고 보통 수어를 쓰지 않으며 농인과 결혼도 하지 않고 농클럽에도 소속되지 않으며 혹은 다른 측면에서 농인들의 하위문화에 동화하지도 않는다.[11] 그러므로 실태조사에서 농인으로 계산된 그들 대부분은 아마도 그들의 생활의 대부분을 청인으로 보낸 후 나이가 들었을 때 농인이 되는 그런 사람들이었다. 그래서 이런 사람들 중 많은 남자들이 농업에 종사하게 되고 많은 여자들이 가정부라고 하는 사실은 미국은 대부분의 여자들이 집 밖에서 일을 하지 않는 농업국가였으며, 1890년과 1900년의 농인들은 문화적으로 그들의 농사 일을 선택하거나 가정부가 되고 있었다는 사실을 지적해 준다. 선천성 농인이나 어려서 농인이 된 사람들 즉, 미국농사회의 회원들의 고용현황은 그 수를 결정짓기가 더욱 어려웠다.

그러나 1899년에 시작한 미국농인협회에서는 이 물음과 그 밖의 모든 종류의 사기업에 고용된 농인에 관련된 여러 가지 다른 문제에 대한 연구를 시작했다. 미국농인협회 회장인 James L. Smith는 1899년 12월에 "산업계에 고용된 농인들과 관련된 자료 등의 수집"을 위해 농인 3인으로 구성된 위원회를 만들었다. 3인위원회는 위스콘신 농학교 교사인 Warren Robinson; 뉴욕의 사진사인 Alexander Pach; 네브라스카 농학교 교사인 Philip Axling으로 구성되었다. 이들 3인은 질문지를 개발하여 이를 농인 고용주, 농인 자영업자, 농인 노동자들에게 보냈다.[12]

위원회가 찾아낸 것은 별로 극적인 것이 못되었다. 여자 농인

Alexander L. Pach는
뉴욕에서 사진업을 하는 전문사진사였다.
뉴욕농학교 졸업생인 그는
1899년 농인들의 고용실태 연구를 위한
미국농인협회 연구위원으로 임명되었다.

들보다는 남자 농인들의 실태에 초점이 맞춰 진 이 조사에서는 대부분의 고용주들은 농인 노동자들을 차별하지 않았으며 청인들과 쉽게 사귀는 것이 불가능했고 농인들은 "겁이 많기" 때문에 스스로 직업세계에 뛰어드는 사람이 별로 없고 농인들은 조그마한 상점에서 일하기 보다는 큰 상점에서 일하기를 바라고 농사 일이 공장 일보다 더 매력적이라고 생각되고 대부분의 농인들은 그들의 일터에서 말로 하기보다는 글씨를 써서 의사소통을 했다는 사실을 발견했다. 또한 동 위원회는 농학교에서는 타 직종에 비해 보다 고임금의 교사들과 보다 현대적인 교구와 교육방법을 가져야 했으며, 동 위원회가 동의한 보다 유리한 직업을 추천해 주기 위해 학생들을 교육하는 데 초점을 맞출 필요가 있음을 성인 농인들은 믿고 있음을 발견하였다.[13)]

학생들에게 고용기회를 마련해 주는 데 있어서 기숙제 학교들의 역할이 20세기 초 농인들과는 많은 관계가 있는 핵심적인 과제였다. 19세기 중엽에 시작된 방법을 계속하면서 미국 내의 공적 지원을 받고 있던 기숙제 학교들은 학생들에게 여러 가지 다양한 실질적인 직업교육을 실시하였다. 예를 들면 1907년 학생들은 그들이 다니는 학교에서 57개의 다른 직업교육을 받을 수 있었다. 이러한 직업은 인쇄술과 같은 기술과 기구집약적인 직업으로부터 집안 일이나 정원 가꾸기와 같은 비교적 단순한 노동집약적인 직업에 이르기까지 다양했다. 남학생들에게 가장 보편적인 직업기술은 인쇄술로서 40개 학교에서 가르쳤으며 제화기술은 37개 학교에서 가르쳤다. 여학생들을 위해 가장 많이 가르친 것은 여자들 드레스를 만드는 양장기술로 35개 학교에서 가르쳤고 바느질은 31개 학교에서 가르쳤다.[14)]

그러나 분명 선택의 기회가 이렇게 풍부함에도 불구하고 지도자들이 1906년 Warren Robinson이 빈틈없이 설명한 것처럼 직업교육의 적절성에 관해 그들이 관심을 보인 데에는 상당한 이유가 있었다.

Robinson은 그 당시 미국농인협회 산업통계국장이었는데 농인들은 청인학교의 교육과정이 바뀌었기 때문에 20세기에 그들의 고용기회를 찾는 것이 점점 어려워 졌을 것이라고 주장했다. 20세기 전에 공립 청인학교들은 그들의 학생들에게 거의 전적으로 학문중심 교육을 하는 데 초점을 두었다고 그는 설명했다. 그러나 이민자들의 유입, 의무교육법의 제정, 소위 진보주의 교육의 확산, 그리고 중공업의 새로운 수요 등으로 공립학교들은 그들의 교육과정에 산업 · 직업교육을 추가하기 시작했다. 기숙제 학교 졸업생들은 직업을 준비하는 데 있어서 청인 학생들보다 앞서서 혜택을 받아왔었으나 이제는 더 이상 소용이 없는 일이었다. 청인학교들이 농학교들을 따라 잡았다. 그래서 Robinson은 농인들에게 있어서 취업할 수 있는 산업이 무엇이냐 라고 하는 질문은 시간이 흐를 수록 점점 달라져 가고 있는 문제라고 결론지었다.[15)]

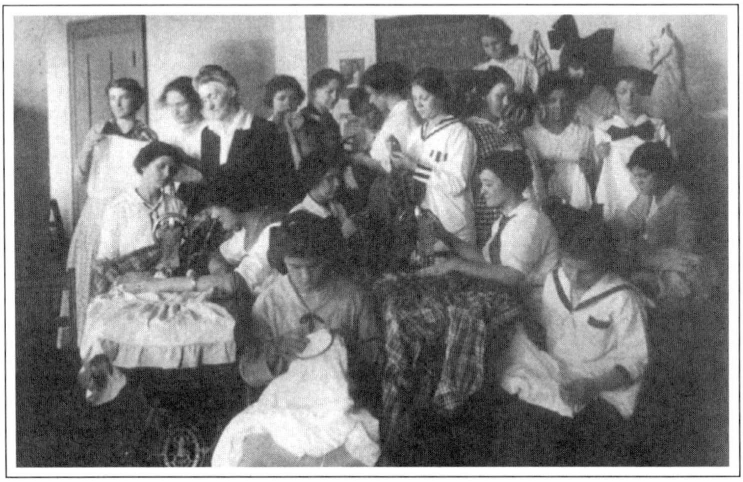

20세기 초 양재업은 농인 여자들의 가장 보편적인 직업이었다. 1916년 여기 켄터키농학교 학생들이 이 기술을 배우고 있다.

농인들은 그들의 직업교육 프로그램을 개선하기 위해 주립 기숙제 학교를 자극하는 데 이어 그들 스스로 고용안정을 위해 적극적인 노력을 했다. 농인신문과 전문지에는 농인 개개인들이 남들이 성공한 특별한 직업을 찾으라고 격려하는 기사들이 실렸다. 예를 들면, 미시간의 Lucy Taylor는 1909년 농인 소녀들에게 양재기술을 배우도록 격려했다. 독신녀인 Taylor는 여자 농인들은 결혼해서 그들을 돕는 남편에게 의존할 가능성이 청인 여자들만 못하다고 주장했다. Taylor는 자기 자신이 그렇게 했던 것처럼 농인들은 청력 손실로 불편할 것이 없는 장사 일을 배움으로써 스스로 준비하는 것이 좋다고 설득했다. Taylor는 양재기술을 배우라고 추천했는데, 양재기술은 그녀를 독립해서 안정된 수입을 벌 수 있게 했다.[16] 1908년 노스캐롤라이나의 농인 농부인 Robert Taylor는 보다 많은

인쇄업 다음으로 제화업은 1900년에 농인들에게 가장 보편적인 직업이었다. 이것은 1900년 Fredrick circa에 있는 메릴랜드농학교의 제화기술을 배우는 교실이다.

농인들이 그들의 평생직업으로 농업을 택해야 한다고 주장했다. 농업은 농부들의 농이 장애가 되는 사회적인 상호작용을 회피하기 때문이 아니라 농업은 농인들이 편견과 차별과 의존에서 벗어날 수 있게 하는 돈벌이가 되는 영원한 평생직업이기 때문에 농인들에게는 가장 좋은 직업이라고 그는 설명했다.[17)]

Taylor는 농인들 중에서 농인들 스스로 살아가는 강력한 자조적인 생활철학의 표본을 보여 주었지만 다른 농인들은 그들 수준의 보다 일반적인 삶의 수단을 추구하였다. 미네소타의 농 지도자들은 이 면에서 특히 적극적이었다. 1913년 농인 실업인인 Anson Spear와 그 밖의 다른 사람들은 주 정부에서 노동 및 산업국에 농인과를 설립하도록 납득시켰다.[18)] 농인 유권자들의 압력에 대한 응답으로서 미네소타주 상원의원인 Moses E. Clapp도 역시 연방정부에서

위스콘신농학교 졸업생이며 Gallaudet대학에서 문학사와 문학석사 학위를 받은 Werren Robinson은 농인들의 고용실태에 대해 주의깊게 연구했고, 청인들이 그들의 학교 직업교육에서 농인들을 따라잡고 있었다.

미합중국 노동부 내에 "농아국(聾啞局)"을 설치할 것을 제안했다. 농인 감독목사이자 학교 행정가(교장)인 James H. Cloud의 제안으로 1914년 미국농학교교사대회에서는 Clapp의 제안을 승인할 것을 촉구하는 권고안을 의결했다.[19] 이 법안은 비록 통과되지는 않았지만 그럼에도 불구하고 이것은 새로운 세기가 시작되면서 농인들의 고용문제에 관한 농사회의 흥미와 관심을 드러내 보여 주었다.

3. 전쟁

20세기에 있어서 농인들의 고용에 가장 강력한 영향을 미친 요인 중의 하나는 전쟁이었다. 미국이 제1차 세계대전에 뛰어 들었을 때 징집대상과 전쟁물자와 후방지원 요원의 수요가 증가하자 미국 노동인력이 전반적으로 부족하게 되었고, 징집대상으로 적합하지 않은 농인들은 그들 자신이 이러한 대대적인 노동인력 수요에 기여할 수 있음을 알게 되었다. 이러한 특수한 요인으로 인해 오하이오주 Akron에는 거대한 농 사회가 만들어 졌다.

Akron은 Goodyear와 Firestone 타이어 및 고무공장의 본거지였으며, 제1차 세계대전 중 이 두 공장은 그들의 타이어 생산을 위한 인력 수요를 해결하기 위해 농인 노동자들을 적극적으로 구했다. 전쟁기간 동안 그들은 농인 노동자들의 기여에 만족해 했고 Goodyear공장에서의 농인 노동자들이 보여 준 경험에 깊이 감동을 받은 Firestone은 보다 많은 농인 고용인을 충원하기 위해 1918년 Gallaudet대학을 졸업한 Ben M. Schowe를 1919년에 고용하였다.[20] '*침묵의 노동자*'의 작가 Gilbert Braddock의 말에 의하면 Firestone은 "본격적인 농인 식민지"를 창설한 것이다. 이 회사에서는 농인들에게 몇몇 회사 또는 청인들이 이미 그렇게 하려고 했던 것처럼 농인들은 그들의 언어와 생애 경험을 나누는 다른 사람들과 사귈 수 있을 때 가장 행복하다는 것을 인정하면서 스포츠시설, 댄스홀, 클럽들을 만들어 주었다. Braddock는 "이러한 [Firestone의 노력은] 전 미국 농인들에게 좋게 보였다. 그것은 아직 자기 자신이 그 어디에서든 필요한 존재라는 것을 알고 있는 육체적 활동이 가능한 농인들에게 있어서는 하나의 위안인 것이다."[21] 그러나 20세기가 흘러 가면서 타이어를 만드는 것보다는 오히려 인쇄업이 "어디에서나 구할 수 있는" 가장 좋은 수단이 되었다.

4. 인쇄업자: 산업엘리트

19세기 말에서 20세기로 바뀌는 시기에 인쇄술은 농인들에게 가장 숙련된 직업이었다. 미국 내의 거의 모든 주립 기숙제 농학교

Benjamin M. Schowe경은
제1차 세계대전 후 농인 노동자들의 채용을 위해
Firestone 타이어 및 고무공장에 고용되었다.

에서는 남학생들에게 — 매우 드물게는 여학생들에게도 — 인쇄술을 가르쳤다.[22] 오늘날 인쇄술은 공부를 잘하지 못하는 학생들에게 돌아가는 직업인 것 같지만 미국 농사회의 역사상 대부분의 경우 그것은 사실이 아니었다. 사실은 이와는 반대로 대부분의 재능 있는 학생들이 인쇄술을 배우는 일이 자주 일어났다. George Veditz와 Amos Draper가 바로 그와 같은 두 개의 사례이다.

메릴랜드농학교 학생시절 Veditz는 인쇄술을 배워서 학교인쇄소의 반장 노릇을 할만치 기술이 숙련되어 있었다.

그러나 그는 거기에 머무르지 않고 Gallaudet대학에 진학하여 19세기에 그 어떤 학생보다 최우수 성적으로 졸업하여 Johns Hopkins대학교 대학원생이 되었다. 1872년 Draper는 Gallaudet대학의 라틴어 및 수학 교수가 되었으나 그는 미국농학교에 다닐 때 인쇄술을 배워서 대학에 진학하기 전에 일리노이에서 전문 인쇄공으로 일했다.[23]

Veditz는 몇몇 미국농인협회 지도자들 중에서 그들의 직업생활 중 한 동안 인쇄공으로 일을 한 유일한 사람이었다. Fred Schreiber

20세기 초 수십 년 동안 오하이오주 Akron에 있는 Firestone 타이어 및 고무공장에서는 이 광고에서 여러 가지 많은 직종에서 일하는 농인들의 모습을 보여주듯이 농인 노동자들을 구했다.

는 아마도 가장 주목할 만한 사람이었다. 미국농인협회의 초대 상임이사인 Schreiber는 이 조직이 전국 농인들을 위한 영향력 있는 대변기관으로 발전시킬 책임이 있었다. 그는 젊은 시절 Akron에 있는 Firestone 타이어 및 고무공장에서 일을 했으나 후에 농인 노동자들의 보다 큰 이익을 도모하기 위하여 인쇄업으로 직업을 바꾸었다.[24]

농 사회에서 학생으로서, 후일 성인으로서 성공한 사람들에게 인쇄업의 인기와 매력이 어디에 있는지를 설명해 줄 수 있는 몇 가지 요인이 있다. 한 가지 요인은 농 사회의 형성 초기에 있어서 인

20세기의 가장 활동적이고 성공적인 농지도자 중의 하나인 Frederick C. Schreiber는 거의 20여년 동안 인쇄업을 한 사람이었다.

쇄공으로 적합한 농인들의 타고난 능력이었다. 앞 장에서 말한 바와 같이 노스캐롤라이나농학교에서 1849년에 이미 학교 교지를 만들기 시작했기 때문에 작은 학교 소식지는 지리적으로 사방으로 흩어져 있는 농 사회 구성원들을 서로 접촉할 수 있게 하는 기본적인 기관지가 되었다. 따라서 조직의 편집인은 종종 영향력 있는 사람이었으며, 편집인은 보통 인쇄술 지도교사였다. 예를 들어, Veditz는 메릴랜드농학교와 콜로라도농학교에서 학생들을 가르치는 동안 '메릴랜드 회보'와 '콜로라도 소식지'를 편집하였다.[25] 또한 독립적인 농인신문들이 종종 신문 사주이자 인쇄인이며 편집인의 역할을 겸하고 있는 사람들에 의해서 발행되었다.[25] 이러한 사람들 중에서 가장 잘 알려져 있는 사람은 Henry C. Rider였는데, 그는 '농인신문'을 창간했으며, 이 신문은 후에 미국농인협회 제2대 회장인 Edwin A. Hodgson과 제4대 회장인 Thomas Francis Fox에 의해서 발행되었다.[26]

또 다른 중요한 요인은 인쇄공이 받는 비교적 좋은 보수였다. James Gallaher는 교사가 되기 전에 시카고에서 인쇄업을 했었는

20세기 초 거의 모든 주립 기숙제 농학교에서는 Frederick에 있는 메릴랜드농학교의 이 사진에서 보는 것과 비슷한 인쇄소가 있었다.

데, 농인 인쇄공들은 주당 30달러 라는 많은 돈을 벌 수 있다고 1880년에 보고하였다.[27] 이와 대조적으로 1880년의 미국의 기계공이나 목수들은 이것의 절반 밖에 벌지 못했으며 미국 내의 농부

'미합중국의 대표적인 농인들' 이라는 제하의 19세기 농지도자들의 탁월한 전기를 편집한 시카고 인 James E. Gallaher는 1800년대에 타 직종에 비해 고임금을 받을 수 있기 때문에 재능이 비상한 농인들에게 인쇄업에 진출하라고 격려했다.

를 제외한 노동자들의 연평균 수입은 500달러 이하였다.[28] 청인 인쇄공과 농인 인쇄공들이 연합하여 그들의 재정적인 위치를 튼튼히 하고 그들에게 상당한 직업상의 기동성을 제공해 줌으로써 인쇄술의 전문성에 따른 재정적 혜택은 20세기에도 계속되었다.

예를 들어 1923년 농인 인쇄공에 대한 조사에서 농인들은 상당한 임금인 주당 평균 28.50달러를 받았으며; 자동주조식자기 인쇄공 중 몇명은 주당 50달러까지 벌었다는 사실을 보여 주었다.[29] 심지어 1930년대에 대 경제공황이 거의 모든 산업에서 노동자들의 임금을 끌어 내렸을 때도 농인 인쇄공들은 주급 60달러 라는 많은 돈을 벌었다고 보고했다.

그것은 만족스러운 일일 수도 있다. 그러나 인쇄업에서의 농인들의 성공담은 한편 교훈적인 이야기이다. 인쇄업의 속성은 20세기 후반에 들어서서 농인들의 도시 고용이 이루어 지면서 그 성격이 급속히 바뀌어 도시지역에서의 취업으로 대체되어 그 중요성이 감퇴되었다. 컴퓨터가 도입되어 구식 자동주조식자기를 밀어냄으로써 인쇄업에는 소수의 노동인력만이 필요하게 되었다. 예를 들면 '워싱턴포스트'紙와 정부인쇄소에서는 1980년대까지도 농인 인쇄공을 고용하고 있었지만 그들의 숫자는 줄어 들고 있었다.

기술적인 변화는 학교가 새로운 도전에 적응할 수 없을만치 빠르게 이루어졌다. 더욱이 서비스산업 중심의 새로운 미국 경제는 청력 손실이 경쟁에서 불리하지 않을 새로운 일터를 찾는 데 있어서 농인 노동자들의 미래와 능력에 의문을 불러 일으켰다. 농인들의 기본적인 교육기관으로서의 기숙제 학교의 필요성이 점점 약화됨으로써 미국 농 사회의 미래도 또한 불확실하다.

CHAPTER 14

글을 맺으며

19세기는 아마도 미국에서 가장 유별난 소수 집단인 농인들의 역사에 있어서 하나의 혁명을 일으킨 세기로 기록되었다. 비록 농교육의 방법론에 관해서는 확실한 답변을 얻지 못한 채 심각한 의문으로 남아 있지만 지식인들은 농인들은 교육될 수 있다는 데 대해 더 이상 의심할 수가 없었다. 미국의 농인들은 Laurent Clerc, Thomas Hopkins Gallaudet 그리고 Mason Fitch Cogswell들에 의해 그들 마음 속에 자리잡고 있는 믿음이 옳았다고 보았다. 학교에 입학한 농인들 대부분은 초 · 중등교육을 받는 데 성공을 거두었다. 어떤 농인은 대학을 졸업했고 몇몇 사람들을 석사학위 내지 전문분야 학위를 취득했다. 그러나 19세기에는 의사소통 능력에 있어서 제한을 받고 있는 이 농인 집단에서는 Gallaudet, Cogswell 그리고 또 다른 청인들이 예상 하지 못했던 그 무엇을, 혁명적인 그 무엇을, 그리고 그 밖의 어떤 일들을 훌륭하게 성취해 냈다.

청인 사회로부터 고립된 개인으로서 당대의 삶을 시작하고, 다양한 인종과 종교적 배경을 갖고 세상에 태어나서 결코 보통 그들의 문화에 완전하게 동화될 수 없는 부모들에 의해 양육된 농인들은 이민 온 집단들과 그 모습을 같이 하고, 농인들의 특별한 필요를 만족시켜 주는 하위문화와 공동체 사회를 만들어 냈다. 미국 농인들은 20세기를 맞이하여 그들 자신의 시각언어, 그들 자신의 교회와 목사, 그들 자신의 사교클럽과 협회 그리고 그들 자신의 신문들을 갖게 되었다. 가장 밀접하게 꽉 짜인 소수집단의 구성원처럼 그들은 거의 절대적으로 그들 농인끼리 결혼을 했다. 그들은 그들의 문화의 정당성에 대한 도전과 청인사회로부터 떨어진 별개의 집단을 형성할 권리에 대한 도전에 저항해 왔다.

그들은 그렇게 외롭지 않았다. 농인들에게 호의적이고 기민한 청인들은 문호를 개방하고, 농인들을 가르치기 위한 교육적 노력의 일환으로 기금을 마련하고, 농(聾)의 의미를 이해하지 못하거나 정상적인 인간의 의사소통의 통로를 거치지 않고도 의사소통을 할 수 있는 농인들의 의사소통 가능성을 이해할 수 없는 청인들과 농인들 간의 연결고리를 마련해 주기 위해 도움을 주었다. 이러한 청인들은 Thomas Hopkins Gallaudet과 기숙제 농학교의 최초의 교사들과 행정가들 중 많은 사람들의 경우처럼 종종 종교적인 부름에 의해서 동기가 이루어졌다. 이와는 달리 Mason Fitch Cosgwell, Edward Miner Gallaudet, E. S. Tillinghast, 그리고 심지어 Alexander Graham Bell과 같은 사람들은 그들의 가족 중에 농인이 있었으며, 그래서 농인들을 잘 알고 있었다. 그러나 19세기 말에 와서 일상생활을 농인들과 함께 한 청인들은 종종 대부분이 전문직, 교사 또는 농교육행정가(교장)들이었는데, 그들은 농 분야의 전문성에 기초한 생애를 개발해 나가는 길을 선택하였다. 농인들에게는 다행스럽게도 이러한 사람들은 "농인 돕기"가 일종의 어떤 소명이라기 보다는 하나의 전문직이 됨으로써 농인들의 새로운 공동체를 이끌어 가는 지도자로 우뚝 솟았다.

초기의 농 지도자들은 모두 우발적인 농인들이었다. Olof Hanson, Edmund Booth, Edwin Hodgson, George Veditz, J. Schuyler Long 그리고 Robert McGregor와 같은 몇몇 사람들은 모두 영어를 읽고 쓰고 말하는 것을 배운지 오랜 후에 농인이 되었다. 그들은 농 사회나 혹인 청인 사회 중 어느 한 쪽에서든 간에 비교적 마음 편히 지낼 수 있었으며, 그래서 미국 역사에서 모든 소수집단의 지도자들처럼 그들은 지배적인 다수로부터 그들이 대표되는 억압된 소수집단 간의 다리를 만들어 줄 수 있었다.[1] 그들 앞에 놓인 미래를 위해 농인들에게 갖추어 주는 데 도움이 되는 교육기관, 통신망 그리고 공동체 사회의 기반을 구축해 주는 일을 도왔다. 그러나 미국 농인들은 아직도 이루 헤아릴 수 없는 수많은 도전에 직면해 있었다. 그들은 20세기에 그들의 삶에 있어서의 중요한 문제에 대한 자율적인 결정권을 얻기 위한 투쟁을 계속하게 될 것이다. 특히 교육적 여건을 만들어 나가는 데 있어서 수어의 가치를 입증하는 일은 겉보기에는 끝없는 투쟁이 될 것이다. 농인들은 그들에게 자동차 운전권을 주지 않으려는 당국의 의도를 거부할 것이다.[2] 그들은 법정에서 배심원으로 봉사하고, 법정에서 적절히 의사를 표현하고, 텔레비전과 고등교육에 접근하고 그들에게 영향을 주는 공공정책에 대한 토론내용을 들을 수 있는 권리와 같은 시민권을 획득하기 위해 일하게 될 것이다.[3] 1980년대 말까지 이러한 문제들은 농 사회 내의 많은 사람들이 전체적으로 만족할 만치 해결되지 못했으며 새로운 위협이 어렴풋이 보였다.

아마도 이러한 문제들 중 가장 심각한 것은 1975년 전장애아동교육법(全障碍兒童敎育法)이었다. 장애아동을 돕기 위한 프로그램에 대한 연방정부의 지원을 인정하는 초기의 법에 대한 외견 상으로는 그럴듯한 이 개정법률안은 장애아동을 제한조건이 최소화된 환경에서 교육받게 할 것을 요구하고 있었다.[4] 이것은 농아동들은 다른 농 학생들과 같이 기숙제 농학교에 두어서는 안 된다는 것을 뜻하는 것으로 해석될 수 있었다. 그러한 노력의 교육적 가치가 무엇이든 간에 그것은 농 학생들은 성인 농 사회에 동화시키기 위한 가장 책임 있는 교육기관의 심장을 친 것이었다. 미국 농인들이 최초로 농인끼리 서로 만나고 표준시각언어를 발달시키고 그들의 사회를 만들어 가는 것을 예감하게 되는 보편적인 관심사들을 발견하게 되는 것은 기숙제 학교에서였다.

아직 농 사회의 미래는 황량한 것이 아니다. 농인들은 그들이 힘을 가진 사회에서 그것을 실현한다는 사실을 그들의 역사는 보여왔다. 만약 그들이 그러한 역사를 이해하고 그러한 교훈에 주의를 기울인다면 그들은 그들의 관심사를 다시 정리하고 그들의 승리를 보존하고 20세기와 21세기의 새로운 조건을 맞이하기 위한 그들의 목표와 방법을 재 정비하면서 단결할 수 있을 것이다. 그들이 그렇게 하게 될 하나의 징후는 1988년 봄에 Gallaudet대학교를 마비시키고, 그 존엄한 조직을 이끌어 가는 지도성에서의 혁명을 가져 온 '지금 당장 농인 총장을 임명하라'고 요구하는 스트라이크였다.

당장 농인 총장을 임명하라

1988년 3월 7일 월요일 Gallaudet대학교 학생들은 학교의 옆

출입문은 그들의 자동차로, 중앙정문 출입구는 그들의 몸으로 바리케이드를 쳐서 학교의 통제권을 장악했다. 학교의 모든 활동은 정지되었다. 수업이 중단되고 대부분의 교수진, 간부직원과 행정가들은 제자리에서 밀려 났고, 하나의 축제분위기가 만들어 졌다. 주말의 학교 잔류자들을 위해서 캠퍼스는 파업자들의 통제 아래 남게 되었다. 대학교의 초대 총장인 Edward Miner Gallaudet을 위하여 이름 지어진 행정본부 건물은 학생들의 굳은 강철자전거 자물쇠로 잠겨 움직이지 못했다. 학생들과 교수진과 간부직원들 중 학생들을 지지하는 사람들 및 폭넓은 농인 공동체가 함께 시위를 했고 시위 비용을 지원하기 위해 25,000달러 상당의 기금을 모았고, 국회의사당까지 행진을 하면서 오랜 세월 조용하던 캠퍼스에 미국 언론매체의 주목을 이끌게 했다.[5)]

DPN은 보통 '당장 농인 총장을 임명하라'를 요구하는 시위 또는 운동이라고 불리며, 이것은 네 가지 공공연한 목표를 가지고 있었다. 첫 번째, 이것은 농 사회에 대한 아무런 사전 지식이 없는 청인 여자인 Elizabeth Ann Zinser를 제7대 대학교 총장으로 임명하는 3월 6일자 재단이사회의 결정을 취소하라는 것이었다. 학생들은 루이지애나농학교 교장인 Harvey Corson이나 혹은 Gallaudet 대학교 인문과학대학장인 Irving King Jordan 2세 등 두 농인 최종후보자 중 한 사람이 Zinser 대신 총장으로 선택되어야 한다고 요구했다. 두 번째, DPN 시위 지도자들은 대학교 이사회 의장인 Jane Spilman은 이사회에서 사퇴하라고 주장했다. 세 번째 요구는 이사회 구성원의 51%는 농인들이 되어야 한다는 것이었다. 마지막 네 번째는 시위에 참가한 학생, 교수진, 행정가 및 간부직원들에 대한 보복을 하지 않을 것을 학교 행정당국에서 약속해 줄 때까지 학생들은 캠퍼스를 폐쇄하겠다고 주장했다. 1960년대 학생들의 저항운동이 제한적인 성공 밖에 거두지 못한 것을 생각하면(이사회에 농인 이사를 51% 이상 두라는 요구를 즉각 실현하지 못한 것을 제외하고는) 학생들의 요구사항은 놀랍게도 모두 실현되었다.

3월 10일 Zinser는 DPN은 "놀랄만한 농인들의 사회운동"이며 "농인들을 위한 역사적인 시민권 쟁취운동"이라고 하면서 3일 간의 Gallaudet대학교 총장직에서 사임했다.[7] DPN 시위를 촉발시켰던 이사회의 최초의 결정이 있은지 1주일 후인 3월 13일 일요일에 이사회가 다시 개최되었다. 하루종일 계속된 이 날 이사회에서 Spilman 의장은 사임하였고, 이사회의 4명의 농인 이사 중 한 명인 Philip Bravin이 신임 이사회 의장으로 임명되었으며, Irving King Jordan 2세가 Gallaudet대학교 역사상 최초의 농인 총장으로 선출되었다.[8]

DPN에 대한 전체적인 평가는 이러한 기능의 범위를 뛰어 넘는다. 그러나 시위와 그 결과는 몇 가지 수준에서 농 사회를 위한 의미를 갖는다는 것을 가리킨다고 간략히 분석되었다. 학생들과 그들의 지지자들의 활동은 1980년대에 있어서 농인들은 특히 Gallaudet대학교 총장직과 같은 대단히 상징적인 의미를 갖는 문제 중의 하나인 보편적인 현안문제를 둘러싸고 활기차게 단결될 수 있다는 것을 극적으로 보여 주었다. Gallaudet대학교는 미국에서 뿐만 아니라 전 세계적으로 농인을 위한 교육의 높은 장점을 대표하고 있다. 농인이라고 하는 사람 자신이 총장 직무를 떠 맡는다는 것은 미국 농인들은 이제 성숙한 소수집단이 되었음을 전 세계에 알리는 것이었다. 흑인 남녀들과 같이 이제 농인들은 그들 중의 한 사람이 이끄는 그들의 가장 중요하고 가장 눈에 잘 보이는 교육기관을 가지게 되었다. 비록 의사소통 문제와 청인사회에의 동화문제는 농인들을 갈라 놓을지 모르지만 그들은 농인도 Gallaudet대학교 총장이 될 수 있고 또한 되어야 한다는 사실에 대해 그들은 그들의 신념 속에서 합의를 이루어 냈다.

또한 그 시위는 1980년대 말 미국 농인들은 대중매체를 그들의 이익이 되도록 다루는 법을 배웠다는 것을 증명해 주었다. DPN 활동가들은 텔레비전과 신문기자들을 위한 대 언론 홍보장치를 마련했다. 그들은 청인 자원봉사원들이 뉴스를 위한 전화문의를 할 수 있도록 동창회관에 전화기를 설치해 놓고 직원을 배치했다. 학생 대표들은 지역 및 전국 텔레비전 방송에 끝없이 출연해서 비록 일부 사람들은 쉽게 이해할 수 있는 말소리이지만 구어를 무시하고 수어를 사용했다. 미록 이것이 미국 수어를 이해하는 시청자가 거의 없다는 심각한 문제점을 제시해 줄 수 있었지만 시위를 이끈 지도자들은 그들의 언어를 그들 자신의 이익이 되도록 전환한 것이었다. 고도로 훈련된 수어통역사들이 농 학생들이 쓰는 수어를 텔레비전을 보는 청인 시청자들을 위해 구어로 동시통역해 주기 위해 배치되었다. 그리하여 농 학생들은 그들이 분명하고 편안하며 긴장을 풀 수 있는 언어로 말할 수 있었으며, 청인들도 또한 농인들을 이해하고 수어의 위력과 지혜로움을 인정할 수 있었다. 이것의 한 가지 대단한 효과는 많은 청중 앞에서 수어를 쓰지 않는 청인 총장이 대학을 관리하려고 노력한다는 것이 얼마나 부적절한 일인가를 시연해 보여 주는 것이었다. 분명한 메시지는 첫째, 대학 캠퍼스에서 미국 농 사회에서 주로 쓰이는 언어는 수어이며; 둘째, 대부분의 농인들은 언어능력이 결핍되어 있지 않으며; 다만 많은 사람들이 영어를 분명하게 구사하는 능력이 결핍되어 있다고 하는 두 가지였다.

Irving King Jordan 2세를 총장으로 최종 선택한 것은 미국 농인들이 다른 소수집단들과 얼마나 많은 공감대를 형성하고 있느냐 하는 점을 나타낸 것이었다. 소수집단의 지도성의 전통을 지키는 데 있어서 Jordan은 전적으로 두 문화에 다 익숙해져 있었다. 그는 오토바이 사고로 농인이 되던 21세가 될 때까지 정상적인 청력을 가지고 있었다. Jordan은 농 사회의 대부분의 학생들과 성인들과 달리 청인 배우자와 살고 있으며, 말을 똑똑하게 하고 영어를 적절히 조절하고 변화시켰다. Gallaudet대학교 졸업생인 그는 수어를 유창하게 구사하고 수어의 언어심리학 분야에서는 전국적으로 널리 알려진 학자인데, 그는 테네시대학교 심리학과에서 박사학위를 받는 동안 언어심리학을 공부하였다. 그러므로 Jordan은 청인문화 속에서든 혹은 듣지 못하는 농 문화 속에서든 쉽게 자신있게 활동한다. 그는 비록 농인이지만 농인사회에서는 거역할 수 없을 만치 중요한 인물이라는 것이 사실이다.

그래서 DPN은 명백히 미국 농인들의 행동주의 역사의 주류 속에 놓여 있었다. 그것은 19세기 첫 번째 20년이 지난 이후 그토록 중요한 역할을 한 농인들이 자체적으로 의사결정을 하는 원리가 20세기 후반에도 여전히 중요했음을 보여 주었다. 개혁과 변화를 위한 힘은 농인들 자신으로부터 나왔다. 그들은 시위를 일으켜서 성공적으로 종결시켰다. 그들은 미래에도 비슷한 그들 고유의 개체성과 일관성을 가지고 그들의 청인 동포들과 완전히 평등한 위치로 진입할 수 있을 것이다.

각주

AGB : Alexander Graham Bell

Annals : American Annals of the Deaf

FP : Alexander Graham Bell Family Papers, Manuscript Division, Library of Congress, Washington, D.C.

GEDPD : John V. Van Cleve, ed., *Gallaudet Encyclopedia of Deaf People and Deafness*, 3 vols.(New York: McGraw-Hill, 1987)

GUA : Gallaudet University Archives, Gallaudet University, Washington, D.C.

MFC : Mason Fitch Cogswell Collection, Beineke Memorial Library, YaleUniversity, New Haven, Connecticut

THG : Thomas Hopkins Gallaudet Collection, Library of Congress, Manuscript Division, Washington, D.C.

TFP : Tillinghast Family Papers, William R. Perkins Library, Duke University, Durham, North Carolina

Chapter 1

1) Pierre Desloges' book, Observations d'un sourd et muet sur *'Un Cours elmentaire d'education des sourds et muets,'* publie en 1779 *par M. L'abbe Deschamps*, is translated in Harlan Lane, ed., *The Deaf Experience: Classics in Language and Education*, trans. Franklin Philip (Cambridge: Harvard University Press, 1984), 28-48.
2) Nora Groce, *Everyone Here Spoke Sign Language: Hereditary Deafness on Martha's Vineyard* (Cambridge: Harvard University Press, 1985), 4, 79.
3) All quotations are from the King James Version of the Bible.
4) Harvey P. Peet, "Memoir on the Origin and Early History of the Art of Instructing the Deaf and Dumb," *Annals* 3 (April 1851): 135; Stephen Klopfer, St. *Augustine and the Deaf*(Columbus, Ohio: Catholic Educational Association, n.d.), 5; Felix Zillmann, *Saint Augustine and the Education of the Deaf*, trans. S. Klopfer, reprint from *Our Young People—The Deaf-Mutes' Friend* 41, nos. 11 and 12; 42, nos. 1 and 2; 1-3.
5) Klopfer, Augustine, 6-7.
6) Quoted in Edward Allen Fay, "What Did St. Augustine Say?" *Annals 57* (January 1912): 119.
7) Quoted in Hans Werner, *History of the Problem of Deaf-Mutism Until the Seventeenth Century*, trans. C. K. Bonning (Jena: n.p., 1932), 39.
8) Ibid., 47-48.
9) Quoted in ibid., 74-75.
10) Ynez Viole O'Neill, *Speech and Speech Disorders in Western Thought Before 1600* (Westport, Conn.: Greenwood Press, 1980), 198-201.
11) Quoted in Werner, Deaf-Mutism, 183-184.

Chapter 2

1) Hans Werner, *History of the Problem of Deaf-Mutism until the Seventeenth Century*, trans. c. K. Bonning (Jena: n.p., 1932), 364, 375-378, 382.
2) Juan Pablo Bonet, *Simplification of the Letters of the Alphabet and Method of Teaching Deaf-Mutes to Speak*, trans. H. N. Dixon (London: Hazell, Watson, and Viney, 1890).
3) Ibid., 154.
4) Ibid., 197-198.
5) Ibid., 199.
6) Ibid., 200.
7) Ibid., 200-201.
8) Ibid., 202-203.
9) Ibid., 203.
10) Kenelm Digby, *Of Bodies, and of Man' s Soul* (London: John Williams, 1669), 319-320.
11) Ibid., 321. Digby's account appeared earlier in John Bulwer, *Philocophus, or, the deaf and dumbe man's friend...* (London: H. Moseley, 1648), 56-61.
12) George Sibscota, trans., *The Deaf and Dumb Man's Discourse* by Anthony Deusing (London: William Crook, 1670), 41.
13) Ibid., 41.
14) Charlotte Baker-Shenk, "Sign Languages: Facial Expressions," *GEDPD*, 3: 37-42.
15) Sibscota, *Deaf and Dumb*, 41.
16) Ibid., 43.
17) Ibid., 43-45.
18) AGB, "Historical Notes Concerning the Teaching of Speech to the Deaf," *Association Review* 2 (February 1900): 36.
19) Samuel A. Green, "The Earliest Advocate of the Education of Deaf-Mutes in America," *Annals* 13 (March 1861): 3.
20) John Harrower, "Documents: Diary of John Harrower, 1773-1776," *American Historical Review* 6 (October 1900): 65-71.

21) Ibid., 72.
22) Ibid., 78.
23) Ibid., 81-82.
24) Ibid., 88.
25) Ibid., 93, 95.

Chapter 3

1) Wyndham Robertson and R. A. Brook, *Pocahontas, Alias Matoaka, and Her Descendants...* (Baltimore, Md.: Genealogical Publishing Company, 1982), 31.
2) Ibid., 60.
3) Both letters were reprinted in the *National Deaf-Mute Gazette* 1 (November 1867): 14.
4) Thomas Braidwood v. Thomas Bolling, Federal Circuit Court, Ended Cases (unrestored), B-C, Box 39, 1797, Virginia State Library, Richmond, Va.
5) Ibid.
6) William Bolling to John Braidwood, March 17, 1812, William Bolling Letterbook, Valentine Museum, Richmond, Va.
7) Job Williams, "A Brief History of the American Asylum at Hartford for the Education and Instruction of the Deaf and Dumb," p. 10, in Edward Allen Fay, ed., *Histories of American Schools for the Deaf, 1817-1893* (Washington, D.C.: Volta Bureau, 1893), vol. 1: Sylvester Gilbert to Mason Fitch Cogswell, March 1812, MFC.
8) Mason F. Cogswell to John Braidwood, April 2O, 1812, in Grace Cogswell Root, ed., *Father and Daughter: A Collection of Cogswell Family Letters and Diaries* (West Hartford, Conn.: American School for the Deaf, 1924), 66-67.
9) Bolling to Braidwood, March 17, 1812, Bolling Letterbook, Valentine Museum.
10) John Braidwood to William Bolling, April 1, 1812, Bolling Family Papers, William R. Perkins Library, Duke University, Durham, N.C.

11) *Richmond Enquirer*, June 2, 1812, p. 1.
12) *Richmond Enquirer*, February 15, 1815, p. 1.
13) "William Albert Bolling Manuscript School Book," Volta Bureau, Washington, D.C. Marcus Flournoy was the brother of John Jacobus Flournoy, who figured prominently in one of the deaf community's greatest controversies. See chapter 6.
14) Robertson and Brook, *Pocahontas*, 32.
15) Thomas Jefferson to Joseph C. Cabbell, January 24, 1816, in *Early History of the University of Virginia, as Contained in the Letters of Thomas Jefferson and Joseph C. Cabell* (Richmond, Va.: J. W. Randolph, 1856), 49.
16) *Richmond Enquirer*, June 27, 1817, p. 4.

Chapter 4

1) Job Williams, II A Brief History of the American Asylum at Hartford for the Education and Instruction of the Deaf and Dumb," p. 12, in Edward Allen Fay, ed., *Histories of American Schools for the Deaf, 1817-1893* (Washington, D.C.: Volta Bureau, 1893), vol. 1.
2) Paul Mattingly, "History: Deafness and Reform," *GEDPD*, 2: 46.
3) Williams, "American Asylum," 12-13.
4) Ibid., 22.
5) Melanie Yeager Williams, "Alice Cogswell," *GEDPD*, 1: 196. the J
6) Williams II "American Asylum," 9.
7) Sylvester Gilbert to Mason Fitch Cogswell, March 1812, MFC.
8) Daniel Wadsworth, William Ely, and Henry Hudson, *First Report of the Connecticut Asylum for the Education and Instruction of Deaf and Dumb Persons* (Hartford, Conn.: n.p., 1817), 7.
9) Eliphalet Kimball to Mason Fitch Cogswell, January 4, 1814, MFC.

10) James J. Fernandes, "Thomas Hopkins Gallaudet," *GEDPD*, 1: 445.
11) Ibid., 445.
12) Donald F. Moores, *Educating the Deaf: Psychology, Principles, and Practices* (Boston: Houghton Mifflin, 1982), 56.
13) Harlan Lane, *When the Mind Hears: A History of the Deaf* (New York: Edu Random House, 1984), 158.
14) Henry Barnard, "Thomas Hopkins Gallaudet: Eulogy," *Annals* 4 (January 1852): 89.
15) Thomas Hopkins Gallaudet to Mason Fitch Cogswell, July 11, 1815, THG.
16) Thomas Hopkins Gallaudet to Alice Cogswell, March 24, 1816, THG.
17) Thomas Hopkins Gallaudet to Abbe Sicard, May 21, 1816, THG.
18) William W. Turner, "Laurent Clerc," *Annals* 15 (January 1870): 15.
19) Gallaudet to Sicard, May 21, 1816, THG.
20) Abbe Sicard said that Clerc was "slightly acquainted with the English language." L'abbe Sicard to John Cheverus, June 16, 1816, Laurent Clerc Collection, Sterling Memorial Library, Yale University, New Haven, Conn.
21) Lane, *Mind*, 16.
22) Thomas Hopkins Gallaudet and Laurent Clerc, "Contract Between Gallaudet and Clerc, 1816," *Annals* 24 (April 1879): 115.
23) Ibid., 116-117.
24) Ibid., 115-116.
25) Ibid., 116.
26) Ibid., 117.
27) Ibid.
28) Thomas Hopkins Gallaudet to Mason Fitch Cogswell, June 17, 1816, reprinted in Grace Cogswell Root, ed., *Father and Daughter: A Collection of Cogswell Family Letters and Diaries* (West Hartford, Conn.: American School for the Deaf, 1924), 69.
29) Thomas Hopkins Gallaudet to Mason Fitch Cogswell,

August 10, 1816, MFC.
30) Clerc's letter was contained in Gallaudet to Cogswell, August 10, 1816, THG.
31) Alice Cogswell to Thomas Hopkins Gallaudet, December 27,1816, THG.
32) Williams, "American Asylum," 11; Gallaudet's use of religious arguments to develop financial support for deaf education can be seen in one of his most frequently used speeches: *Sermon on the Duty and Advantages of Affording Instruction to the Deaf and Dumb* (Concord, Mass.: Isaac Hill, 1824).
33) E. H. Currier and Thomas F. Fox, "New York Institution for the Instruction of the Deaf and Dumb," p. II, in Fay, ed., *Histories*, vol. 1.
34) Laurent Clerc to Mason Fitch Cogswell, January, 1817, MFC.
35) Currier and Fox, "New York Institution," 12.
36) Williams, "American Asylum," 13.
37) Nina Fletcher Little, "John Brewster, Jr.," *GEDPD*, 1: 156-157.
38) Wadsworth et al., Report, 7.
39) For the origins of American Sign Language, see Harlan Lane, "Sign Languages: American, History," *GEDPD*, 3: 53-56.
40) Seth Terry, *Third Report of the Directors of the Connecticut Asylum for the Education and Instruction of Deaf and Dumb Persons* (Hartford, Conn.: Hudson and Company, 1819), 6.
41) Ibid., 7.
42) Ibid., 8.
43) Wadsworth et al., *Report*, 5.

Chapter 5

1) Edward Allen Fay, ed., *Histories of American Schools for the Deaf, 1817-1893* (Washington, D.C.: Volta Bureau, 1893), vol. 1.
2) Eustachian tube dysfunction related to hearing loss and

modern surgical procedures are discussed in Werner D. Chasin, "The Clinical Management of Otologic Disorders," in Larry J. Bradford and William G. Hardy, eds., *Hearing and Hearing Impairment* (New York: Grune and Stratton, 1979), 97-98.

3) J. H. Norwood to Samuel W. Tillinghast, August 9, 1836, TFP.
4) E. H. Currier and Thomas Fox, "New York Institution for the Instruction of the Deaf and Dumb," pp. 16-18, 28, in Fay, ed., *Histories*, vol. 1.
5) Norwood to Tillinghast, August 9, 1836, TFP.
6) In. 1. Pasteur to Samuel W. Tillinghast, December 30, 1841, TFP.
7) In 1984 Alabama, Arizona, Colorado, Florida, Hawaii, Montana, South 12] Carolina, Utah, Virginia, and West Virginia had combin~d residential schools for deaf students and blind students. "Schools and Class for the Deaf in the United States," *Annals* 130 (April 1985): 81-129.
8) Thomas S. Doyle, "The Virginia Institution for the Education of the Deaf cus and Dumb (and of the Blind)," p. 7, in Fay, ed., *Histories*, vol. 1.
9) Edmund Booth, "Rev. Joseph Dennis Tyler," *American Era* 31 January 1945): 37-39.
10) Doyle, "The Virginia Institution," 7-8.
11) Margaret Eckridge to Robina Norwood, May 26, 1842, TFP.
12) Joseph D. Tyler to Samuel W. Tillinghast, November 1, 1842, TFP.
13) Thomas H. Tillinghast to Jane Tillinghast, April 9, 1846, TFP.
14) Tyler to Tillinghast, November 1, 1842. ed.
15) Ibid.
16) Ibid.
17) Thomas H. Tillinghast to Samuel and Jane Tillinghast, November 2, 1842, TFP.
18) Joseph D. Tyler to Samuel W. Tillinghast, March 6, 1843, TFP. 215.
19) Thomas H. Tillinghast to Jane Tillinghast, October 11, 1844, TFP.

20) Joseph D. Tyler to Samuel W. Tillinghast, October 11, 1844, TFP.
21) Samuel W. Tillinghast to Thomas H. Tillinghast, October 16, 1845, TFP.
22) D. McK. Goodwin, "The North Carolina Institution for the Deaf and Dumb and Blind," p. 7, in Fay, ed., *Histories*, vol. 1.
23) "David Ray Tillinghast," in James E. Gallaher, ed., *Representatille Deaf Persons of the United States of America* (Chicago: James E. Gallaher, 1898), 180-181.

Chapter 6

1) Newell G. Bringhurst, *Brigham Young and the Expanding American Frontier* (Boston: Little Brown, 1986), 73-75.
2) Perry Miller, *Errand into the Wilderness* (New York: Harper and Row, 1956), 4-5.
3) See Edwin S. Redkey, *Black Exodus: Black Nationalist and Back-to-Africa Movements, 1890-1910* (New Haven, Conn.: Yale University Press, 1969).
4) Douglas Bullard, *Islay* (Silver Spring, Md.: T. J. Publishers, 1986).
5) Barry A. Crouch, "Alienation and the Mid-Nineteenth Century American Deaf Community: A Response," *Annals 131* (December 1986): 322-323.
6) William W. Turner to J. J. Flournoy, December 6, 1855, published in Wisc "Scheme for a Commonwealth," *Annals* 8 January 1856): 118.
7) Ibid.
8) Ibid., 119-120.
9) J. J. Flournoy to William W. Turner, December 21, 1855, in "Scheme," 121.
10) Ibid., 123-125.
11) John V. Van Cleve, "Edmund Booth," *GEDPD*, 1: 143-144.
12) Booth's encounters with deaf people on his sojourn to California are discussed in his *Edmund Booth, Forty-Niner*

(Stockton, Calif.: San Joaquin Pioneer and Historical Society, 1953).

13) Edmund Booth to John J. Flournoy, September 6, 1857, published in "Mr. Flournoy's Plan for a Deaf-Mute Commonwealth," *Annals* 10 (January 1858): 40-42.
14) William Chamberlain, "Mr. Chamberlain and others on Mr. Flournoy's Project," *Annals* 10 (April 1858): 88-89.
15) Francis C. Higgins, "John Carlin," *GEDPD*, 1: 178.
16) Edward Miner Gallaudet, *History of the College for the Deaf*, 1857-1907, led. Lance J. Fischer and David de Lorenzo (Washington, D.C.: Gallaudet College Press, 1983), 48.
17) P. H. Confer to Samuel Porter Chamberlain, "Mr. Chamberlain and others," *Annals* 10 (April 1858): 87-88.
18) William Chamberlain, "Proceedings of the Third Convention of the New England Gallaudet Association of Deaf-Mutes," *Annals* 10 (October 1858): 212-213, 215.
19) Ibid., 214-215.
20) For an alternative interpretation of the meaning of the deaf commonwealth debate, see Margaret Winzer, "Deaf-Mutia: Responses to Alienation by the Deaf in Mid-Nineteenth Century America," *Annals* 131 (March 1986): 29-32.
21) T. R. Armitage to AGB, May 19, 1883, FP.
22) Quoted in A Future for the Deaf and Dumb in the Canadian North-West (London: Potter Brothers, 1884), 9-12.
23) Canadian Department of Agticulture to AGB, July 16, 1885, FP. See also "Notices of Publications," *Annals* 31 (January 1886): 63-64, and "The Manitoba Colonists," *Annals* 31 (July 1886): 228.

Chapter 7

1) Edward Allen Fay, ed., *Histories of American Schools for the Deaf, 1817-1893* (Washington, D.C.: Volta Bureau, 1893), vols. 1, 2.
2) See chapter 13 for a more complete discussion of technical training in schools for deaf pupils.

3) For example, Milwaukee, Wis., a good-sized city, opened its first public high school in 1868. Robert C. Nesbit, *Wisconsin: A History* (Madison: University of Wisconsin Press, 1973), 345.
4) Edward C. Mertill, Jr., "Gallaudet College," *GEDPD*, 1: 448.
5) Nineteen of the first twenty-three presidents of the National Association of the Deaf attended Gallaudet College; two attended other colleges; and two did not attend any postsecondary programs. Jack Gannon, *Deaf Heritage: A Narrative History of Deaf America* (Silver Spring, Md.: National Association of the Deaf, 1981), 422-423.
6) Edward Miner Gallaudet, *History of the College for the Deaf, 1857~1907*, ed. Lance J. Fischer and David de Lorenzo (Washington, D.C.: Gallaudet College Press, 1983), 64.
7) John V. Van Cleve, "Edward Allen Fay," *GEDPD*, 1: 427.
8) John B. Hotchkiss, who began teaching in 1869, and Amos Draper, who started in 1872, were the first deaf faculty. Edward Miner Gallaudet, "The Columbia for Institution for the Instruction of the Deaf and Dumb," in Fay, *Histories*, vol. 2.
9) Jacob Van Nostrand, "Necessity of a Higher Standard of Education for the Deaf and Dumb," *Annals* 3 (July 1851): 196-197.
10) Ibid., 197-198.
11) Ibid., 197.
12) Ibid., 198.
13) John Carlin, "Advantages and Disadvantages of the Use of Signs," *Annals* 4 (October 1851): 49.
14) Ibid., 50.
15) John Carlin, "The National College for Mutes," *Annals* 6 (April 1854): 178.
16) Ibid., 176-177. 224
17) Ibid., 177-178.
18) For biographical information see Francis C. Higgins, "John Kitto," *GEDPD*, 2: 129-131; William Moody, "Jean-Ferdinand Berthier," *GEDPD*, 1: 141-143; and Taras B.

Denis, "James Nack," *GEDPD*, 2: 119-120.

19) Carlin, "National College," 179-180.

20) David de Lorenzo, "Edward Miner Gallaudet," *GEDPD*, 1: 439.

21) Gallaudet, History, 5.

22) de Lorenzo, "Gallaudet," 440.

23) Robert V. Remini, *Andrew Jackson and the Course of American Freedom, 1822-1832* (New York: Harper and Row, 1981), 127-128,327.

24) Samuel Eliot Morison, *The Oxford History of the American People* (New York: Oxford University Press, 1965), 454.

25) de Lorenzo, "Gallaudet," 440.

26) Amos Kendall to Edward M. Gallaudet, May 14, 1857, published in Gal- laudet, History, 6-7.

27) Ibid.

28) Ibid., 7.

29) Edward M. Gallaudet to Amos Kendall, May 18, 1857, published in ibid., 7-9.

30) Ibid., 11. 11.

31) Ibid., 19-24, 28-31.

32) For a detailed discussion of organizational changes in the school's early years, see Gallaudet, "The Columbia Institution," pp. 3-7, in Fay, ed., *Histories*, vol. 2.

33) Ibid., 14.

34) Ibid., 8-9.

35) John Carlin, "Oration: A College for the Deaf and Dumb," June 28, 1864, published in *Seventh Annual Report of the Columbia Institution for the Deaf and Dumb and the Blind* (Washington, D.C.: n.p., 1864), 28-33.

36) Edward Miner Gallaudet, *Eighth Annual Report of the Columbia Institution for the Deaf and Dumb* (Washington, D.C.: n.p., 1865), 5-6.

37) Ibid., 6.

38) Ibid., 8.

39) Ibid., 7.

40) Gallaudet, History, 166-167.

Chapter 8

1) See Paul C. Higgins, *Outsiders in a Hearing World: A Sociology of Deafness* (Beverly Hills, Calif.: Sage Publications, 1980).
2) Frank B. Sullivan, "National Fraternal Society of the Deaf," *GEDPD*, 2: 224-227.
3) Jerome Schein, "National Association of the Deaf," *GEDPD*, 2: 220-221.
4) William M. Chamberlain, "Proceedings of the Convention of the New England Gallaudet Association of Deaf-Mutes," *Annals* 9 (April 1857): 78-79.
5) "Constitution of the New England Gallaudet Association of Deaf Mutes," published in ibid., 78-82.
6) Ibid., 67.
7) William M. Chamberlain, "Proceedings of the Board of Managers of the 'New England Gallaudet Association of Deaf-Mutes,'" *Annals* 11 (October 1859): 211.
8) Jack Gannon, *Deaf Heritage: A Narrative History of Deaf America* (Silver Spring, Md.: National Association of the Deaf, 1981), 238-239.
9) Chamberlain, "Proceedings of the Convention," 82-87.
10) Quoted in H. C. Rider, "Elmira Convention of Deaf Mutes," *Annals* 22 (October 1877): 251.
11) See chapter 10.
12) Schein, "National Association," 220.
13) Gannon, *Deaf Heritage*, 62.
14) Angelina Fuller Fischer, "Edmund Booth," in J. E. Gallaher, ed., *Representative Deaf Persons of the United States of America* (Chicago: James E. Gallaher, 1898), 11.
15) Theodore A. Froehlich, "Importance of Association Among Mutes for Mutual Improvement," *Proceedings of the First National Convention of Deaf-Mutes* (New York: New York Institution for the Deaf and Dumb, 1880), 39.
16) Ibid., 40.
17) David Greene, "The Institution for the Impro~ed Instruction of Deaf- Ra Mutes," p. 3, in Edward Allen Fay, ed.,

Histories of American Schools for the Deaf, 1817-1893 (Washington, D.C.: Volta Bureau, 1893), vol. 2.

18) Pamphlet by Samuel Frankenheim, published as "History of the Deaf-Mutes' Union League," *Deaf-Mutes' Journal* 35 (January 11, 1906): 1.

19) Gannon, Deaf Heritage, 67.

20) Frankenheim, "Union League," 1.

Chapter 9

1) Jack Gannon, *Deaf Heritage: A Narrative History of Deaf America* (Silver Spring, Md.: National Association of the Deaf, 1981), 247.

2) Edward Allen Fay, ed., *Histories of American Schools for the Deaf*, 1817- 1893 (Washington, D.C.: Volta Bureau, 1893), 3: appendix.

3) John V. Van Cleve, "Little Paper Family," *GEDPD*, 2: 193.

4) Arkansas *Optic*, October 17, 1891, GUA.

5) "Beer and Tobacco," *The Silent Worker* 2 (December 20, 1888): 1.

6) Van Cleve, "Little Paper Family," 194.

7) *The Silent Worker*, 5 (May 26, 1892).

8) John V. Van Cleve, "Nebraska's Oral Law of 1911 and the Deaf Community," *Nebraska History* 65 (Summer 1984): 205-206.

9) Ibid., 208.

10) "Dr. Gillett to Mr. Bell," *The Silent Worker* 4 (November 27, 1890): 1,4.

11) "Intermarriage Again," *The Silent Worker* 4 (December 25, 1890): 1.

Chapter 10

1) "Tabular Statement of Ametican Schools for the Deaf, October 20, 1920," *Annals* 66 (Ganuary 1921): 36-37.

2) AGB, "Fallacies Concerning the Deaf," *Annals* 29 (January 1884): 32-60; AGB, *Memoir upon the Formation of a Deaf Variety of the Human Race* (Washington, D.C.: Government Printing Office, 1884).
3) Robert Harmon, "Samuel Heinicke," *GEDPD*, 2: 35-38.
4) Robert C. Spencer, "The Wisconsin System of Public Day Schools," p. 4, in Edward Allen Fay, ed., *Histories of American Schools for the Deaf, 1817-1893* (Washington, D.C.: Volta Bureau, 1893), vol. 3.
5) Rene Bernard, "Abbe Charles Michel de l'Épée," *GEDPD*, 1: 416-417. NOTES 185
6) C. W. Saegert, "Education of the Deaf and Dumb in Prussia," trans. Benjamin Talbot, *Annals* 9 (October 1857): 218-219.
7) Harlan Lane, *When the Mind Hears: A History of the Deaf* (New York: Random House, 1984),377-380; "How to Teach DeafMutes," Philadelphia Sun, June 29, 1896.
8) John V. Van Cleve, "History: Congress of Milan," *GEDPD*, 2: 63-64.
9) Ibid., 65.
10) Edward Miner Gallaudet, "The Milan Convention," *Annals* 26 January 1881): 4.
11) Quoted in ibid., 5-6.
12) Quoted in ibid., 2.
13) Quoted in ibid., 4.
14) Van Cleve, "Milan," 67.
15) See, for example, Lewis Weld, "The American Asylum," *Annals* 1 (January 1848): 107-108.
16) For a more detailed history, see F. B. Sanborn, "The Clarke Institution for Deaf Mutes," pp. 6-13, in Fay, ed., *Histories*, vol. 2.
17) Edward Miner Gallaudet, "The American System of Deaf-Mute Instruction—Its Incidental Defects and Their Remedies," *Annals* 13 (September 1868): 168.
18) John V. Van Cleve, "George William Veditz," *GEDPD*, 3: 334.
19) Robert V. Bruce, Bell: *Alexander Graham Bell and the*

Conquest of Solitude (Boston: Little, Brown, 1973), 20-22.

20) AGB to Alexander Melville Bell, May 1871, FP.

21) AGB to his parents, December 1, 1871, FP.

22) James E. Gallaher, ed., *Representative Deaf Persons of the United States of America* (Chicago: James E. Gallaher, 1898), 100.

23) AGB to parents, December 1, 1871, FP.

24) AGB to Alexander Melville Bell, May 1871, FP.

25) Alexander Graham Bell's Lesson Book for September 1871, FP.

26) AGB to parents, December 1, 1871, FP.

27) Ibid.

28) AGB to parents, April 17, 1872, FP.

29) AGB to parents, January 1, 1872, FP.

30) Robert C. Spencer to AGB, April 18, 1884, FP.

31) A. J. Winnie, comp., *History and Handbook of Day Schools for the Deaf and Blind* (Madison, Wis.: Democrat Printing Company, 1912), 11.

32) AGB to Mabel Gardiner Bell, February 16, 1885, FP.

33) Edward Allen Fay, "Day-Schools in Wisconsin," *Annals* 30 (October 1885): 302.

34) "Individual Histories of Day Schools for the Deaf," in Winnie, comp., *History and Handbook*, 32-73.

35) Robert C. Spencer to AGB, April 28, 1900, reprinted in *Association Review* 2 (June 1900): 255.

36) Edward Allen Fay, "Day Schools," *Annals* 44 (September 1899): 395-396; Edward Allen Fay, "Day Schools in California," *Annals* 48 (May 1903): 304.

37) Robert C. Spencer to AGB, December 29, 1883, FP.

38) AGB to Mabel Gardiner Bell, July 11, 1897, FP. 5-t

39) Edgar B. Wesley, NEA: *The First Hundred Years* (New York: Harper and Brothers, 1957), 186-187.

40) Quoted in John V. Van Cleve, "Nebraska's Oral Law of 1911 and the Deaf Community," *Nebraska History* 65 (Summer 1984): 209.

41) Richard Hofstadter, *Anti-intellectualism in American Life* (New York: Vintage Books, 1963), 132.

42) AGB to Mabel Gardiner Bell, July 11, 1897, FP.
43) Sara E. Conlon, "Alexander Graham Bell Association for the Deaf," *GEDPD*, 1: 12.
44) Gina Doggett, "Volta Review," *GEDPD*, 3: 336.
45) AGB, "The New Departure Explained," *Volta Review* 12 (April 1910): 7-11.
46) Edward Allen Fay, "Tabular Statement of the Institutions of the Deaf and Dumb of the World," *Annals* 27 (January 1882): 53.
47) Edward Allen Fay, "Progress of Speech-Teaching in the United States," *Annals* 60 (January 1915): 115.
48) H. Van Allen, "A Brief History of the Pennsylvania Institution for the GU Deaf and Dumb," p. 11, in Fay, ed., *Histories*, vol. 1.
49) Ibid., 20.
50) A. L. E. Crouter, "Recent Changes of Method in the Pennsylvania Institution for the Deaf," published in "The Conference of Principals," *Association Review* 2 (October 1900): 418.
51) Ibid., 418-419.
52) Edward Allen Fay, "Tabular Statement of American Schools for the Deaf, 18, November 10, 1910," *Annals* 56 (January 1911): 20.
53) Van Cleve, "Oral Law," 195. 16,
54) Ibid., 199-200.
55) Ibid., 207.
56) Ibid., 206-207.
57) Ibid., 216.

Chapter 11

1) A full explication of Gallaudet's attitude toward sign language and speech is in Thomas H. Gallaudet, "The Natural Language of Signs; and Its Value and Uses F. H in the Instruction of the Deaf and Dumb," *Annals* 1 (October 1847): 55-60, and (January 1848): 79-93.

2) Benjamin D. Pettengill, "The Instuction of the Deaf and Dumb," *Annals* 17 (January 1872): 31.
3) Ibid., 31-32.
4) Ibid., 21-23.
5) Benjamin D. Pettengill, "The Sign Language," *Annals* 18 (January 1873): 5-6.
6) George Wing, "The Associative Feature in the Education of the Deaf," *Annals* 31 (January 1886): 22-23.
7) Jack Gannon, *Deaf Heritage: A Narrative History of Deaf America* (Silver Spring, Md.: National Association of the Deaf, 1981), 170.
8) Robert P. McGregor, "The Social Side of Oralism," *Nebraska Journal* 39 (November 15, 1910): 3.
9) E. S. Tillinghast, "Comments on an Address Given at the Eighth Summer Meeting of the AAPTSD," *Association Review* 11 (October 1909): 350.
10) Judy Mannes, "Olof Hanson," *GEDPD*, 2: 1-3.
11) Olof Hanson to AGB, February 13, 1889, FP.
12) AGB to Sister Mary, January 7, 1898, FP.
13) Quoted in Edward A. Fay, "Nebraska School,"*Annals* 56 (May 1911): 347.
14) Olof Hanson to the Governor of Nebraska, February 22, 1911, Hanson Papers, GUA.
15) Edwin A. Hodgson, "Editorial," Deaf-Mutes' *Journal* 40 (May 18, 1911): 2.
16) Frank W. Booth to Olof Hanson, November 9, 1911, Hanson Papers, GUA.
17) "Mississippi," *Deaf-Mutes' Journal* 40 (August 31, 1911): 4; "Kansas Associ- ation Convention," *Deaf-Mutes' Joumal* 40 (September 14, 1911): 2; "Resolutions," *The Silent Worker* 14 (October 1911): 16.
18) Carrol G. Pearse, "The Oral Teaching of the Deaf," *Nebraska Journal* 40 (January 30, 1912): 2-3.
19) George W. Veditz, "The Nebraska Iniquity," *Deaf-Mutes' Journal* 40 (May 18, 1911): 2.
20) P. L. Axling to Olof Hanson, printed in *Deaf-Mutes' Journal* 42 (January 16, 1913): 2.

21) Olof Hanson to the editors of Omaha Daily News, Omaha Bee, and *Omaha World-Herald*, December 30, 1912, National Association of the Deaf Collection, GUA.
22) Olof Hanson to J. H. Morehead, January 1, 1913, National Association of the Deaf Collection, GUA.
23) Olof Hanson to William Davis, January 5, 1913, National Association of the Deaf Collection, GUA.
24) Olof Hanson to John H. Grossman, J. M. McFarland, J. M. Talcott, and F. Haarman, February 3, 1913, National Association of the Deaf Collection, GUA.
25) Nebraska Journal 43 (1915): 4.
26) Gannon, Deaf Heritage, 215.
27) J. Schuyler Long, *The Sign Language: A Manual of Signs*, 2nd ed. (Iowa City, Iowa: Athens Press, 1952), 10.
28) Marina McIntire, "Sign Language Textbooks," *GEDPD*, 3: 27.
29) Quoted in Van Cleve, "George William Veditz," *GEDPD*, 3: 334.
30) John S. Schuchman, "Television and Motion Pictures: The George W. Veditz Film Collection," *GEDPD*, 3: 279-280.
31) Edward Allen Fay, "Illinois Day-Schools," *Annals* 5 (January 1906): 99-100; Gannon, *Deaf Heritage*, 364.

Chapter 12

1) Daniel J. Kevles, In the Name of Eugenics: *Genetics and the Uses of Human Heredity* (New York: Alfred A. Knopf, 1985), ix.
2) "List of Pupils of the American Asylum," *Annals* 4 (July 1852): 202-236.
3) Nora Groce, *Everyone Here Spoke Sign Language: Hereditary Deafness on Martha's Vineyard* (Cambridge: Harvard University Press, 1985),3. FP
4) Ibid., 22.
5) "List of Pupils," 236.
6) Quoted in *Annals* 13 (March 1861): 33.

7) AGB to Joseph Lee, November 21, 1895, FP.
8) Groce, *Everyone*, 44.
9) Marion P. Downs, "Hearing Loss: Prenatal Causes," *GEDPD*, 2: 23-24; G. R. Fraser, "Hearing Loss: Genetic Causes," *GEDPD*, 2: 20.
10) Most recently reprinted as Alexander Graham Bell, *Memoir upon the Formation of a Deaf Variety of the Human Race* (Washington, D.C.: Alexander Graham Bell Association for the Deaf, 1969).
11) Ibid., 19.
12) Ibid., 4.
13) Ibid., 41.
14) Ibid., 41-45.
15) Sign language writing, known as "mimography," was suggested by George Hutton. See "Posthumous Papers of the Late George Hutton, F.E.I.S.—II," *Annals* 20 (January 1875): 96n.
16) Bell, *Memoir*, 45.
17) Ibid., 46-48.
18) Mabel Gardiner Bell to AGB, June 1, 1898, FP.
19) Michael Anagnos to AGB, October 21, 1883, FP. Wis
20) Michael Katz, In the *Shadow of the Poorhouse: A Social History of Welfare in America* (New York: Basic Books, 1986), 183.
21) R. Mathison to AGB, February 3, 1885, FP; Warring Wilkinson to AGB, January 15, 1885, FPj John W. Swiler to AGB, March 24, 1884, FP; David C. Dudley A. J to AGB, January 14, 1885, FP.
22) Isaac Lewis Peet to AGB, May 8, 1884, FP.
23) Dudley to AGB, January 14, 1885.
24) Peet to AGB, May 8, 1884.
25) AGB to William Henry Brewer, January 27, 1885, FP.
26) James E. Gallaher to AGB, November 24, 1883, FP.
27) James L. Smith, "Clannishness," *Annals* 32 (October 1887): 247.
28) Edward Allen Fay, "Notices of Publications," *Annals* 32 (October 1887): 250-251.

29) Samuel G. Davidson to AGB, December 31, 1884, FP.
30) AGB to Brewer, January 27, 1885.
31) AGB to Mabel Gardiner Bell, June 16, 1885, FPj AGB to Mabel Gardiner Bell, July 17, 1885, FPj AGB to Mabel Gardiner Bell, December 3, 1885, FP; AGB to Mabel Gardiner Bell, December 8, 1885, FP; AGB to Mabel Gardiner Bell, November 13, 1887, FP; AGB to Mabel Gardiner Bell, December 1887, FPj AGB to Mabel Gardiner Bell, June 9, 1888, FPj Richard L. Pease to AGB, August 19, 1888, FP; AGB to Mrs. Richard L. Pease, November 6, 1888, FP.
32) AGB to Mabel Gardiner Bell, June 11, 1888, FP; AGB to Lee, November 21, 1895, FP.
33) Edward Allen Fay, .. An Inquiry Concerning the Results of Marriages of the Deaf in America," *Annals* 41 (January 1896): 23.
34) Ibid., 27.
35) Ibid., 22.
36) Edward Allen Fay, "An Inquiry Concerning the Results of Marriages of the Deaf in America. Chapter 1," *Annals* 41 (February 1896): 79.
37) Edward Allen Fay, "An Inquiry Concerning the Results of Marriages of the Deaf in America. Chapter VII," *Annals* 42 (February 1897): 99.
38) Ibid., 100.
39) Ibid., 106.
40) Fraser, "Hearing Loss," 20.
41) Hermine M. Pashayan and Murray Feingold, "Heredity and Deafness," in Larry J. Bradford and William G. Hardy, eds., *Hearing and Hearing Impairment* (New York: Grune and Stratton, 1979), 128.
42) Fraser, "Hearing Loss," 21.
43) Fay, "Inquiry. Chapter VII," 109.
44) AGB, "Open Letter," FP.
45) Hypatia Boyd, *Paul Binner and His Noble Work among the Deaf* (Milwaukee, Wis.: n.p., 1901), 42.
46) Edward Allen Fay, "School Items: Wisconsin," *Annals* 48

(November 1903): 491.

47) Letter, Hypatia Boyd Reed to Frances Wettstein, April 1912. Reprinted in A. J. Winnie, comp., *History and Handbook of Day Schools for the Deaf and Blind* (Madison, Wis.: Democrat Printing Company, 1912), 98-99.

Chapter 13

1) Statistics collected by a Chicago deaf club in 1892 present an interesting contrast with those collected by the Kansas Institution for the Deaf in the same year. In Chicago most deaf workers in 1892 were in semi-industrial jobs—printing—whereas in Kansas, still rural, most deaf workers were employed in farming and S, skilled crafts, especially shoemaking and cabinet-making. "Employments of the Deaf," *Annals* 38 (January 1893): 78-79.
2) Quoted in "Miscellaneous," *Annals* 30 (October 1885): 300.
3) Anson R. Spear is one such example. Barry A. Crouch, "Anson Randolph Spear," *GEDPD*, 3: 190. OJ
4) James L. Smith, "The Deaf and the Civil Service," *Annals* 38 (October 1893): 274-277.
5) John C. Black et al. to Theodore Roosevelt, February 28, 1908. Printed in Edward Allen Fay, "The Deaf and the Civil Service," *Annals* 53 (May 1908): 250-251.
6) Theodore Roosevelt to the Civil Service Commission, printed in ibid., 251.
7) Black et al., in ibid., 251.
8) Ibid., 256.
9) Edward Allen Fay, "The Deaf and the Civil Service," *Annals* 54 (September 1909): 387-389.
10) Edward Allen Fay, "The Eleventh Census—II," *Annals* 43 (November 1898): 353; Edward Allen Fay, "The Twelfth Census of the Deaf of the United States—VI," *Annals* 53 (March 1908): 161.
11) Kathryn P. Meadow-Orlans, "Deaf Population: Deafened

Adults," *GEDPD*, 1: 279-283. 382.

12) Warren Robinson, "The Industrial Status of the Deaf," *Annals* 49 (November 1904): 460.
13) Ibid., 461-464.
14) Edward Allen Fay, "Tabular Statement of American Schools for the Deaf,"*Annals* 53 (January 1908): 38-39.
15) Warren Robinson, "An Industrial Journal," *Annals* 51 (January 1906): 108.
16) Lucy Taylor, "Dressmaking for Girls," *Annals* 44 (September 1909): 353-355.
17) Robert S. Taylor, "Farming as an Occupation for the Deaf," *Annals* 53 (November 1908): 479-483.
18) Crouch, "Spear," 190.
19) "A Proposed Bureau of Labor," *Annals* 59 (September 1914): 415-417.
20) Michael J. Olson, "Benjamin Marshall Schowe, Sr.," *GEDPD*, 3: 1.
21) Gilbert C. Braddock, "Firestone: The New Silent Colony," *The Silent Worker* 31 (May 1919): 135-136.
22) "Tabular Statement," *Annals* 53 (January 1918): 38-39.
23) John V. Van Cleve, "George William Veditz," *GEDPD*, 3: 333; John V. Van Cleve, "Little Paper Family," *GEDPD*, 2: 194.
24) Jerome Schein, "Frederick Carl Schreiber," *GEDPD*, 3; 3.
25) Van Cleve, "Veditz," 333.
26) Jack Gannon, *Deaf Heritage: A Narrative History of Deaf America* (Silver Spring, Md.: National Association of the Deaf, 1981), 16, 65.
27) James E. Gallagher [sic], "Deaf-Mutes as Printers," *Annals* 25 (April 1880): 135.
28) U.S. Bureau of the Census, *Historical Statistics of the United States, Colonial Times to 1970, Bicentennial Edition*, pt. 1 (Washington, D.C.: Government PrintingOffice, 1975), 165.
29) Odie W. Underhill, "The Deaf Man and the Printing Trades," *Annals* 68 (September 1923): 326.

Chapter 14

1) For a discussion of the characteristics of leaders of American ethnic groups, see John Higham, ed., Ethnic Leadership in America (Baltimore, Md.: Johns Hopkins University Press, 1978).
2) Elaine Gardner, "Driving Restrictions," *GEDPD*, 1: 306-308.
3) See, for example, Sarah Geer and Mary-Jean Sweeney, "Rehabilitation Act of 1973," *GEDPD*, 2: 407-412; Sy DuBow, "Rehabilitation Act of 1973: Southeastern Community College v. Davis," *GEDPD*, 2: 412-414; and Charles M. Firestone, "Rehabilitation Act of 1973: Gottfried v. Community Television of Southern California." *GEDPD*, 2: 416-420.
4) Sarah S. Geer, "Education of the Handicapped Act," *GEDPD*, 1: 380-382.
5) Unless otherwise noted, the DPN events described herein were personally witnessed by one or both of the authors.
6) Gallaudet University Student Body Press Release, n.d.
7) "Elisabeth Zinser, in Conclusion," Washington Post, March 12, 1988, p. C-9.
8) Gallaudet University Office of Public Relations, Press Release, March 13, 1988.

참고문헌

Alexander Graham Bell Family Papers. Manuscript Division, Library of Congress, Washington, D.C.

Archives of the American School for the Deaf. American School for the Deaf, West Hartford, Connecticut.

William Albert Bolling. William Albert Bolling Manuscript School Book. Volta Bureau, Washington, D.C.

William Bolling. William Bolling Letterbook. Valentine Museum, Richmond, Virginia.

Bolling Family Papers. William R. Perkins Library, Duke University, Durham, North Carolina.

Laurent Clerc Papers. Sterling Memorial Library, Yale University, New Haven, Connecticut.

Mason Fitch Cogswell Collection. Beineke Memorial Library, Yale University, New Haven, Connecticut.

Thomas Hopkins Gallaudet Collection. Manuscript Division, Library of Congress, Washington, D.C.

Olof Hanson Papers. Gallaudet University Archives, Gallaudet University, Washington, D.C.

National Association of the Deaf Collection. Gallaudet University Archives, Gallaudet University, Washington, D.C.

Tillinghast Family Papers. William R. Perkins Library, Duke University, Durham, North Carolina.

Axling, P. L. Letter to Olof Hanson. Printed in *Deaf-Mutes' Journal* 42 Oanuary 16, 1913): 2.

Baker-Shenk, Charlotte. "Sign Languages: Facial Expressions." *Gallaudet Encyclopedia of Deaf People and Deafness* 3: 37-43. See Van Cleve, ed.

Barnard, Henry. "Thomas Hopkins Gallaudet: Eulogy." *American Annals of the Deaf* 4 (January 1852): 81-136.

"Beer and Tobacco." *The Silent Worker* 2 (December 20, 1888): 1.

Bell, Alexander Graham. "Fallacies Concerning the Deaf."

American Annals of the Deaf 29 (January 1884): 32-60.
_____. "Historical Notes Concerning the Teaching of Speech to the Deaf." *Association Relliew* 2 (February 1900): 33-68.
_____. *Memoir upon the Formation of a Deaf Variety of the Human Race.* Washington, D.C.: Government Printing Office, 1884; reissued by Alexander Graham Bell Association for the Deaf, 1969.
_____. "The New Departure Explained." *Volta Relliew* 12 (April 1910): 7-11.
Bernard, Rene. "Abbe Charles Michel de l'Épée." *Gallaudet Encyclopedia of Deaf People and Deafness* 1: 416-418. See Van Cleve, ed.
Best, Harry. *Deafness and the Deaf in the United States.* New York: Macmillan, 1943.
Boatner, Maxine Tull. *Voice of the Deaf: A Biography of Edward Miner Gallaudet.* Washington,D.C.: Public Affairs Press, 1959.
Booth, Edmund. Edmund Booth, *Forty-Niner.* Stockton, Calif.: San Joaquin Pioneer and Historical Society, 1953.
_____. Letter to J. J. Flournoy in "Mr. Flournoy's Plan for a Deaf-Mute Commonwealth." *American Annals of the Deaf* 10 (January 1858): 40-42.
_____. "Rev. Joseph Dennis Tyler." *American Era* 31 (January 1945): 37-39.
Boyd, Hypatia. *Paul Binner and His Noble Work Among the Deaf.* Milwaukee, Wis.: n.p., 1901.
Braddock, Gilbert C. "Firestone: The New Silent Colony." *The Silent Worker* 31 (May 1919): 135-136.
Bradford, Larry J., and Hardy, William G., eds. *Hearing and Hearing Impairment.* New York: Grune and Stratton, 1979.
Bringhurst, Newell G. *Brigham Young and the Expanding American Frontier.* Boston: Little Brown, 1986.
Bruce, Robert V. Bell: *Alexander Graham Bell and the Conquest of Solitude.* Boston: Little, Brown, 1973.
Bullard, Douglas. *Islay.* Silver Spring, Md.: T. J. Publishers, 1986.
Bulwer, John. *Philocophus, or, the deaf and dumbe man's*

friend.... London: H. Moseley, 1648.

Carlin, John. "Advantages and Disadvantages of the Use of Signs." *American Annals of the Deaf* 4 (October 1851): 49-57.

_____. "The National College for Mutes." *American Annals of the Deaf* 6 (April 1854): 175-183.

_____. "Oration: A College for the Deaf and Dumb." *In Seventh Annual Report of the Columbia Institution for the Deaf and Dumb and the Blind.* Washington, D.C.: n.p., 1864.

Chamberlain, William. "Mr. Chamberlain and others on Mr. Flournoy's Project." *American Annals of the Deaf* 10 (April 1858): 84-87.

_____. "Proceedings of the Board of Managers of the 'New England Gallaudet Association of Deaf-Mutes.'" *American Annals of the Deaf* 11 (October 1859): 210-216.

_____. "Proceedings of the Convention of the New England Gallaudet Association of Deaf-Mutes." American Annals of the Deaf 9 (April 1857): 65-87.

_____. "Proceedings of the Third Convention of the New England Gallaudet Association of Deaf-Mutes." *American Annals of the Deaf* 10 (October 1858): 205-219.

Chasin, Werner D. "The Clinical Management of Otologic Disorders." *In Hearing and Hearing Impairment*, 93-108. See Bradford and Hardy, eds.

Confer, P. H. Letter to Samuel Porter in "Mr. Chamberlain and Others on Mr. Flournoy's Project." *American Annals of the Deaf* 10 (April 1858): 87-88.

Conlon, Sara E. "Alexander Graham Bell Association for the Deaf." *Gallaudet Encyclopedia of Deaf People and Deafness* 1: 12-14. See Van Cleve, ed.

Crouch, Barry A. "Alienation and the Mid-Nineteenth Century American Deaf Community: A Response." *American Annals of the Deaf* 131 (December 1986):322-324.

_____. "Anson Randolph Spear." *Gallaudet Encyclopedia of Deaf People and Deafness* 3: 190-191. See Van Cleve, ed.

Crouter, A. L. E. "Recent Changes of Method in the Pennsylvania Institution for the Deaf." In "The Conference of Principals." *Association Review* 2 (October 1900): 418-419.

Currier, E. H., and Fox, Thomas. "New York Institution for the Instruction of the Deaf and Dumb." *In Histories of American Schools for the Deaf*, 1817-1893, vol. 1. See Fay, ed.

de Lorenzo, David. "Edward Miner Gallaudet." *Gallaudet Encyclopedia of Deaf People and Deafness* 1: 439-444. See Van Cleve, ed.

Denis, Taras B. "James Nack." *Gallaudet Encyclopedia of Deaf People and Deafness* 2: 119-120. See Van Cleve, ed.

Digby, Kenelm. *Of Bodies, and of Man's Soul*. London: John Williams, 1669.

Doggett, Gina. "Volta Review." *Gallaudet Encyclopedia of Deaf People and Deafness* 3: 336. See Van Cleve, ed.

Downs, Marion P. "Hearing Loss: Prenatal Causes." *Gallaudet Encyclopedia of Deaf People and Deafness* 2: 23-24. See Van Cleve, ed.

Doyle, Thomas S. "The Virginia Institution for the Education of the Deaf and Dumb (and of the Blind)." *In Histories of American Schools for the Deaf*, 1817-1893, vol. 1. See Fay, ed.

DuBow, Sy. "Rehabilitation Act of 1973: Southeastern Community College v. Davis." *Gallaudet Encyclopedia of Deaf People and Deafness* 2: 412-414. See Van Cleve, ed.

"Employments of the Deaf." *American Annals of the Deaf* 38 (January 1893): 78-79.

Fay, Edward Allen. "Day Schools." *American Annals of the Deaf* 44 (September 1899): 395-396.

_____. "Day Schools in California." *American Annals of the Deaf* 48 (May 1903): 304.

_____. "Day-Schools in Wisconsin." *American Annals of the Deaf* 30 (October 1885): 302.

_____. "The Deaf and the Civil Service." *American Annals of the Deaf* 53 (May 1908): 249-256.

_____. "The Deaf and the Civil Service." *American Annals of the Deaf* 54 (September 1909): 387-389.

_____. "The Eleventh Census—II." *American Annals of the Deaf* 43 (November 1898): 345-359.

_____. "Illinois Day-Schools." *American Annals of the Deaf* 51 (January 1906): 99-100.

_____. "An Inquiry Concerning the Results of Marriages of the Deaf in America." *American Annals of the Deaf* 41 (January 1896): 22-31.

_____. "An Inquiry Concerning the Results of Marriages of the Deaf in America. Chapter 1." *American Annals of the Deaf* 41 (February 1896): 79-88.

_____. "An Inquiry Concerning the Results of Marriages of the Deaf in America. Chapter VII." *American Annals of the Deaf* 42 (February 1897): 96-109.

_____. "Nebraska School." *American Annals of the Deaf* 56 (May 1911): 347-348.

_____. "Notices of Publications." *American Annals of the Deaf* 32 (October 1887): 250-251.

_____. "Progress of Speech-Teaching in the United States." *American Annals of the Deaf* 60 (January 1915): 115.

_____. "School Items: Wisconsin." *American Annals of the Deaf* 48 (November 1903): 491.

_____. "Tabular Statement of American Schools for the Deaf." *American Annals of the Deaf* 53 (January 1908): 36-52.

_____. "Tabular Statement of American Schools for the Deaf, November 10, 1910." *American Annals of the Deaf* 56 (January 1911): 18-26.

_____. "Tabular Statement of the Institutions of the Deaf and Dumb of the World." *American Annals of the Deaf* 27 (January 1882): 32-53.

_____. "The Twelfth Census of the Deaf of the United States—VI." *American Annals of the Deaf* 53 (March 1908): 159-172.

_____. "What did St. Augustine Say?" *American Annals of the Deaf* 57 (January 1912): 108-120.

_____, ed. *Histories of American Schools for the Deaf*, 1817-1893. 3 vols. Washington, D.C.: Volta Bureau, 1893.

Fernandes, James J. "Thomas Hopkins Gallaudet. *Gallaudet Encyclopedia of Deaf People and Deafness.*" 1: 444-447. See Van Cleve, ed.

Firestone, Charles M. "Rehabilitation Act of 1973: Gottfried v.

Community Television of Southern California." *Gallaudet Encyclopedia of Deaf People and Deafness* 2: 416-420. See Van Cleve, ed.

Fischer, Angelina Fuller. "Edmund Booth." In *Representative Deaf Persons of the United States of America*, 11-16. See Gallaher, ed.

Frankenheim, Samuel. "History of the Deaf-Mutes' Union League." *Deaf-Mutes' Journal* 35 (January 11, 1906): 1.

Fraser, G. R. "Hearing Loss: Genetic Causes." *Gallaudet Encyclopedia of Deaf People and Deafness* 2: 2-23. See Van Cleve, ed.

Froehlich, Theodore A. "Importance of Association among Mutes for Mutual Improvement." *Proceedings of the First National Convention of Deaf-Mutes*. New York: New York Institution for the Deaf and Dumb, 1880.

A Future for the Deaf and Dumb in the Canadian North-West. London: Potter Brothers, 1884.

Gallaher, James E. "Deaf-Mutes as Printers." *American Annals of the Deaf* 25 (April 1880): 134-135.

_____, ed. *Representative Deaf Persons of the United States of America*. Chicago: James E. Gallaher, 1898.

Gallaudet, Edward Miner. "The American System of Deaf-Mute Instruction—Its Incidental Defects and Their Remedies." *American Annals of the Deaf* 13 (September 1868): 147-171.

_____. "The Columbia Institution for the Instruction of the Deaf and Dumb." *In Histories of American Schools for the Deaf*, 1817-1893, vol. 2. See Fay, ed.

_____. *Eighth Annual Report of the Columbia Institution for the Deaf and Dumb*. Washington, D.C.: n.p., 1865.

_____. *History of the College for the Deaf, 1857-1907*. Edited by Lance J. Fischer and David de Lorenzo. Washington, D.C.: Gallaudet College Press, 1983.

_____. "The Milan Convention." *American Annals of the Deaf* 26 (January 1881): 1-16.

Gallaudet, Thomas Hopkins. "The Natural Language of Signs; and Its Value and Uses in the Instruction of the Deaf and Dumb." *American Annals of the Deaf* 1 (October 1847):

55-60; and (January 1848): 79-93.

_____. Sermon *on the Duty and Advantages of Affording Instruction to the Deaf and Dumb.* Concord, Mass.: Isaac Hill, 1824.

Gallaudet, Thomas Hopkins, and Clerc, Laurent. "Contract Between Gallaudet and Clerc, 1816." *American Annals of the Deaf* 24 (April 1879): 115-117.

Gannon, Jack. Deaf Heritage: *A Narrative History of Deaf America.* Silver Spring, Md.: National Association of the Deaf, 1981.

Gardner, Elaine. "Driving Restrictions." *Gallaudet Encyclopedia of Deaf People and Deafness* 1: 306-308. See Van Cleve, ed.

Geer, Sarah S. "Education of the Handicapped Act." *Gallaudet Encyclopedia of Deaf People and Deafness* 1: 380-382. See Van Cleve, ed.

Geer, Sarah S., and Sweeney, Mary-Jean. "Rehabilitation Act of 1973." *Gallaudet Encyclopedia of Deaf People and Deafness* 2: 407-412. See Van Cleve, ed.

Gillett, Philip. "Dr. Gillett to Mr. Bell." *The Silent Worker* 4 (November 27, 1890): 1-4.

Goodwin, D. McK. "The North Carolina Institution for the Deaf and Dumb and Blind." In *Histories of American Schools for the Deaf*, 1817-1893. vol. I. See Fay, ed.

Green, David. "The Institution for the Improved Instruction of Deaf-Mutes." In *Histories of American Schools for the Deaf*, 1817-1893, vol. 2. See Fay, ed.

Green, Samuel. "The Earliest Advocate of the Education of Deaf-Mutes in America." *American Annals of the Deaf* 13 (March 1861): 1-7.

Groce, Nora. *Elleryone Here Spoke Sign Language: Hereditary Deafness on Martha's Vineyard.* Cambridge: Harvard University Press, 1985.

Harmon, Robert. "Samuel Heinicke." *Gallaudet Encyclopedia of Deaf People and Deafness* 2: 35-38. See Van Cleve, ed.

Harrower, John. "Documents: Diary of John Harrower, 1773-1776." *American Historical Review* 6 (October 1900): 65-107.

Higgins, Francis C. "John Carlin." *Gallaudet Encyclopedia of*

Deaf People and Deafness I: 178-179. See Van Cleve, ed.

_____. "John Kitto." *Gallaudet Encyclopedia of Deaf People and Deafness* 2: 129-131. See Van Cleve, ed.

Higgins, Paul C. *Outsiders in a Hearing World: A Sociology of Deafness.* Beverly Hills, Calif.: Sage Publications, 1980.

Higham, John, ed. *Ethnic Leadership in America.* Baltimore, Md.: Johns Hopkins University Press, 1978.

Hodgson, Edwin A. "Editorial." *Deaf-Mutes' Journal* 40 (May 18, 1911): 2.

Hofstadter, Richard. *Anti-intellectualism in American Life.* New York: Vintage Books, 1963.

"How to Teach Deaf Mutes." *Philadelphia Sun*, June 29, 1896.

Hutton, George. "Posthumous Papers of the Late George Hutton, F.E.I.S.—II." *American Annals of the Deaf* 20 (January 1875): 91-99.

"Intermarriage Again." *The Silent Worker* 27 (December 25, 1890): 1.

Jefferson, Thomas, and Cabbell, Joseph C. *Early History of the Unillersity of Virginia, as Contained in the Letters of Thomas Jefferson and Joseph C. Cabbell.* Richmond, Va.: J. W. Randolph, 1856.

Katz, Michael. *In the Shadow of the Poorhouse: A Social History of Welfare in America.* New York: Basic Books, 1986.

Kevles, Daniel J. *In the Name of Eugenics: Genetics and the Uses of Human Heredity.* New York: Alfred A. Knopf, 1985.

Klopfer, Stephen. *St. Augustine and the Deaf. Columbus, Ohio: Catholic Educational Association*, n.d.

Lane, Harlan. When the Mind Hears: *A History of the Deaf.* New York: Random House, 1984.

_____, ed. *The Deaf Experience: Classics in Language and Education.* Translated by Franklin Philip. Cambridge: Harvard University Press, 1984.

"List of Pupils of the American Asylum." *American Annals of the Deaf* 4 (July 1852): 202-236.

Little, Nina Fletcher. "John Brewster, Jr." *Gallaudet Encyclopedia of Deaf People and Deafness* 1: 156-157.

Long, J. Schuyler. *The Sign Language: A Manual of Signs*. 2nd ed. Iowa City, Iowa: Athens Press, 1952.
McGregor, Robert P. "The Social Side of Oralism." *Nebraska Journal* 39 (November 15, 1910): 3.
McIntire, Marina. "Sign Language Textbooks." *Gallaudet Encyclopedia of Deaf People and Deafness* 3: 26-29. See Van Cleve, ed.
"The Manitoba Colonists." *American Annals of the Deaf* 31 (July 1886): 228.
Mannes, Judy. "Olof Hanson." *Gallaudet Encyclopedia of Deaf People and Deafness* 2: 1-3. See Van Cleve, ed.
Mattingly, Paul H. "History: Deafness and Reform." *Gallaudet Encyclopedia of Deaf People and Deafness* 2: 45-52. See Van Cleve, ed.
Meadow-Orlans, Kathryn P. "Deaf Population: Deafened Adults." *Gallaudet Encyclopedia of Deaf People and Deafness* 1: 279-283. See Van Cleve, ed.
Merrill, Edward C., Jr. "Gallaudet College." *Gallaudet Encyclopedia of Deaf People and Deafness* 1: 447-454. See Van Cleve, ed.
Miller, Perry. E*rrand into the Wilderness*. New York: Harper and Row, 1956.
"Miscellaneous." *American Annals of the Deaf* 30 (October 1885): 300.
"Mississippi." *Deaf-Mutes' Journal* 40 (August 31,1911): 4.
Moody, William. "Jean-Ferdinand Berthier." *Gallaudet Encyclopedia of Deaf People and Deafness* 1: 141-143. See Van Cleve, ed.
Moores, Donald F. *Educating the Deaf: Psychology, Principles, and Practices*. Boston: Houghton Mifflin, 1982.
Morison, Samuel Eliot. *The Oxford History of the American People*. New York: Oxford University Press, 1965.
Nesbit, Robert. *Wisconsin: A History. Madison, Wis.*: University of Wisconsin Press, 1973.
"Notices of Publications." *American Annals of the Deaf* 31 (January 1886): 63-64.
Olson, Michael J. "Benjamin Marshall Schowe, Sr." *Gallaudet*

Encyclopedia of Deaf People and Deafness 3: 1-3. See Van Cleve, ed.

O'Neill, Ynez Viole. *Speech and Speech Disorders in Western Thought Before 1600*. Westport, Conn.: Greenwood Press, 1980.

Pablo Bonet, Juan. *Simplification of the Letters of the Alphabet and Method of Teaching Deaf-Mutes to Speak*. Translated by H. N. Dixon. London: Hazell, Watson, and Viney, 1890.

Pashayan, Hermine M., and Feingold, Murray. "Heredity and Deafness." In *Hearing and Hearing Impairment*, 125-144. See Bradford and Hardy, eds.

Pearse, Carrol G. "The Oral Teaching of the Deaf." *Nebraska Journal* 40 (January 30, 1912): 2-3.

Peet, Harvey P. "Memoir on the Origin and Early History of the Arr of Instructing the Deaf and Dumb." *American Annals of the Deaf* 3 (April 1851): 129-160.

Pettengill, Benjamin D. "The Instruction of the Deaf and Dumb." *American Annals of the Deaf* 17 (January 1872): 21-33.

_____. "The Sign Language." *American Annals of the Deaf* 18 (January 1873): 1-12.

"A Proposed Bureau of Labor." *American Annals of the Deaf* 59 (September 1914): 415-417.

Redkey, Edwin S. *Black Exodus: Black Nationalist and Back-to-Africa Movements*, 1890-1910. New Haven, Conn.: Yale University Press, 1969.

Reed, Hypatia Boyd. Letter to Frances Wettstein. In *History and Handbook of Day Schools for the Deaf and Blind*, 98-99. See Winnie, compo.

Remini, Robert V. *Andrew Jackson and the Course of American Freedom*, 1822-1832. New York: Harper and Row, 1981.

"Resolutions." *The Silent Worker* 24 (October 1911): 16.

Rider, H. C. "Elmira Convention of Deaf Mutes." *American Annals of the Deaf* 22 (October 1877): 251-252.

Robertson, Wyndham, and Brook, R. A. *Pocahontas, Alias Matoaka, and Her Descendants. Baltimore, Md.*: Genealogical Publishing Company, 1982.

Robinson, Warren. "An Industrial Journal." *American Annals of the Deaf* 51 (January 1906): 108-109.

_____. "The Industrial Status of the Deaf." *American Annals of the Deaf* 49 (November 1904): 460-464.

Root, Grace Cogswell, ed. Father and Daughter: A Collection of Cogswell Family Letters and Diaries. West Hartford, Conn.: *American School for the Deaf*, 1924.

Saegert, C. W. "Education of the Deaf and Dumb in Prussia." Translated by Benjamin Talbot. *American Annals of the Deaf* 9 (October 1857): 193-220.

Sanborn, F. B. "The Clarke Institution for Deaf Mutes." In *Histories of American Schools for the Deaf*, 1817-1893, vol. 2. See Fay, ed.

Schein, Jerome. "National Association of the Deaf." *Gallaudet Encyclopedia of Deaf People and Deafness* 2: 220-221. See Van Cleve, ed.

_____. "Frederick Carl Schreiber." *Gallaudet Encyclopedia of Deaf People and Deafness* 3: 3-5. See Van Cleve, ed.

"Schools and Classes for the Deaf in the United States." *American Annals of the Deaf* 130 (April 1985): 81-129.

Schuchman, John S. "Television and Motion Pictures: The George W. Veditz Film Collection." *Gallaudet Encyclopedia of Deaf People and Deafness* 3: 279-281. See Van Cleve, ed.

Sibscota, George, trans. *The Deaf and Dumb Man's Discourse*, by Anthony Deusing. London: William Crook, 1670.

Smith, James L. "Clannishness." *American Annals of the Deaf* 32 (October 1887): 246-250.

_____. "The Deaf and the Civil Service." *American Annals of the Deaf* 38 (October 1893): 274-277.

Spencer, Robert C. "The Wisconsin System of Public Day Schools." In *Histories of American Schools for the Deaf*, 1817-1893, vol. 3. See Fay, ed.

Sullivan, Frank B. "National Fraternal Society of the Deaf." *Gallaudet Encyclopedia of Deaf People and Deafness* 2: 224-227. See Van Cleve, ed.

"Tabular Statement of American Schools for the Deaf." *American Annals of the Deaf* 63 (January 1918): 48-67.

"Tabular Statement of American Schools for the Deaf, October 20, 1920." *American Annals of the Deaf* 66 (January 1921): 34-53.

Taylor, Lucy. "Dressmaking for Girls." *American Annals of the Deaf* 44 (September 1909): 353-355.

Taylor, Robert S. "Farming as an Occupation for the Deaf." *American Annals of the Deaf* 53 (November 1908): 479-483.

Terry, Seth. *Third Report of the Directors of the Connecticut Asylum for the Education and Instruction of Deaf and Dumb Persons.* Hartford, Conn.: Hudson and Company, 1819.

"David Ray Tillinghast." In *Representative Deaf Persons of the United States of America*, 180-181. See Gallaher, ed.

Tillinghast, E. S. "Comments on an Address Given at the Eighth Summer Meeting of the AAPTSD." *Association Review* 11 (October 1909): 347-352.

Turner, William W. "Laurent Clerc." *American Annals of the Deaf* 15 (January 1870): 16-25.

_____. Letter to J. J. Flournoy in "Scheme for a Commonwealth." *American Annals of the Deaf* 8 (January 1856): 118-120.

Underhill, Odie W. "The Deaf Man and the Printing Trades." *American Annals of the Deaf* 68 (September 1923): 317-330.

U.S. Bureau of the Census. *Historical Statistics of the United States, Colonial Times to 1970, Bicentennial Edition.* Pt. I. Washington, D.C.: Government Printing Office, 1975.

Van Allen, H. "A Brief History of the Pennsylvania Institution for the Deaf and Dumb." In *Histories of American Schools for the Deaf*, 1817-1893, vol. 1. See Fay, ed.

Van Cleve, John V. "Edmund Booth." *Gallaudet Encyclopedia of Deaf People and Deafness* 1: 143-144. See Van Cleve, ed.

_____. "Edward Allen Fay." *Gallaudet Encyclopedia of Deaf People and Deafness* 1: 426-428. See Van Cleve, ed.

_____. "History: Congress of Milan." *Gallaudet Encyclopedia of Deaf People and Deafness* 2: 63-68. See Van Cleve, ed.

_____. "Little Paper Family." *Gallaudet Encyclopedia of Deaf People and Deafness* 2: 193-195. See Van Cleve, ed.

_____. "Nebraska's Oral Law of 1911 and the Deaf Community." *Nebraska History* 65 (Summer 1984): 195-220.

_____. "George William Veditz." *Gallaudet Encyclopedia of Deaf People and Deafness* 3: 333-335. See Van Cleve, ed.

_____, ed. *Gallaudet Encyclopedia of Deaf People and Deafness.* 3 volumes. New York: McGraw-Hill Book Company, 1987.

Van Nostrand, Jacob. "Necessity of a Higher Standard of Education for the Deaf and Dumb." *American Annals of the Deaf* 3 (July 1851): 193-198.

Veditz, George W. "The Nebraska Iniquity." *Deaf-Mutes' Journal* 40 (May 18, 1911): 2.

Wadsworth, Daniel; Ely, William; and Hudson, Henry. *First Report of the Connecticut Asylum for the Education and Instruction of Deaf and Dumb Persons.* Hartford, Conn.: n.p., 1817.

Weld, Lewis. "The American Asylum." *American Annals of the Deaf* 1 (January 1848): 93-112. Werner, Hans. History of the Problem of Deaf-Mutism until the Seventeenth Century. Translated by C. K. Bonning. Jena: n.p., 1932.

Wesley, Edgar B. NEA: *The First Hundred Years.* New York: Harper and Brothers, 1957.

Williams, Job. "A Brief History of the American Asylum at Hartford for the Education and Instruction of the Deaf and Dumb." In *Histories of American Schools for the Deaf,* 1817-1893, vol. 1. See Fay, ed.

Williams, Melanie Yeager. "Alice Cogswell." *Gallaudet Encyclopedia of Deaf People and Deafness* 1: 196-197. See Van Cleve, ed.

Wing, George. "The Associative Feature in the Education of the Deaf." *American Annals of the Deaf* 31 (January 1886): 22-35.

Winnie, A. J., compo. *History and Handbook of Day Schools for the Deaf and Blind.* Madison, Wis.: Democrat Printing Company, 1912.

Winzer, Margaret. "Deaf-Mutia: Responses to Alienation by the Deaf in Mid-Nineteenth Century America." A*merican Annals of the Deaf* 131 (March 1986): 29-32.

Zillman, Felix. *Saint Augustine and the Education of the Deaf.*

Translated by S. Klopfer. Reprint from *Our Young People-the Deaf-Mutes' Friend*, 41: 11-12 and 42: 1-3.

"Elisabeth Zinser, in Conclusion." *Washington Post*, March 12, 1988, p. C-9.

찾아보기

[주제]

가

가톨릭교회 34
국립농아대학 149
기숙제 농학교 133
기숙제 학교 99, 106, 203, 215, 245, 264

나

네브라스카농학교 179
네브라스카 저널 179
농공화국(聾共和國) 118
농교육(聾教育) 61 217, 275
농교육책자 48
농문화 171
농사회 29, 135, 216, 242, 257, 271
농인 171
농인 간의 상호 결혼: 그 정신적, 도덕적, 사회적 경향 248
농인들을 위해, 농인들에 의해 쓰여진 신문과 간행물 172
농인사교클럽 155
농인신문 228, 272
농인연맹 166
농인의 결혼 255
농인의 이야기 54
농자녀 교육 53,
뉴욕농학교 94, 101
뉴잉글랜드Gallaudet농인협회 128, 155, 158

다

당장 농인 총장을 임명하라 278
독순술(讀脣術) 51

마

마서즈 빈야드 (Martha's Vineyard) 섬 29
미국교육협회(NEA) 203
미국농우협회 155
미국농인언어교육증진협회 (AAPTSD) 203
미국농인연보 124, 130, 137
미국농인협회 155
미국농학교 71, 73, 76
미합중국의 대표적인 농인들 273
밀란회의 186

바

버지니아농맹(聾盲)학교 104

사

스페인 45
시화법(視話法) 194

아

아브라함 링컨 대통령 148
알파벳문자의 간소화와 농아들에게 말을 가르치는 방법 48
어거스틴 34
왕립파리농아원 80

우생학 237, 246
위스콘신농학교 254
위스콘신음성학회 200
유전 237, 238, 249
인종에 있어서 농이라는 변종의 형성 238

자

작은 가족신문 171
작은 신문들 171
전장애아동교육법(全障碍兒童敎育法) 277
지문자(指文字) 46, 47, 48, 96

카

콜럼비아농학교 148

타

토마스 제퍼슨 69
통역인 34, 150

파

펜실베이니아농학교 207

하

협회지 160, 206

Alexander Graham Bell농인협회 205
Braidwood학교 58
Clarke농학교 196
COBBS학교 69
Firestone 타이어 및 고무공장 269
Gallaudet대학 135
Lexington가(街) 166
Marth' s Vineyard 238, 249
National Deaf Mute Gazette 173
National Exponent 173
Pendleton공무원법 258
Perkins맹아원 246
Silent Worker(침묵의 농인노동자) 175
Volta연구소 206

[인명]

A

A. L. E. Crouter 210, 211
Abbe Charles Michel de I' Épée 57, 80, 185, 216
Abbe Sicard 80
Agatha Tiegel 153
Alexander Graham Bell 184, 193
Alexander L. Pach 263, 264
Alice Cogswell 78, 94
Alice Jennings 195
Amos G. Draper 138, 234, 270
Amos Kendall 144, 145
Anson Spear 267
Anthony Deusing 54
Arthur Bachrach 167

B

Benjamin D. Pettingill 217
Benjamin M. Schowe 269, 270
Bernard Engelsmann 166
Boyce R. Williams 116

C

Carroll G. Pearse 204, 228

Charles A. Stoddard 187
Clerc 207

D

David Dudley 247
David Ray Tillinghast 113
David Seixas 208, 210
Don Luis de Velasco 53
Douglas Bullard 118

E

E. S. Tillinghast 221
Edmund Booth 124, 164
Edward Allen Fay 136, 137, 226, 234, 250, 259
Edward Miner Gallaudet 143, 181, 187, 189, 192, 203, 234, 261
Edward W. Tillinghast 115
Edwin A. Hodgson 173
Eliza C. Boardman 95, 96
Elizabeth Ann Zinser 279
Elizabeth Gay 57

F

Ferdinand Hamar 169
Francis Green 58
Francis Nuboer 168
Frank Walworth Booth 228, 229
Frederick C. Schreiber 270, 272

G

Gardiner Greene Hubbard 198
George Darwin 240
George E. Day 191
George H. Dougherty 234
George Sibscota 54
George T. Dougherty 150
George W. Veditz 194, 216, 233, 234, 260, 270
George Wing 220

H

Harvey Corson 279
Harvey P. Peet 101, 102, 145
Henry C. Rider 162, 272
Hilda Tillinghast Williams 115, 116
Hiram Phelps Arms 248
Horace Mann 191
Hypatia Boyd 253

I

Irving King Jordan 2세 279
Isaac Lewis Peet 101, 102, 187, 191, 247
Isabel Flagg 195

J

J. H. Norwood 100
J. Schuyler Long 233
J. W. Sowell 179
Jacob Rodrigues Pereire 185
Jacob Van Nostrand 137
James Denison 148, 188, 189
James E. Gallaher 248, 272, 273
James H. Cloud 234, 268
James L. Smith 248, 263
James W. patterson 150
Jane 100
Jane Elizabeth Groom 131
Jane Spilman 279
Jared A. Ayres 143

Jean Conrad Hottinguer 89
Jean Massieu 80
Jeannie Lippit 198
Job Turner 105
John B. Hotchkiss 138, 234
John Bolling 63, 69
John Braidwood 66
John Brewstar 2세 94
John Bulwer 57
John Carlin 140, 141, 149
JOHN EDGE 57
JOHN HARROWER 57
John J. Flournoy 118
John Kirkpatrick 70
Joseph A. Tillinghast 115
Joseph D. Tyler 104
Joseph Marius Magnat 186
Joseph Schuyler Long 231
Juan Pablo Bonet 48

K

Kenelm Digby 53

L

Laurent Clerc 80, 128, 142, 149, 159, 183, 191
Lucy Taylor 266
Lyman Hunt 230
Mabel Gardiner Hubbard 198
Mabel Hubbard 199
Marcus Flournoy 69, 83
Mary 62, 76
Mary Randolph 65
Mason fitch Cogswell 66, 76
MELCHOR DE YEBRA 46
Michael Anagnos 246

O

Olof Hanson 216, 222, 223, 260
Oscar H. Regensburg 174

P

P. H. Confer 127
Philip Axling 263
Philip Camerarius 41
Philip Gillett 224, 225
Philo Packard 173
Pierre Desloges 29

R

Richard Eillot 188, 189
Robert Bolling 61
Robert C. Spencer 201
Robert P. McGrego 216, 220, 234
Robert Spencer 203
Robert Taylor 266
Roch Ambroise Sicard 81

S

S. M. Bemiss 239
Sampson Vryling Stoddard Wilder 89
Samuel Edge 58
Samuel Gridley Howe 246
Samuel Heinicke 184
Samuel Tillinghast 100
Solomon Alberti 41
Sophia Fowler 95, 146
Sylvester Gilbert 75, 238

T

Theodore A. Froehlich 164

Theodore Roosevelt 260
Theresa Dudley 195
Thomas 2세 62
Thomas Bolling 57, 61, 65
Thomas Francis Fox 272
Thomas Gallaudet 129, 187
Thomas Hopkins Gallaudet 78, 158, 191, 207, 216
Thomas Tillinghast 105
Tommasso Pendola 186

V

Veditz 229

W

Warren Robinson 263, 265, 268
William Albert Bolling 65, 69
William Bolling 65
William Howard Taft 261
William Martin Chamberlain 161
William W. Turner 120, 121

역자 프로필

학력

상지대학교 공예학과 졸업
미국 Montgomery College 미국수어학과(American Sign Language) Certificate
미국 Gallaudet대학교 대학원 농학(聾學, Deaf Studies)/ 농문화(聾文化, Deaf Culture)졸업, 문학석사
건국대학교 사회복지학과 박사과정 재학

경력

현 나사렛대학교 수화통역학과 및 재활복지대학원 국제수화통역학과 전임교수
전 동국대학교, 이화여자대학교, 서강대학교 외 다수 강의
현 한국농아인협회 중앙회 이사
현 한미농인협회 이사
현 국가공인 수화통역사 자격시험 출제위원
현 국립국어원 표준수화제정추진위원회 위원
현 한국수화학회 이사
현 Phi Theta Kappa 회원
전 한국청각장애인복지회 과장
전 문화관광부 표준수화제정추진위원회 위원

출판

「한글식 표준수화」(1991), 「사랑의 수화교실」(1993), 「표준수화」(1993), 「표준수화교본」(1994),
「청각장애인용 운전면허시험 비디오테이프」(1995-2000), 「한국수화연구」(1994),
「수화통역사 준비기초과정」(1999), 「한국수화」(2001), 「한국수화어원사전」(2003),
「농인의 국제수화」(2003), 「일본어-수화사전」(2003), 「스페인수화-한국수화사전」(2006)
「한국수화사전」(2006) 외 다수 연구 및 공동집필

미국 농사회(聾社會)의 변천사

2007년 8월 25일 1판 1쇄 인쇄
2007년 8월 30일 1판 1쇄 발행

지은이 : John Vickrey Van Cleve
Barry A. Crouch
옮긴이 : 장 진 석
펴낸이 : 김 동 규
펴낸곳 : 교 육 과 학 사

서울특별시 마포구 아현1동 424-31
전화 : 363-6431 팩스 : 393-4366
홈페이지 : www. kyoyookbook.co.kr
등록 : 1970년 5월 18일 제2-73호

잘못된 책은 바꾸어 드립니다.
Printed in Korea.

정가 13,000원
ISBN 978-89-254-0096-9